ubu

MALCOLM

organização
GEORGE BREITMAN
tradução e notas
MARILENE FELINTO

11   **APRESENTAÇÃO À EDIÇÃO BRASILEIRA**
Preta Ferreira

13   **PREFÁCIO**
George Breitman

DISCURSOS

21   Mensagem às bases
39   Uma declaração de independência
44   O voto ou a bala
71   A revolução negra

CARTAS DO EXTERIOR

90   Arábia Saudita, abril de 1964
92   Nigéria, maio de 1964
94   Gana, maio de 1964

APÓS A PRIMEIRA VIAGEM À ÁFRICA

99   O medo da "gangue do ódio" do Harlem
108   Apelo aos chefes de Estado africanos
126   No Salão Audubon
146   Com a senhora Fannie Lou Hamer
158   No Audubon
183   Para a juventude do Mississippi
193   Perspectivas de liberdade em 1965
204   Depois do atentado a bomba
227   Confronto com um "especialista"

ÚLTIMAS FALAS E ENTREVISTAS

247 Um vigarista?

247 Não tem medo de investigação

248 Sobre o racismo

250 Casamento inter-racial e um Estado negro

251 O homem que você pensa que é

251 Como organizar as pessoas

252 Dolarismo e capitalismo

253 O delegado de polícia

254 Nota pública para Rockwell

255 Sobre política

258 Donos de favelas e antissemitismo

261 Militantes brancos e negros

263 Conselho a um intrometido não violento

266 Sobre voltar para a África

268 Sobre o nacionalismo negro

270 O embaixador americano

271 O embaixador chinês vermelho

273 Natureza do confronto mundial vindouro

274 Relacionando o problema

276 Moïse Tshombe e Jesse James

276 Dois minutos sobre o Vietnã

277 O Congo, Cuba e a lei

278 O papel dos jovens

280 Trabalhando com outros grupos

282 Ações dignas de apoio

283 A escola John Brown

284 Sua própria boca, sua própria mente

287 **ÍNDICE DE NOMES**

297 **LISTA DE SIGLAS**

301 **SOBRE O AUTOR**

APRESENTAÇÃO À EDIÇÃO BRASILEIRA

Malcolm não viveu a democracia com que tanto sonhou. Não lhe deram tempo nem chance de conhecê-la.

Recebeu violência. Somente violência. Viveu em seu próprio corpo a violência física e mental imposta aos corpos pretos. Usou a revolta como ferramenta, mecanismo de defesa e de ação para se manter vivo.

Malcolm escolheu não se render a nenhum sistema opressor. Ele era seu próprio líder. Não aceitou as imposições do homem branco. Questionou e combateu, pois sabia que a realidade dada não era a única opção. Queria que todos enxergassem a sutileza do racismo. Revolucionário, não se importava em ser chamado de homem preto raivoso, em ser reduzido à figura de incitador de violência contra brancos. Sua revolta vinha de antes. Ele sabia que pessoas pretas revolucionárias sempre seriam taxadas de perigo para a sociedade.

Inquieto e questionador, para Malcolm a teoria não bastava: acreditava que a mudança só nasceria da luta e da revolução. Seus estudos serviam para fortalecer suas concepções e reformular seus pensamentos e posicionamentos políticos. Queria viver o pensamento de que o povo preto pode fazer sua própria vida, queria tirar o poder das mãos do povo branco para que os negros assegurassem seu próprio espaço, mesmo que para isso fosse preciso usar a violência. Ele não aceitaria ser o negro da Casa Branca. Malcolm lutava pela libertação total do povo preto.

Vilão não é quem luta por liberdade, e sim quem oprime e tira a liberdade de outro indivíduo. Sendo assim, demônios brancos eram somente os praticantes do mal. Racismo. Tinha pensamentos complexos, flexíveis e elaborados. Pensava em usar para se defender a mesma violência que os racistas usam para oprimir o povo preto. Para ele, a violência só deixaria de existir quando fosse partilhada. Isto é, os brancos só deixarão de usar a violência contra os pretos após conhecerem a mesma violência, até hoje imposta somente ao corpo preto.

Assassinado covardemente pela violência que tanto o perseguiu, foi silenciado pelo medo daqueles que a empregavam para se manterem no poder. Por aqueles que o consideravam um grande perigo.

O messias negro, liderando a revolução. Violência radical e revolucionária.

PRETA FERREIRA (Janice Ferreira Silva) nasceu em 1984, na Bahia. Ativista, escritora, cantora e atriz, mudou-se para São Paulo aos catorze anos, época em que começou a militar pelo Movimento Sem Teto do Centro (MSTC), liderando depois, com seu irmão e sua mãe, a Frente de Luta por Moradia (FLM). É autora de *Minha carne: Diário de uma prisão* (Boitempo, 2021). Em 2019, recebeu o Prêmio Dandara, da Assembleia Legislativa do Estado do Rio de Janeiro.

PREFÁCIO

Malcolm Little nasceu em Omaha, Nebraska, em 19 de maio de 1925. Abandonou a escola aos 15 anos, foi condenado por roubo e preso aos 21. Na prisão, converteu-se à Nação do Islã (Muçulmanos Negros). Ao sair, em 1952, dedicou-se à formação dos Muçulmanos Negros e adotou o nome Malcolm X. Retirou-se desse movimento em março de 1964. Depois, dedicou-se a organizar primeiro a instituição Associação da Mesquita Muçulmana e, mais tarde, a Organização da Unidade Afro-Americana, instituição não religiosa. Viajou duas vezes à África e ao Oriente Médio em 1964. Três meses após retornar aos Estados Unidos, foi assassinado em Nova York, em 21 de fevereiro de 1965. Em *Autobiografia de Malcolm X*, ele próprio conta a história de sua vida.[1]

Este livro é uma seleção de discursos de Malcolm X. Todos foram feitos durante seu último ano de vida – exceto o primeiro, de pouco antes de ele sair do movimento dos Muçulmanos Negros. Excetuando-se esse, os discursos cobrem desde sua declaração de independência, em 12 de março de 1964, até sua morte. O livro apresenta apenas uma pequena parte dos discursos e das entrevistas que ele proferiu nesse período nos Estados Unidos, na África, no Oriente Médio e na Europa. Não tem o propósito de tratar do assassinato de Malcolm.

O objetivo é apresentar, nas palavras do próprio Malcolm X, as principais ideias que expressou e defendeu durante seu último ano de vida. Sentimos que esse objetivo é amplamente cumprido pelos discursos e outros materiais aqui incluídos, ainda que não tenhamos tido acesso a todos os seus discursos. Convictos de que Malcolm será objeto de muito estudo e muitas controvérsias nos próximos anos – tanto por

---

1 *The Autobiography of Malcolm X: As Told to Alex Haley*. New York: Grove Press, 1964 [ed. bras.: *Autobiografia de Malcolm X: com a colaboração de Alex Haley*, trad. A. B. Pinheiro de Lemos. Rio de Janeiro: Record, 1992]. [N.T.]

ativistas da luta pela liberdade negra quanto por historiadores, acadêmicos e estudantes –, acreditamos que o presente livro servirá como valiosa fonte de material para estudos e debates e que corrigirá, pelo menos parcialmente, alguns equívocos sobre um dos homens mais mal compreendidos e mal representados de nosso tempo.

Malcolm era principalmente um orador, não um escritor. Os únicos trechos deste livro escritos por ele são seu memorando para a Organização da Unidade Africana, no Cairo, e algumas cartas. Os discursos impressos não transmitem de maneira adequada suas notáveis qualidades de orador, o efeito de suas falas no público e a interação entre ele e os espectadores. Teríamos preferido publicar uma série de discos apresentando esse material em sua própria voz, com seus tons de indignação e raiva, suas risadas e as interrupções de aplausos e risos da plateia. (Contamos quase 150 interrupções por parte do público na gravação de um único discurso, "O voto ou a bala".) Visto que não temos recursos nem tempo para publicar e distribuir tais gravações, e como o custo limitaria o número de pessoas que poderiam adquirir esse material, estamos fazendo a segunda melhor coisa.[2]

Ao editar as falas, fizemos apenas as mudanças que qualquer orador faria ao preparar seus discursos para impressão, as que acreditamos que Malcolm teria, ele mesmo, feito. Ou seja, corrigimos deslizes de linguagem e pequenos lapsos gramaticais que são inevitáveis na maioria dos discursos feitos de improviso ou a partir de anotações curtas. Como buscamos evitar repetições, comuns a palestrantes que falam com tanta frequência quanto Malcolm falava, omitimos trechos repetidos ou parafraseados em outros discursos aqui incluídos.

As introduções explicativas que acompanham os discursos têm como objetivo principal indicar onde e quando foram proferidos, com um mínimo de comentários interpretativos ou editoriais. O leitor deve ter em mente, ao longo do livro, que as ideias de Malcolm estavam se

---

2   Hoje, é possível encontrar algumas dessas gravações em plataformas on-line de áudio e vídeo. Para facilitar a busca, o nome com o qual elas estão disponíveis foi inserido logo abaixo do título do capítulo. [N.E.]

desenvolvendo com rapidez e que certas posições que ele assumiu nos primeiros dois meses após romper com os Muçulmanos Negros passariam por mais mudanças nos últimos meses de sua vida.

GEORGE BREITMAN nasceu em Nova Jersey em 1916. Foi um dos membros fundadores do Partido Socialista dos Trabalhadores nos Estados Unidos e editor do periódico *The Militant* e da editora Pathfinder, onde foi responsável por editar e organizar este livro em 1965, ano da morte de Malcolm X. Faleceu em 1986 em Nova York.

DISCURSOS

Mensagem às bases

MESSAGE TO THE GRASS ROOTS [DETROIT, 10 NOV. 1963]

No final de 1963, o Conselho de Direitos Humanos de Detroit anunciou um evento da Conferência da Liderança Negra do Norte, a ser realizado em Detroit em 9 e 10 de novembro. Quando o presidente do conselho, o pastor C. L. Franklin, procurou excluir da conferência nacionalistas negros e defensores do Partido Liberdade Já [Freedom Now Party] o pastor Albert B. Cleage Jr. renunciou ao conselho e, em colaboração com o Grupo de Liderança Avançada, organizou a Conferência de Base da Liderança Negra do Norte. Essa reunião foi realizada em Detroit, ao mesmo tempo que a mais conservadora dirigida pelo deputado Adam Clayton Powell, entre outros. A reunião de dois dias da Conferência de Base culminou com um grande comício público na Igreja Batista Rei Salomão, tendo o pastor Cleage, o jornalista William Worthy e Malcolm X como principais oradores. O público, quase todo negro e não muçulmano em sua grande maioria, interrompia Malcolm com aplausos e risos com tanta frequência que ele propôs encerrar o evento por causa do adiantado da hora.

Algumas semanas após a conferência, o presidente Kennedy foi assassinado, e Elijah Muhammad impôs silêncio a Malcolm X. Este é, portanto, um dos últimos discursos que Malcolm fez antes de deixar a organização de Muhammad. É o único exemplar de seus discursos como Muçulmano Negro[1] incluído neste livro. Mas não é um discurso típico dos Muçulmanos Negros. Embora Malcolm continuasse, no período anterior à ruptura, a introduzir certas declarações suas com a frase "o honorável Elijah Muhammad diz", ele estava cada vez mais imprimindo sua própria marca especial às ideias dos Muçulmanos Negros, incluindo a ideia de separação. A tônica desta fala é consideravelmente

---

[1] *Black Muslim*, nome pelo qual eram conhecidos os membros da Nação do Islã. [N.E.]

diferente das anteriores de mesmo tipo incluídas no livro de Louis E. Lomax, *When the Word Is Given...* [Quando a palavra é dada...].

A seleção a seguir consiste em cerca de metade do discurso. A gravação em LP *Message to the Grassroots, by Malcolm X*, publicada pela Afro-American Broadcasting and Recording Company [Companhia afro-americana de radiodifusão e gravação], de Detroit, é muito superior ao texto escrito no que se refere a reproduzir o melhor do estilo e da personalidade de Malcolm quando falava para um público negro militante.

▬▬▬▬▬ Queremos apenas ter uma conversa informal aqui, entre você e eu, entre nós. Queremos falar com os pés no chão, em uma linguagem que todos aqui possam entender facilmente. Todos concordamos esta noite, todos os oradores concordam, que a América tem um problema muito sério. Não só a América tem um problema muito sério, mas também nosso povo tem um problema muito sério. O problema da América somos nós. Nós somos o problema dela. A única razão pela qual ela tem um problema é que ela não nos quer aqui. E cada vez que você olha para si mesmo, seja você preto, marrom, vermelho ou amarelo, um assim chamado "negro", você representa uma pessoa que impõe esse problema tão sério à América, por você não ser desejado. Quando você encarar isso como um fato, aí então pode começar a traçar um rumo que vai te fazer parecer inteligente, em vez de estúpido.

O que nós precisamos fazer é aprender a esquecer nossas diferenças. Quando estamos juntos, não estamos juntos como batistas ou metodistas. Vocês não vão viver num inferno por serem batistas, não vão viver num inferno por serem metodistas. Vocês não vão viver num inferno por serem metodistas ou batistas, nem vão viver num inferno por serem democratas ou republicanos, nem vão viver num inferno por serem maçons ou *elks*;[2] e com certeza

▬▬▬▬▬

2 *Elk* significa "alce". Trata-se aqui de ser membro da ELK, Ordem Benevolente e Protetora dos Alces (Benevolent and Protective Order of

não vão viver num inferno por serem americanos; porque, se vocês fossem americanos, vocês não viveriam num inferno. Vocês vivem num inferno por serem homens pretos. Vocês vivem num inferno, todos nós vivemos num inferno, pelo mesmo motivo.

Portanto, somos todos pretos, os chamados "negros", cidadãos de segunda classe, ex-escravos. Você não é nada além de um ex-escravo. Você não gosta de que lhe digam isso. Mas o que mais você é? Vocês são ex-escravos. Você não chegou aqui no *Mayflower*.[3] Você chegou aqui em um navio negreiro – acorrentado como um cavalo, uma vaca ou uma galinha. E você foi trazido para cá pelas pessoas que chegaram aqui no *Mayflower*, você foi trazido para cá pelos chamados "Peregrinos" ou "Pais Fundadores". Foram eles que trouxeram você para cá.

Temos um inimigo em comum. Temos isto em comum: temos um opressor em comum, um explorador em comum e um discriminador em comum. Mas quando todos nós percebermos que temos um inimigo em comum, só então nós vamos nos unir – com base no que temos em comum. E o que temos em comum é, sobretudo, aquele inimigo – o homem branco. Ele é um inimigo para todos nós. Sei que alguns de vocês pensam que alguns deles não são inimigos. O tempo vai dizer.

Bandung,[4] lá pelos idos de 1954, acho, foi o primeiro encontro de unidade das pessoas negras em séculos. E basta você estudar o que aconteceu na Conferência de Bandung, e os resultados da Conferência de Bandung, para ver como ela, na verdade, serve

---

Elks), associação fraternal estadunidense fundada em 1868, originalmente como um clube social na cidade de Nova York. [N.T.]

3 Nome do navio que, em 1620, transportou os primeiros colonos da Inglaterra para os Estados Unidos. [N.E.]

4 A Conferência de Bandung, na Indonésia, ocorreu em 1955 e reuniu 29 países africanos e asiáticos para discutir propostas de cooperação e não agressão a fim de se fortalecerem durante o processo de descolonização. [N.T.]

de modelo para o procedimento que você e eu podemos adotar para resolver nossos problemas. Em Bandung, todas as nações se uniram, as nações escuras da África e da Ásia. Ali, alguns eram budistas, alguns eram muçulmanos, alguns eram cristãos, alguns eram confucionistas, alguns eram ateus. Apesar de suas diferenças religiosas, eles se uniram. Alguns eram comunistas, alguns eram socialistas, alguns eram capitalistas – e, apesar de suas diferenças econômicas e políticas, eles se uniram. Todos eram pretos, marrons, vermelhos ou amarelos.

Um único ser não teve permissão de comparecer à Conferência de Bandung: o homem branco. Ele não podia entrar. Depois de excluir o homem branco, os participantes descobriram que poderiam se unir. Uma vez que o mantiveram de fora, todos os outros logo compareceram, e compareceram em bloco. É isso o que você e eu temos que entender. E essas pessoas que se uniram não tinham armas nucleares, não tinham aviões a jato, não tinham todos os armamentos pesados que o homem branco tem. Mas elas tinham unidade.

Elas conseguiram enterrar suas pequenas diferenças mesquinhas e concordar em uma coisa: que ali um africano tinha vindo do Quênia e estava sendo colonizado pelos ingleses, e outro africano tinha vindo do Congo e estava sendo colonizado pelos belgas, e outro africano tinha vindo da Guiné e estava sendo colonizado pelos franceses, e outro tinha vindo de Angola e estava sendo colonizado pelos portugueses. Quando elas chegaram à Conferência de Bandung, olharam para o português, e para o francês, e para o inglês, e para o holandês, e descobriram ou perceberam a única coisa que todos tinham em comum – eles eram todos da Europa, eram todos europeus, loiros, de olhos azuis e pele branca. Elas começaram a identificar quem era o inimigo delas. O mesmo homem que estava colonizando nosso povo no Quênia estava colonizando nosso povo no Congo. O mesmo homem do Congo estava colonizando nosso povo na África do Sul, na Rodésia do Sul, na Birmânia, na Índia, no Afeganistão e no Paquistão. Concluíram que, em todo o mundo, onde o homem escuro estava sendo oprimido, estava sendo oprimido pelo homem branco; onde o homem escuro estava sendo explorado, estava sendo explorado pelo homem branco. Então, se uniram com base nisto: tinham um inimigo em comum. E quando você e eu, que despertamos hoje aqui em Detroit, em Michigan, na América, olhamos ao nosso redor, nós também percebemos que aqui na América temos um inimigo em comum, esteja ele na Geórgia ou em Michigan, esteja na Califórnia ou em Nova York. Ele é o mesmo homem – olhos azuis, cabelos loiros, pele pálida –, o mesmo homem. Então, o que temos que fazer é o que eles fizeram. Eles concordaram em parar de brigar entre si. Qualquer briguinha que tivessem resolveriam entre eles, manteriam em segredo – não deixemos o inimigo saber que temos desavenças.

Em vez de expor nossas diferenças em público, temos que compreender que somos todos a mesma família. E, quando você tem uma discórdia em família, você sabe que roupa suja se lava em casa. Se você sai para a rua brigando, todo mundo te chama de bruto, bronco, não civilizado, selvagem. Se a briga não começar em casa, você que a resolva dentro de casa; entre no armário, discuta a portas fechadas. E então, quando você sair para a rua, vai agir como alguém que faz parte de uma frente comum, uma frente unida. E é isso que precisamos fazer na comunidade, na cidade e no estado. Precisamos parar de expor nossas diferenças diante do homem branco, colocá-lo fora de nossas reuniões e, depois, sentar e negociar uns com os outros. Isso é o que temos que fazer.

Eu gostaria de fazer alguns comentários sobre a diferença entre a "revolução negra" e a "revolução dos negros".[5] Elas são

---

5 Malcolm X fazia uma distinção entre o que chamava de "Black Revolution" (revolução negra) e "Negro Revolution" (revolução dos negros). Esta última se referia à atuação dos grupos de militância negra que pregavam a não violência na luta pelos direitos civis, como era o caso daquele liderado por Martin Luther King Jr. (1929–68). A "revolução negra" implicava o conceito de revolução dos nacionalistas

iguais? E, se não são, qual é a diferença? Qual é a diferença entre uma "revolução negra" e uma "revolução dos negros"? Primeiro, o que é uma revolução? Às vezes, tenho inclinação a acreditar que muitos dos nossos estão usando esta palavra, "revolução", em vão, sem atentar cuidadosamente para o que essa palavra realmente significa e quais são suas características históricas. Quando você estudar a natureza histórica das revoluções, o motivo de uma revolução, o objetivo de uma revolução, o resultado de uma revolução e os métodos usados em uma revolução, aí pode ser que você troque a palavra. Pode ser que você se envolva em outro programa, que mude de objetivo e mude de ideia.

Veja a Revolução Americana de 1776. Por que aconteceu aquela revolução? Por terra. Por que eles queriam terras? Independência. Como se deu a revolução? Com derramamento de sangue. Motivo número 1: foi baseada na terra, a base da independência. E a única maneira que tinham de conseguir isso era com derramamento de sangue. E a Revolução Francesa, no que se baseou? Os sem-terra contra os latifundiários. E por que aconteceu aquela revolução? Terra. E como conseguiram? Com derramamento de sangue. Foi sem amor nenhum, sem concessão, sem negociação. Estou lhe dizendo: você não sabe o que é uma revolução. Porque, quando você descobrir o que é, vai voltar para o beco, vai sair do caminho.

A Revolução Russa foi baseada em quê? Terra. O sem-terra contra o latifundiário. Como eles resolveram a coisa? Com derramamento de sangue. Não existe revolução que não envolva derramamento de sangue. E você tem medo de sangrar. Eu disse: você tem medo de sangrar!

Quando o homem branco mandou você para a Coreia, você sangrou. Ele mandou você para a Alemanha, e você sangrou. Ele mandou você para o Pacífico Sul para lutar contra os japoneses,

---

negros e pan-africanistas, como o próprio Malcolm, que se inspiravam nas guerras pela independência nos países africanos e que não se furtavam à luta com derramamento de sangue. [N.T.]

e você sangrou. Você sangra pelos brancos, mas, quando se trata de ver suas próprias igrejas sendo bombardeadas e garotinhas negras assassinadas, não tem sangue. Você sangra quando o homem branco diz "sangre"; você morde quando o homem branco diz "morda"; e você late quando o homem branco diz "lata". Odeio dizer isso sobre nós, mas é verdade. Como você vai ser não violento no Mississippi se foi tão violento na Coreia? Como se pode justificar ser não violento no Mississippi e no Alabama quando suas igrejas estão sendo bombardeadas e suas filhinhas estão sendo assassinadas e, ao mesmo tempo, você vai ser violento contra Hitler, contra Tojo e contra alguém que você nem mesmo conhece?

Se a violência está errada na América, a violência está errada no exterior. Se é errado ser violento defendendo mulheres negras e crianças negras e bebês negros e homens negros, então é errado que a América nos convoque e nos torne violentos no exterior em sua defesa. E, se é certo que a América nos convoque e nos ensine como ser violentos em sua defesa, então é certo que você e eu façamos o que for necessário para defender nosso próprio povo bem aqui, neste país.

A Revolução Chinesa: eles queriam terras. Expulsaram os britânicos, junto com o Pai Tomás[6] chinês. Sim, expulsaram. Deram um bom exemplo. Quando eu estava na prisão, li um artigo – não fiquem chocados por eu dizer que estive na prisão. Vocês ainda estão na prisão. É isto que a América significa: prisão. Quando eu estava na prisão, li um artigo na revista *Life* mostrando uma garotinha chinesa de nove anos; o pai dela estava ajoelhado, de quatro no chão, e ela puxava o gatilho porque ele era um Pai Tomás chinês. Quando fizeram a revolução lá, pegaram uma geração

---

6 Personagem principal do romance *A cabana do Pai Tomás* (*Uncle Tom's Cabin*), publicado em 1852 pela escritora estadunidense Harriet Beecher Stowe (1811–96), que trata da escravatura nos Estados Unidos. Pai Tomás é o retrato do escravo negro obediente e servil, sofredor, mas fiel ao patrão branco. [N.T.]

inteira de Pais Tomás e simplesmente os exterminaram. E em dez anos aquela garotinha se tornou uma mulher adulta. Basta de Pais Tomás na China. E hoje a China é um dos mais duros, brutais e temidos países do planeta: temido pelo homem branco. Porque não há nenhum Pai Tomás lá.

De todos os nossos estudos, é a história a mais qualificada para confirmar nossas pesquisas. Quando você compreende que tem problemas, tudo o que precisa fazer é verificar o método histórico usado em todo o mundo por outras pessoas que têm problemas semelhantes aos seus. Depois de ver como elas resolveram os delas, você saberá como resolver os seus. Há uma revolução, uma revolução negra, acontecendo na África. No Quênia, os Mau-Mau[7] foram revolucionários; foram eles que trouxeram a palavra *"Uhuru"*[8] à tona. Os Mau-Mau... eram revolucionários, acreditavam na terra arrasada, tiravam da frente tudo o que estava em seu caminho, e sua revolução também era baseada na terra, numa ânsia por terra. Na Argélia, região norte da África, ocorreu uma revolução. Os argelinos eram revolucionários, queriam terras. A França ofereceu permissão para serem integrados à França. E eles disseram à França: "Que se dane a França"; queriam um tanto de terras, não um tanto da França. E travaram uma batalha sangrenta.

Então, cito essas várias revoluções, irmãos e irmãs, para mostrar a vocês que não existe revolução pacífica. Não existe revolução do tipo "oferecer a outra face". Não existe revolução não

---

7 A Revolta dos Mau-Mau (1952–60) foi um movimento revolucionário que aconteceu no contexto da guerra pela independência do Quênia contra o domínio britânico. Teve início como uma luta por terra e contra a concentração fundiária, quando camponeses africanos foram expulsos, por colonos brancos, dos terrenos que cultivavam. A revolta foi encabeçada pelos Mau-Mau, organização clandestina que surgiu entre os Kikuyu, grupo étnico do Quênia. [N.T.]

8 "Liberdade" em suaíli. [N.T.]

violenta. O único tipo de revolução não violenta é a revolução dos negros. A única revolução em que o objetivo é amar o inimigo é a revolução dos negros. É a única revolução em que o objetivo é um balcão de lanchonete dessegregado, um teatro dessegregado, um parque dessegregado e um banheiro público dessegregado: aquela em que você pode se sentar ao lado dos brancos – no banheiro. Isso não é revolução. A revolução é baseada na terra. A terra é a base de toda independência. A terra é a base da liberdade, da justiça e da igualdade.

O homem branco sabe o que é uma revolução. Sabe que a revolução negra tem alcance e natureza mundiais. A revolução negra está varrendo a Ásia, está varrendo a África, está se levantando na América Latina. A Revolução Cubana – isso sim é uma revolução. Eles derrubaram o sistema. A revolução está na Ásia, a revolução está na África, e o homem branco está berrando porque vê a revolução na América Latina. Como você acha que ele vai reagir quando você aprender o que é uma verdadeira revolução? Você não sabe o que é uma revolução. Se soubesse, não usaria essa palavra.

A revolução é sangrenta, a revolução é hostil, a revolução não faz concessões, a revolução derruba e destrói tudo o que estiver em seu caminho. E você aqui, sentado, pregado como uma saliência na parede, dizendo: "Vou amar essas pessoas, não importa o quanto elas me odeiem". Não! Você precisa é de uma revolução. Quem já ouviu falar de uma revolução em que as pessoas se dão as mãos, como disse perfeitamente o pastor Cleage, cantando "We Shall Overcome"?[9] Não é assim que se faz uma revolução. Você não canta, você está muito ocupado tendo que se virar. Tudo é

---

9 "Nós venceremos" ou "nós vamos superar". Canção de protesto surgida durante a greve de mulheres trabalhadoras da American Tobacco (1945–46), cantada por Lucille Simmons, uma das grevistas, com base em hinos religiosos. Em 1963, foi gravada pelo cantor e compositor estadunidense de música *folk* Pete Seeger. Foi adotada por Martin Luther King como lema em vários pronunciamentos públicos. [N.T.]

baseado na terra. Um revolucionário quer terras para fundar sua própria nação, uma nação independente. Aquelas pessoas da "revolução dos negros" não estão pedindo nação nenhuma – elas estão é tentando rastejar de volta para a plantação.

Quando você quer uma nação, isso é o que se chama nacionalismo. Quando o homem branco se envolveu em uma revolução neste país contra a Inglaterra, para o que foi? Ele queria esta terra para poder fundar outra nação branca. Isso é nacionalismo branco. A Revolução Americana foi nacionalismo branco. A Revolução Francesa foi nacionalismo branco. A Revolução Russa também – sim, foi –, nacionalismo branco. Você não acha? Por que você acha que Khruschov e Mao não conseguem entrar em acordo? Nacionalismo branco. Todas as revoluções que estão acontecendo na Ásia e na África hoje são baseadas em quê? Nacionalismo negro. Um revolucionário é um nacionalista negro. Ele quer uma nação. Eu estava lendo algumas palavras lindas do pastor Cleage, em que ele explicava que não conseguia se reunir com ninguém na cidade porque todos tinham medo de ser identificados com o nacionalismo negro. Se você tem medo do nacionalismo negro, tem medo da revolução. E, se você ama a revolução, você ama o nacionalismo negro.

Para entender isso, você precisa voltar ao que o jovem irmão aqui chamou de "negro da casa" e "negro do campo", dos tempos da escravidão. Havia dois tipos de escravos, o negro da casa e o negro do campo. Os negros da casa moravam na casa com o senhor, vestiam-se muito bem e comiam bem porque comiam as sobras da comida do senhor. Eles moravam no sótão ou no porão, mas, mesmo assim, moravam perto do senhor; e eles amavam o senhor mais do que o senhor amava a si mesmo. Eles dariam a própria vida para proteger a casa do senhor – mais rápido até do que o próprio senhor o faria. Se o senhor dissesse "Temos uma boa casa aqui", o negro da casa diria "Sim, temos uma boa casa aqui". Sempre que o senhor dizia "nós", ele dizia "nós". É assim que se reconhece um negro da casa.

30

Se a casa do senhor pegasse fogo, o negro da casa se empenharia mais para debelar o incêndio do que o próprio senhor. Se o senhor adoecesse, o negro da casa diria: "Qual é o problema, patrão, *a gente* tá doente?". "*A gente*" doente! Ele se identificava com seu senhor mais do que seu senhor se identificava consigo mesmo. E, se você chegasse para o negro da casa e dissesse "Vamos fugir, vamos escapar, vamos nos separar deles", o negro da casa olharia para você e diria: "Cara, seu louco. O que você quer dizer com nos separar? Onde é que tem uma casa melhor do que esta? Onde vou poder usar roupas melhores do que estas? Onde vou comer comida melhor do que esta?". Assim era o negro da casa. Naquela época, ele era chamado de o "*nigger*[10] da casa". E é assim que também os chamamos hoje, porque ainda temos alguns *niggers* da casa circulando por aqui.

Esse moderno negro da casa ama seu senhor. Quer morar perto dele. É capaz de pagar três vezes mais do que uma casa vale apenas para morar perto de seu senhor e depois se gabar, dizendo: "Eu sou o único negro aqui"; "Eu sou o único no meu trabalho"; "Eu sou o único nesta escola". Mas ele não passa de um negro da casa. E, se alguém chega até você agora e diz "Vamos nos separar", você diz a mesma coisa que o negro da casa dizia lá na plantação. "O que você quer dizer com separar? Da América, desse bom homem branco? Onde a gente vai arranjar um emprego melhor do que este aqui?"

---

10 A palavra "*nigger*", derivada de "negro", em português e espanhol, que por sua vez tem origem no latim "*niger*" [negro, escuro], foi transposta para o inglês no contexto escravocrata e, a partir do século XVIII, passou a ser usada por supremacistas brancos em seus ataques física e psicologicamente violentos contra pessoas negras. Devido a esse histórico de racismo e brutalidade, trata-se de um insulto racial altamente ofensivo quando usado por pessoas brancas para se referir a pessoas negras. Atualmente, em inglês, é substituída em alguns contextos pela expressão "*the N-word*" [a palavra com N]. Há diversas palavras de cunho racista e carregadas de violência em português, mas nesta tradução optou-se por manter o termo no original, na forma usada por Malcolm X, como registro de seu contexto histórico e regional. [N.T.]

Ou seja, é isso o que você diz. "Não deixei nada lá na África", é o que você diz. Ora, você deixou sua mente na África.

Naquela mesma plantação, estava o negro do campo. Os negros do campo é que eram as massas. Sempre havia mais negros do campo do que negros da casa. O negro do campo vivia num inferno. Comia os restos. Na casa do senhor a comida era de luxo. O negro do campo, por sua vez, não recebia nada além do que restava dos intestinos do porco capado. Eles chamam isso de "miúdos" hoje em dia. Naquela época, chamavam do que realmente era – tripas. É isto que você era – um comedor de tripas. E alguns de vocês ainda são comedores de tripas.

O negro do campo era espancado de manhã até à noite. Ele morava numa choupana, numa cabana. Usava roupas velhas, descartadas. Odiava seu senhor. Estou dizendo que ele odiava o senhor. Ele era inteligente. Aquele negro da casa amava seu senhor, mas o negro do campo... lembrem-se disto, eles eram a maioria e odiavam o senhor. Quando a casa pegava fogo, não tentavam apagar; aqueles negros do campo rezavam por um vento, uma brisa que atiçasse o fogo. Quando o senhor adoecia, o negro do campo rezava para que ele morresse. Se alguém chegasse para o negro do campo e dissesse "Vamos nos separar, vamos fugir", ele não diria "Para onde vamos?". Ele diria: "Qualquer lugar é melhor do que aqui". Nós temos negros do campo na América hoje, sim. Eu sou um negro do campo. As massas são os negros do campo. Quando a casa do branco está pegando fogo, você não ouve os negros dizendo "*Nosso* governo está com problemas". Eles dizem: "*O governo* está com problemas". Imagine um negro: "*Nosso* governo"! Já ouvi até mesmo um deles dizer "*nossos* astronautas". Ora, eles não te deixam nem chegar perto daquele maquinário – e "*nossos* astronautas"! "*Nossa* Marinha" – eis aí um negro sem noção, um negro sem noção nenhuma.

Assim como o senhor de escravos daquela época usava o negro Pai Tomás da casa para manter os negros do campo sob controle, o mesmo velho senhor de escravos de hoje tem negros que nada mais são do que os modernos Pais Tomás, os Pais Tomás do século XX, para manter você e a mim sob controle, para nos manter sob controle, nos manter passivos e pacíficos e não violentos. Eis aí o Pai Tomás tornando você não violento. É como quando você vai ao dentista e o sujeito vai tirar seu dente. Você vai se defender quando ele começar a puxar. Então, ele injeta na sua gengiva uma coisa chamada novocaína, para que você pense que não estão fazendo nada contra você. Lá está você sentado, com toda aquela novocaína na gengiva, sofrendo quieto. O sangue escorrendo pela sua gengiva toda e você não sabe o que está acontecendo. Porque alguém ensinou você a sofrer quieto.

O homem branco faz a mesma coisa com você na rua, quando quer acertar uma pancada na sua cabeça e tirar vantagem de você sem medo de que você reaja. Para evitar que você revide, ele bota esses velhos Pais Tomás religiosos para ensinar você e eu, assim como faz a novocaína, a sofrermos quietos. Não pare de sofrer – apenas sofra quieto. Como o pastor Cleage salientou, eles dizem que você deve deixar seu sangue correr pelas ruas. Isso é uma vergonha. Você sabe, ele é um pregador cristão. Se isso é uma vergonha para ele, você sabe o que é para mim.

Não há nada em nosso livro, o Alcorão, que nos ensine a sofrer quietos. Nossa religião nos ensina a ser inteligentes. Seja tranquilo, seja cortês, obedeça a lei, respeite a todos; mas, se alguém colocar a mão em você, mande-o para o cemitério. Essa é uma boa religião. Na verdade, essa é a religião dos velhos tempos. Era dessa religião que mamãe e papai falavam: olho por olho, dente por dente, cabeça por cabeça, vida por vida. Essa é uma boa religião. E o único que se importa com o ensino desse tipo de religião é o lobo, que pretende transformar você em refeição.

Assim é o homem branco na América. Ele é um lobo – e você é uma ovelha. Quando um pastor ensina a você e a mim que não devemos fugir do homem branco e, ao mesmo tempo, que não devemos lutar contra o homem branco, ele é um traidor para você e para mim. Não sacrifique sua vida. Não! Preserve sua vida, ela é a melhor coisa que você tem. E, se você tiver que abrir mão dela, que seja na mesma moeda.

O senhor de escravos pegou Pai Tomás e o vestiu bem, alimentou-o bem e até lhe deu um pouquinho de educação – um *pouquinho* de educação; deu-lhe um casaco comprido e uma cartola e fez com que todos os outros escravos o respeitassem. Depois ele usou o Pai Tomás para controlá-los. A mesma estratégia que era usada naquela época é usada hoje, pelo mesmo homem branco. Ele pega um negro, um assim chamado "negro", e o torna notável, fortalece-o, promove-o, faz dele uma celebridade. E então ele se torna um porta-voz dos negros – e um líder negro.

Quero mencionar aqui apenas uma outra coisa, rapidamente, que é o método que o homem branco usa, como o homem branco usa as "grandes armas", ou líderes negros, contra a revolução negra. Eles não fazem parte da revolução negra. Eles são usados contra a revolução negra.

Quando Martin Luther King falhou em dessegregar Albany, na Geórgia, a luta pelos direitos civis na América caiu a seu ponto mais baixo. King quase faliu como líder. A Conferência Sulista da Liderança Cristã estava com problemas financeiros; e estava com problemas com o povo, ponto-final, quando falhou em dessegregar Albany, na Geórgia. Outros líderes negros dos direitos civis, de suposta estatura nacional, tornaram-se ídolos caídos. À medida que se tornaram ídolos caídos e começaram a perder prestígio e influência, os líderes negros locais passaram a agitar as massas. Em Cambridge, Maryland, foi Gloria Richardson; em Danville, na Virgínia, e em outras partes do país, os líderes locais começaram a agitar nosso povo nas bases. Isso nunca foi feito por esses negros de estatura nacional. Eles controlam você, mas nunca te incitaram nem te atiçaram. Controlam você, reprimem você, mantêm você na plantação.

Assim que King fracassou em Birmingham, os negros ganharam as ruas. King foi à Califórnia para um grande comício e arrecadou não sei quantos milhares de dólares. Ele veio a Detroit e fez uma marcha e levantou mais alguns milhares de dólares.

E, lembre-se, logo depois disso, Roy Wilkins atacou King. Ele acusou King e o Core de criarem problemas em todos os lugares e de obrigarem a NAACP a tirá-los da prisão e a gastar muito dinheiro; acusaram King e o Core de levantar todo o dinheiro e não devolver. Isso aconteceu. Tenho esse fato documentado como prova no jornal. Roy começou a atacar King, e King começou a atacar Roy, e Farmer começou a atacar ambos. E, à medida que esses negros de estatura nacional passaram a se atacar, foram perdendo o controle sobre as massas negras.

Os negros estavam nas ruas. Estavam falando sobre como iam marchar sobre Washington. Bem naquela época, Birmingham explodiu, e os negros em Birmingham, lembrem-se bem, eles também explodiram. Começaram a esfaquear os branquelos racistas pelas costas e a golpeá-los na cabeça – sim, fizeram isso. Foi quando Kennedy enviou tropas para Birmingham. Depois disso, Kennedy apareceu na televisão e disse: "Esta é uma questão moral". Foi ali que ele disse que apresentaria um Projeto de Lei dos Direitos Civis. E, quando mencionou o Projeto de Lei dos Direitos Civis e os branquelos racistas do Sul começaram a falar sobre como boicotariam ou obstruiriam a votação do projeto, então os negros começaram a dizer... o quê? Que marchariam sobre Washington, marchariam sobre o Senado, marchariam sobre a Casa Branca, marchariam sobre o Congresso e o trancariam, fariam com que parasse, impediriam o governo de seguir funcionando. Chegaram a dizer que iriam para o aeroporto deitar na pista e não deixar nenhum avião pousar. Estou contando o que disseram. Aquilo foi revolução. Aquilo sim foi revolução! Aquilo foi a revolução negra.

Eram as bases que estavam na rua. E elas assustaram o homem branco pra valer, assustaram a estrutura do poder branco na capital, Washington, pra valer. Eu estava lá. Quando descobriram que aquele rolo compressor preto ia tomar a capital, chamaram Wilkins, chamaram Randolph, chamaram esses líderes negros nacionais que você respeita e disseram a eles: "Cancelem isso". Kennedy disse: "Olha, todos vocês estão deixando isso ir longe demais".

35

E o velho Pai Tomás disse: "Patrão, não posso interromper, porque não fui eu que comecei". Estou contando aqui o que eles disseram! Eles disseram: "Eu não estou sequer metido nisso, muito menos no comando da coisa". Disseram: "Esses negros estão agindo por conta própria. Estão correndo na nossa dianteira". E aquela velha raposa astuta respondeu: "Se nenhum de vocês está metido nisso aí, eu vou meter vocês. Vou colocar vocês no comando. Eu vou apoiar. Vou dar as boas-vindas. Vou ajudar. Vou participar".

Passaram-se algumas horas. E fizeram uma reunião no hotel Carlyle, em Nova York. O hotel Carlyle é propriedade da família Kennedy; esse é o hotel em que Kennedy passou a noite, dois dias atrás; pertence à família dele. Uma sociedade filantrópica chefiada por um homem branco chamado Stephen Currier reuniu todos os principais líderes dos direitos civis no hotel Carlyle. E disse a eles: "Ao lutarem uns contra os outros, vocês estão destruindo o Movimento pelos Direitos Civis. E, já que vocês estão brigando por dinheiro de liberais brancos, vamos criar aqui um Conselho de Lideranças Unidas pelos Direitos Civis. Vamos formar esse conselho, e todas as organizações de direitos civis vão fazer parte dele, e nós vamos usá-lo para fins de arrecadação de fundos". Então, vejam vocês como o homem branco é trapaceiro. Assim que formaram o conselho, elegeram Whitney Young como seu presidente. E quem você acha que se tornou o vice-presidente? Stephen Currier, o homem branco, um milionário. Powell falou sobre isso hoje no Cobo Hall. É disso que ele falou. Powell sabe que foi isso que aconteceu. Randolph sabe que foi isso que aconteceu. Wilkins sabe que foi isso que aconteceu. King sabe que foi isso que aconteceu. Cada um dos "Seis Grandes"[11] – todos eles sabem que foi isso que aconteceu.

II *Big Six*: referência aos seis líderes de organizações que lutavam no Movimento pelos Direitos Civis e que se reuniram com o então presidente John F. Kennedy para tratar da organização da Marcha sobre Washington em 1963: A. Philip Randolph, James Farmer, John Lewis, Martin Luther King Jr., Roy Wilkins e Whitney Young. [N.E.]

E, depois que formaram o tal conselho, com o homem branco no comando, ele prometeu e deu a eles 800 mil dólares para dividir entre os "Seis Grandes"; e disse a eles que, depois que a marcha terminasse, daria mais 700 mil. Um milhão e meio de dólares – divididos entre esses líderes que você tem seguido, pelos quais você tem ido para a cadeia e pelos quais tem chorado lágrimas de crocodilo. E eles não passam de um Frank James e um Jesse James, aqueles irmãos sei-lá-o-quê.[12]

Assim que conseguiu montar a organização, o homem branco colocou à disposição deles grandes especialistas em relações públicas; botou a mídia noticiosa de todo o país à disposição deles; e a mídia então começou a projetar esses "Seis Grandes" como os líderes da marcha. Originalmente, eles nem estavam na marcha. Vocês estavam falando sobre essa coisa da marcha na Hastings Street, estavam falando sobre essa coisa da marcha na Lenox Avenue, na Fillmore Street, na Central Avenue, na 32nd Street e na 63rd Street. Nesses lugares é que a coisa da marcha estava sendo falada. Mas o homem branco colocou os "Seis Grandes" no comando; transformou os seis na própria marcha. Eles se tornaram a marcha. Eles assumiram o controle. E qual foi o primeiro movimento que fizeram depois de assumirem o controle? Convidaram Walter Reuther, um homem branco; eles convidaram um padre, um rabino e um velho pregador branco, sim, um velho pregador branco. Os mesmos elementos brancos que colocaram Kennedy no poder – o sindicato, os católicos, os judeus e os protestantes liberais; a mesma panelinha que colocou Kennedy no poder juntou-se à marcha sobre Washington.

É a mesma situação de quando você toma um café muito preto, o que significa que está muito forte. O que você faz, então? Você completa com creme, você deixa mais fraco. Mas, se você derra-

---

12 Referência aos irmãos Alexander Franklin James (1843–1915), conhecido como "Frank", e Jesse Woodson James (1847–82), lendários fora da lei, assaltantes e criminosos do Velho Oeste. [N.T.]

mar muito creme nele, não vai nem saber que tomou café. O que era quente fica frio. O que era forte fica fraco. O que mantinha você acordado agora te faz dormir. É isso o que fizeram com a marcha sobre Washington. Eles se juntaram a ela. Não se integraram a ela, eles se infiltraram nela. Eles se juntaram a ela, tornaram-se parte dela, tomaram o controle. E, conforme tomaram, ela perdeu sua militância. Deixou de ser indignada, deixou de ser furiosa, deixou de ser intransigente. Ora, deixou até mesmo de ser uma marcha. Tornou-se um piquenique, um circo. Nada além de um circo, com palhaços e tudo. Tinha um circo bem aqui em Detroit – eu vi na televisão –, com palhaços liderando, palhaços brancos e palhaços negros. Eu sei que vocês não gostam do que estou dizendo, mas vou dizer mesmo assim. Porque posso provar o que estou dizendo. Se vocês acham que estou dizendo alguma coisa errada, tragam aqui Martin Luther King, A. Philip Randolph e James Farmer e os outros três, e vão ver se eles serão capazes de negar tudo aqui ao microfone.

Não, foi uma liquidação total. Foi uma apropriação. Quando James Baldwin chegou de Paris, eles não o deixaram falar, porque não conseguiram obrigá-lo a seguir o roteiro. Burt Lancaster leu o discurso que Baldwin deveria fazer; eles não deixariam Baldwin subir lá porque sabiam que Baldwin poderia dizer qualquer coisa. Eles controlaram tudo com rédea tão curta que disseram aos negros a que horas deveriam ir para a cidade, como deveriam ir, onde deveriam parar, que placas deveriam carregar, que música cantar, que discurso podiam fazer e que discurso não podiam fazer; e daí lhes disseram para saírem da cidade ao pôr do sol. E cada um daqueles Pais Tomás saiu da cidade ao pôr do sol. Então, eu sei que vocês não gostam que eu diga isso. Mas eu posso provar. Foi um circo, um espetáculo que superou qualquer coisa que Hollywood pudesse fazer, o espetáculo do ano. Reuther e os outros três demônios deveriam receber um Oscar de melhores atores, porque agiram como se realmente amassem os negros e enganaram um monte de negros. E os seis líderes negros deveriam receber um prêmio também, de melhores atores coadjuvantes.

Uma declaração de independência

A DECLARATION OF INDEPENDENCE [NOVA YORK, 12 MAR. 1964]

Elijah Muhammad suspendeu Malcolm X em 4 de dezembro de 1963, aparentemente por ele ter feito um comentário não autorizado sobre o assassinato do presidente Kennedy. Na verdade, as diferenças entre Malcolm e os indivíduos mais conservadores da liderança dos Muçulmanos Negros vinham crescendo havia algum tempo. A única indicação disso, nos três meses seguintes, em que Malcolm não fez nenhuma declaração pública, veio quando ele foi entrevistado por Louis E. Lomax, em dezembro de 1963. Embora negasse diferenças com Muhammad e expressasse lealdade constante a ele, Malcolm afirmava que "os Muçulmanos Negros mais jovens", aos quais faltava a "paciência divina" de Muhammad para com o inimigo, "querem ver alguma ação". Subentendia-se que eles estavam sendo contidos pela liderança.

Em 8 de março de 1964, Malcolm anunciou que estava deixando a Nação do Islã e organizando um novo movimento. Ele disse que o Movimento Muçulmano Negro tinha "ido tão longe quanto podia", pois era muito mesquinhamente sectário e muito tolhido. Disse também: "Estou preparado para cooperar com ações locais de direitos civis no Sul e em outros lugares e farei isso porque toda campanha por objetivos específicos só pode elevar a consciência política dos negros e intensificar sua identificação contra a sociedade branca. Não adianta nos enganarmos. Boa educação, moradia e empregos são imperativos para os negros, e vou apoiá-los em sua luta para atingir esses objetivos, mas direi aos negros que, embora isso seja necessário, não pode resolver o principal problema negro".

Em 12 de março, ele deu uma entrevista coletiva oficial no hotel Park Sheraton, em Nova York, para explicar sua nova posição com mais detalhes. Antes de abrir a palavra para perguntas dos repórteres, ele leu o pronunciamento a seguir, preparado previamente. Está incluído aqui como um indicador do pensamento de Malcolm naquela época, que passaria ainda por outras mudanças nos onze meses restantes de sua vida.

Malcolm disse neste discurso que era e continuaria sendo um muçulmano; e assim o fez. No entanto, algumas semanas depois, ele iria para Meca e voltaria com uma compreensão diferente do Islã, particularmente quanto à questão racial.

Na esperança de tentar evitar conflito com os Muçulmanos Negros, ele elogiou em sua fala a análise e o programa de Muhammad e se recusou a discutir as "diferenças internas" que o haviam "forçado" a sair da Nação do Islã. Mais tarde, depois que Muhammad começou a atacá-lo publicamente, ele se arrependeu disso: "Eu cometi um erro, agora sei, ao não falar toda a verdade quando fui 'suspenso' pela primeira vez".

Anteriormente, Malcolm sustentava que a "separação" era a única solução. Ali, naquele 12 de março, ele evocou como "a melhor solução" a separação dos negros em uma nação à parte ou em um retorno à África; mas minimizou isso depois, dizendo se tratar ainda de "um plano a longo prazo". Em maio de 1964, ele excluiria completamente qualquer defesa da ideia de uma nação separada e passaria a dizer que achava que os negros deveriam ficar nos Estados Unidos e lutar pelo que era deles por direito.

Como Muçulmano Negro, ele equiparava "nacionalismo negro" e "separação". No comunicado à imprensa em que se autoproclamou um nacionalista negro, porém, distinguiu os dois conceitos, definindo o nacionalismo negro de forma a incluir também os não separatistas. Nos últimos meses de sua vida, ele procurava um termo que fosse mais preciso e completo do que "nacionalismo negro" para descrever sua filosofia.

O comunicado à imprensa expressou a intenção de Malcolm de organizar a Associação da Mesquita Muçulmana "de forma a favorecer a participação ativa de todos os negros, a despeito de suas crenças religiosas ou não religiosas". Três meses depois, concluiria que a realização desse objetivo exigia a formação de outro grupo, a Organização da Unidade Afro-Americana, mais ampla e secular.

Este discurso de 12 de março de 1964, portanto, deve ser lido como uma fase de transição no desenvolvimento das ideias de Malcolm, marcando mudanças importantes em seu passado de Muçulmano Negro, mas sem retratar todas as conclusões a que ele chegaria antes de sua morte.

■■■■■■■■ Considerando que 1964 ameaça ser um ano muito explosivo na frente de batalha da questão racial, e considerando que eu mesmo pretendo ser muito ativo em todas as fases da luta dos negros americanos pelos *direitos humanos*, convoquei esta entrevista coletiva esta manhã para esclarecer minha própria posição na luta – especialmente no que diz respeito à política e à não violência.

Eu sou e sempre serei muçulmano. Minha religião é o Islã. Ainda acredito que a análise do senhor Muhammad dessa questão é a mais realista e que sua solução é a melhor. Isso significa que eu também acredito que a melhor solução é a separação completa, com nosso povo voltando para casa, para nossa própria pátria africana.

Mas a separação de volta à África ainda é um programa a longo prazo e, enquanto não se materializa, 22 milhões dos nossos que ainda estão aqui na América precisam de melhores alimentos, roupas, moradia, educação e empregos *agora mesmo*. O programa do senhor Muhammad nos indica o caminho de volta para casa, mas também inclui o que poderíamos e deveríamos estar fazendo para ajudar a resolver muitos de nossos próprios problemas enquanto ainda estamos aqui.

Diferenças internas dentro da Nação do Islã me forçaram a sair do grupo. Não fui embora por vontade própria. Mas, agora que aconteceu, pretendo aproveitar ao máximo. Agora que tenho mais independência de ação, pretendo usar uma abordagem mais flexível ao trabalhar com outras pessoas para conseguir uma solução para esse problema.

Não tenho pretensões de ser um homem divino, mas acredito na orientação divina, no poder divino e no cumprimento de profecias divinas. Não sou instruído nem especialista em nenhum campo específico – mas sou sincero, e minha sinceridade é minha credencial.

Não pretendo lutar contra outros líderes ou organizações negras. Devemos encontrar uma abordagem comum, uma solução comum para um problema comum. A partir deste minuto, já esqueci tudo de ruim que outros líderes disseram sobre mim e rezo para que eles também possam esquecer as muitas coisas ruins que eu disse sobre eles.

O problema que nosso povo enfrenta aqui na América é maior do que todas as outras diferenças pessoais ou organizacionais. Portanto, como líderes, devemos parar de nos preocupar com a ameaça que, parece, pensamos representar para o prestígio pessoal uns dos outros; e devemos concentrar nossos esforços conjuntos no combate ao sofrimento interminável que está sendo infligido diariamente ao nosso povo aqui na América.

Vou fundar e dirigir uma nova mesquita na cidade de Nova York, chamada Associação da Mesquita Muçulmana. Isso nos dá uma base religiosa e a força espiritual necessária para livrar nosso povo dos vícios que destroem a fibra moral de nossa comunidade.

Nossa filosofia política será o nacionalismo negro. Nossa filosofia econômica e social será o nacionalismo negro. A ênfase de nossa cultura será o nacionalismo negro.

Muitos de nosso povo não têm inclinações religiosas, então a Associação da Mesquita Muçulmana será organizada de forma a proporcionar a participação ativa de todos os negros em nossos programas políticos, econômicos e sociais, independentemente de suas crenças religiosas ou não religiosas.

A filosofia política do nacionalismo negro implica que devemos controlar a política e os políticos de nossa comunidade. Eles não devem mais receber ordens de forças externas. Vamos nos organizar e varrer para fora do poder todos os políticos negros que são fantoches das forças externas.

Nosso foco estará na juventude: precisamos de novas ideias, novos métodos, novas abordagens. Vamos convocar jovens estudantes de ciência política em todo o país para nos ajudarem. Vamos encorajar esses jovens estudantes a desenvolverem seus próprios estudos independentes e, em seguida, a nos passarem suas análises e sugestões. Estamos completamente desencantados com os velhos políticos adultos e acomodados. Queremos ver caras novas – caras mais militantes.

No que diz respeito às eleições de 1964: manteremos nossos planos sobre isso em segredo até uma data posterior, mas não pretendemos que nosso povo seja novamente vítima de uma traição política em 1964.

A Associação da Mesquita Muçulmana permanecerá aberta para ideias e ajuda financeira de todos os cantos. Os brancos podem nos ajudar, mas não podem se juntar a nós. Não pode haver união preto--branco até que haja primeiro alguma unidade negra. Não pode haver solidariedade entre trabalhadores até que haja primeiro alguma solidariedade racial. Não podemos pensar em nos unir a outros até que primeiro tenhamos nos unido. Não podemos pensar em ser aceitáveis para os outros até que primeiro provemos ser aceitáveis para nós mesmos. Não se pode unir alhos com bugalhos.

Quanto à não violência: é criminoso ensinar um homem a não se defender quando é vítima constante de ataques brutais. É legal, nos termos da lei, possuir uma espingarda ou um rifle. Acreditamos na obediência à lei.

Em áreas onde nosso povo é vítima constante de brutalidade, e o governo parece não ter capacidade ou intenção de protegê-lo, devemos formar grupos armados que podem atuar para defender nossa vida e nossa propriedade em tempos de emergência, como aconteceu ano passado em Birmingham; em Plaquemine, na Louisiana; em Cambridge, Maryland; e em Danville, na Virginia. Quando nosso povo está sendo mordido por cães, tem o direito de matar esses cães.

Devemos ser pacíficos, cumpridores da lei – mas chegou a hora de o negro americano lutar em sua autodefesa quando e onde quer que esteja sendo injusta e ilegalmente atacado.

Se o governo acha que estou errado por dizer isso, que o governo comece a fazer o trabalho que lhe cabe.

O voto ou a bala

THE BALLOT OR THE BULLET [CLEVELAND, 3 ABR. 1964]

Dez dias após a declaração de independência de Malcolm X, a Associação da Mesquita Muçulmana realizou o primeiro de uma série de quatro comícios públicos aos domingos à noite, no Harlem, nos quais Malcolm começou o trabalho de formular a ideologia e a filosofia de um novo movimento. Na opinião de muitos que ouviram essas palestras, foram as melhores que ele proferiu. Infelizmente, as gravações dessas reuniões não estavam disponíveis quando da preparação deste livro. Simultaneamente, porém, Malcolm começou a aceitar compromissos com palestras fora de Nova York – em Chester, na Pensilvânia; em Boston; Cleveland; Detroit[13] etc. –, e gravações de algumas delas estavam disponíveis.

Na palestra de Cleveland, proferida na Igreja Metodista Cory, em 3 de abril de 1964, Malcolm apresentou muitos dos temas que vinha desenvolvendo nos comícios do Harlem. O encontro, patrocinado pela seção de Cleveland do Congresso de Igualdade Racial, tomou a forma de um simpósio intitulado "A revolta dos negros – o que vem depois?". O primeiro orador foi Louis E. Lomax, cuja palestra estava alinhada com a doutrina do Core e foi bem recebida pela grande plateia predominantemente negra. A palestra de Malcolm recebeu ainda mais aplausos, embora diferisse em aspectos fundamentais de tudo o que já tinha sido dito em uma reunião do Core.

"O voto ou a bala", o título do próprio Malcolm para seu discurso, foi notável também, entre outras coisas, por sua declaração de que elementos do nacionalismo negro estavam presentes e crescendo em organizações como a NAACP e o Core. Por várias razões, a conven-

---

13 Em 12 de abril de 1964, Malcolm repetiria o discurso "O voto ou a bala" em Detroit, versão que foi gravada e atualmente se encontra disponível nas plataformas de áudio e vídeo. [N.E.]

ção nacionalista negra que Malcolm, nesta palestra, programou para agosto de 1964 não foi realizada.

■■■■■■■■■ Senhor moderador, irmão Lomax, irmãos e irmãs, amigos e inimigos – eu simplesmente não consigo acreditar que todos aqui sejam amigos e não quero deixar ninguém de fora. A pergunta hoje à noite, pelo que entendi, é "A revolta dos negros, para onde vamos a partir daqui?" ou "E depois?". No meu humilde entendimento, isso aponta para o voto ou a bala.

Antes de tentarmos explicar o que significa o voto ou a bala, gostaria de esclarecer algo a meu respeito. Ainda sou um muçulmano, minha religião ainda é o Islã. Essa é minha crença pessoal. Assim como Adam Clayton Powell é um pastor cristão que dirige a Igreja Batista Abissínia em Nova York e, ao mesmo tempo, participa das lutas políticas para tentar fazer valer os direitos dos negros neste país; e assim como o doutor Martin Luther King é um pastor cristão em Atlanta, Geórgia, que dirige outra organização que luta pelos direitos civis dos negros neste país; e assim como o pastor Galamison, acho que vocês já ouviram falar dele, é outro pastor cristão de Nova York que tem estado profundamente envolvido nos boicotes escolares para acabar com a educação segregada; bem, assim como eles, eu também sou um pastor, não um pastor cristão, mas um pastor muçulmano; e acredito na ação em todas as frentes, por qualquer meio necessário.

Embora eu ainda seja muçulmano, não estou aqui esta noite para discutir minha religião. Não estou aqui para tentar mudar a religião de ninguém. Não estou aqui para argumentar ou discutir coisa nenhuma sobre a qual discordemos, porque é hora de enterrar nossas diferenças e compreender que é melhor para nós vermos primeiro que temos o mesmo problema, um problema em comum – um problema que te faz viver num inferno, seja você batista, metodista, muçulmano ou nacionalista. Quer você seja educado ou analfabeto, quer more na alameda ou no beco, você

45

vai viver num inferno assim como eu. Estamos todos no mesmo barco e todos vamos viver num inferno por causa do mesmo homem. Acontece que ele é um homem branco. Todos nós temos sofrido aqui, neste país, a opressão política pelas mãos do homem branco, a exploração econômica pelas mãos do homem branco e a degradação social pelas mãos do homem branco.

Agora, quando eu falo assim, isso não significa que somos antibranco, e sim que somos antiexploração, somos antidegradação, somos antiopressão. E, se o homem branco não quer que sejamos "antiele", que pare de nos oprimir, explorar e degradar. Quer sejamos cristãos, muçulmanos, nacionalistas, agnósticos ou ateus, precisamos primeiro aprender a esquecer nossas diferenças. Se temos diferenças, vamos discuti-las da porta para dentro; quando formos a público, que não tenhamos nada para discutir até encerrarmos a discussão com o homem branco. Se o falecido presidente Kennedy conseguia se reunir com Khruschov e negociar um pouco de trigo, certamente nós temos mais em comum uns com os outros do que Kennedy tinha com Khruschov.

Se não fizermos algo muito em breve, acho que vocês vão ter que admitir que seremos forçados a fazer uso do voto ou da bala. É um ou outro em 1964. Não é que o tempo está acabando – o tempo acabou! 1964 ameaça ser o ano mais explosivo que a América já viveu. O ano mais explosivo. Por quê? É também um ano de eleição política. É o ano em que todos os políticos brancos vão voltar à chamada comunidade negra para engambelar você e eu por alguns votos. O ano em que todos os vigaristas políticos brancos vão voltar à sua e à minha comunidade com suas falsas promessas, alimentando nossas esperanças e depois nos decepcionando com suas trapaças e suas traições, com as falsas promessas que não pretendem cumprir. E, ao alimentarem essas insatisfações, só poderão levar a uma coisa: a uma explosão. Mas hoje temos em cena na América o tipo de homem negro – sinto muito, irmão Lomax – que simplesmente não pretende mais dar a outra face.

Não deixe ninguém vir te dizer que você não tem nenhuma chance. Se eles te recrutam para a guerra, te mandam para a Coreia e te obrigam a enfrentar 800 milhões de chineses, se você consegue ser valente lá, também consegue ser valente aqui mesmo. As desvantagens aqui não são tão grandes quanto as de lá. E, se você lutar aqui, pelo menos vai saber pelo que está lutando.

Não sou um político, nem mesmo um estudante de política; na verdade, não sou estudante de quase nada. Não sou democrata, não sou republicano, nem mesmo me considero americano. Se você e eu fôssemos americanos, não haveria problema. Esses gringos[14] eslavos mal acabaram de desembarcar aqui e já são americanos; os polacos já são americanos; os refugiados italianos já são americanos. Tudo o que veio da Europa, qualquer coisa de olhos azuis, já é americano. E, por mais que você e eu já estejamos aqui há muito tempo, ainda não somos americanos.

Bem, eu sou do tipo que não se ilude. Eu não vou me sentar à sua mesa com meu prato vazio, ver você comendo e depois chamar a mim mesmo de comensal. Sentar à mesa não faz de você um comensal, a menos que você coma um pouco do que está naquele prato. Estar aqui na América não faz de você um americano. Nascer aqui na América não torna você um americano. Ora, se o nascimento tornasse você americano, você não precisaria de nenhuma legislação, não precisaria de emendas à Constituição, não enfrentaria uma obstrução pelos direitos civis em Washington agora.[15] Não é preciso aprovar leis de direitos civis para transformar um polaco num americano.

---

14 Malcolm X usa aqui o termo "*hunky*", pejorativo, utilizado contra imigrantes de ascendência húngara eslava ou ucraniana, especialmente trabalhadores pouco qualificados que, no início do século XX, migraram para trabalhar em regiões industrializadas dos Estados Unidos. [N.T.]

15 Em 1964, a votação da Lei dos Direitos Civis foi obstruída durante 75 dias por senadores democratas sulistas contrários ao fim da segregação racial. [N.E.]

Não, eu não sou americano. Sou um dos 22 milhões de negros vítimas do americanismo. Um dos 22 milhões de negros vítimas da democracia, que não passa de hipocrisia disfarçada de democracia. Então, eu não estou aqui falando com você como um americano, ou um patriota, ou alguém que vive saudando ou agitando a bandeira – não, eu não. Estou falando como uma vítima desse sistema americano. E eu vejo a América pelos olhos da vítima. Eu não enxergo nenhum sonho americano; eu enxergo um pesadelo americano.

Esses 22 milhões de vítimas estão acordando. Seus olhos estão se abrindo. Estão começando a ver, de fato, o que costumavam apenas olhar. Estão se tornando politicamente maduros. Estão compreendendo que existem novas tendências políticas de costa a costa. Ao enxergarem essas novas tendências políticas, é possível que vejam que, toda vez que há uma eleição, as disputas são tão apertadas que é necessário recontar votos. Foi preciso recontar em Massachusetts para ver quem seria o governador, de tão apertada que foi a votação. O mesmo aconteceu em Rhode Island, em Minnesota e em muitas outras partes do país. Também foi assim com Kennedy e Nixon quando se candidataram à presidência. O resultado foi tão apertado que precisaram contar tudo de novo. Bem, o que isso significa? Significa que, quando os brancos estão divididos, empatados, e os negros têm seu próprio bloco de votos, cabe aos negros determinar quem vai se instalar na Casa Branca e quem vai para a casinha do cachorro.

Foi o voto do negro que colocou a atual administração no governo, em Washington. Foi o seu voto, seu voto idiota, seu voto ignorante, seu voto desperdiçado em uma administração em Washington que achou por bem aprovar todos os tipos de legislação imagináveis, mas deixou você para o final e, então, obstruiu tudo. E os seus e os meus líderes têm a audácia de sair por aí aplaudindo e falando sobre o quanto estamos progredindo. E que bom presidente nós temos! Mas, se ele não era bom no Texas,[16] com certeza não pode ser bom em Washington. Porque o Texas é um estado adepto do linchamento. Vai na mesma onda do Mississippi, sem diferença; só que eles lincham você no Texas com sotaque texano e lincham você no Mississippi com sotaque do Mississippi. E esses líderes negros têm a audácia de ir tomar café na Casa Branca com um texano, um branquelo tosco sulista[17] – ele não passa disso –, e depois sair dizendo por aí a você e a mim que ele vai ser melhor para nós porque, como é do Sul, sabe lidar com os sulistas. Que tipo de lógica é essa? Ora, então deixem Eastland ser presidente, ele é do Sul também. Ele lidaria melhor com eles do que Johnson.

Na presente gestão, há na Câmara de Representantes 257 democratas para apenas 177 republicanos. Eles controlam dois terços dos votos da Câmara. Por que não podem aprovar algo que vai ajudar a você e a mim? No Senado, há 67 senadores que são do Partido Democrata. Apenas 33 deles são republicanos. Ora, os democratas dominam o governo, e foi você quem passou o domínio para eles. E o que eles te deram por isso? Quatro anos no cargo, e só agora dão uma olhadinha em alguma legislação de direitos civis. Somente agora, depois que todo o resto acabou, foi tirado da frente, é que eles vão se sentar com você para brincar durante todo o verão – o mesmo velho jogo, a gigantesca trapaça que eles chamam de mecanismo de obstrução [*filibuster*]. Estão todos mancomunados. Nem pense que não estão mancomunados, pois o homem que está liderando a obstrução aos direitos civis é um homem da Geórgia chamado Richard Russell. Quando Johnson se tornou presidente, o primeiro homem que ele cha-

---

16 Referência ao presidente Lyndon B. Johnson, que era do estado do Texas. [N.T.]

17 Malcolm X usa aqui o termo "*cracker*", epíteto racial direcionado aos brancos, especialmente aos brancos pobres de áreas rurais do Sul dos Estados Unidos. [N.T.]

mou ao voltar para Washington foi Dicky[18] – isso mostra o quanto são próximos. Esse é o cara dele, o amiguinho dele, o parceiro dele. Mas eles estão é dando aquele velho golpe trapaceiro. Um deles finge que está a seu favor enquanto o outro é tão completamente contra você que o primeiro nunca vai ter como cumprir a promessa que fez.

Então, é hora de acordar em 1964. E, quando você perceber que estão tramando esse tipo de conspiração, deixe que vejam que você está de olho aberto. E que vejam também outra coisa bastante evidente. Que será o voto ou a bala. O voto ou a bala. Se você tem medo de usar uma expressão como essa, deveria sair do país, deveria voltar para os campos de algodão, deveria voltar para o beco. Eles ganham todos os votos do negro e, depois que conseguem, o negro não ganha nada em troca. Tudo o que fizeram quando chegaram a Washington foi dar empregos importantes a uns poucos negros importantes. Aqueles negros importantes não precisavam de empregos importantes, eles já tinham emprego. Isso é camuflagem, isso é malandragem, isso é traição, fachada. Não estou querendo atacar os democratas em favor dos republicanos; já vamos chegar neles também. Mas é verdade – você põe os democratas em primeiro lugar, e os democratas te deixam em último lugar.

Veja a coisa como ela é. Quais são os álibis deles, uma vez que controlam o Congresso e o Senado? Qual é o álibi deles quando você e eu perguntamos: "Bem, quando vocês vão cumprir sua promessa?". Eles culpam os dixiecratas.[19] O que é um dixiecrata? Um democrata. Um dixiecrata nada mais é do que um democrata disfarçado. O principal líder dos democratas também é o líder dos di-

---

18 Diminutivo de Richard. [N.T.]

19 "*Dixiecrat*", ou "*dixie*", é um termo que surgiu para designar o SRDP, uma dissidência do Partido Democrata estadunidense, sulista, segregacionista e contrária ao Movimento pelos Direitos Civis dos Negros. É empregado como apelido dos democratas da região Sul dos Estados Unidos. [N.T.]

xiecratas, porque os dixiecratas fazem parte do Partido Democrata. Os democratas nunca expulsaram os dixiecratas do partido. Os dixiecratas saíram uma vez, mas não foram os democratas que os colocaram para fora. Imagine, esses desprezíveis segregacionistas do Sul humilharam os democratas do Norte. Mas os democratas do Norte nunca humilharam os dixiecratas. Não, veja a coisa como ela é. Eles estão armando um jogo sujo, um jogo sujo político, e você e eu estamos no meio. É hora de você e eu acordarmos e começarmos a olhar para as coisas como elas são; e de tentarmos entender como elas são; então poderemos lidar com elas como elas são.

Os dixiecratas em Washington controlam os principais comitês que dirigem o governo. A única razão pela qual os dixiecratas controlam esses comitês é por terem tempo de casa, senioridade. A única razão pela qual eles têm tempo de casa é por virem de estados onde os negros não podem votar. Esse governo não é baseado em democracia nenhuma. Não é um governo constituído por representantes do povo. Metade da população do Sul nem pode votar. Eastland nem deveria estar em Washington. Metade dos senadores e deputados que ocupam posições-chave em Washington estão lá ilegalmente, estão lá de forma inconstitucional.

Eu estava em Washington há uma semana, quinta-feira, enquanto eles debatiam se deveriam ou não deixar o projeto de lei [dos direitos civis] entrar em discussão no plenário. No fundo da sala onde o Senado se reúne, há um enorme mapa dos Estados Unidos, e esse mapa mostra a localização dos negros em todo o país. E mostra que a seção sul do país, os estados em que há maior concentração de negros, é a que mais tem senadores e deputados se mobilizando para obstruir a discussão do projeto e armando tudo quanto é tipo de trapaça para impedir o negro de votar. Isso é lamentável. Mas não é mais lamentável para nós; é realmente lamentável para o homem branco, porque em breve, quando o negro acordar um pouco mais e perceber o buraco em que está metido, e perceber a armadilha em que está, e perceber o verdadeiro jogo em que está, aí o negro vai adotar uma nova tática.

Na verdade, esses senadores e deputados violam as emendas constitucionais que garantem o direito de voto ao povo de determinado estado ou distrito. E a própria Constituição dispõe de mecanismos para expulsar qualquer representante de um estado onde o direito de voto do povo seja violado. Não é nem necessária uma nova legislação. Neste exato momento, qualquer um que esteja no Congresso representando um estado ou distrito onde os direitos de voto do povo são violados, esse indivíduo em particular deve ser expulso do Congresso. E, quando você o expulsar, terá removido um dos obstáculos impeditivos a qualquer legislação realmente significativa neste país. Na verdade, quando você os expulsar, não será necessária uma nova legislação, porque eles serão substituídos por representantes negros de condados e distritos onde o negro é maioria, e não minoria.

Se o homem negro nesses estados do Sul tivesse a plenitude de seu direito de voto garantida, os principais dixiecratas em Washington, ou seja, os principais democratas em Washington, perderiam suas cadeiras no Congresso. O próprio Partido Democrata perderia seu poder. Deixaria de ser poderoso como partido. Basta ver o tanto de poder que o Partido Democrata perderia se ficasse sem sua ala, ou seu braço, ou seu elemento dixiecrata, para entender por que é contra os interesses dos democratas conceder direito de voto aos negros em estados onde os democratas têm total poder e autoridade desde a Guerra Civil. Simplesmente não dá para pertencer a esse partido sem levar isso em conta.

Repito, não sou antidemocrata, não sou antirrepublicano, não sou "anti" nada. Estou apenas questionando a sinceridade deles e certa estratégia que têm usado com nosso povo, prometendo coisas que não pretendem cumprir. Quando você mantém os democratas no poder, você mantém os dixiecratas no poder. Eu duvido que o meu bom irmão Lomax vá negar isso. Um voto para um democrata é um voto para um dixiecrata. É por isso que, em 1964, é hora de você e eu amadurecermos politicamente e percebermos para que serve o voto; e o que supostamente vamos conseguir se votarmos; e que, se não pudermos meter nosso voto na urna, isso vai acabar na seguinte situação: vamos ter que meter bala. É o voto ou a bala.

No Norte, eles fazem a coisa de maneira diferente. Eles têm um sistema conhecido como *gerrymandering*,[20] seja lá o que isso signifique. E significa, na verdade, que, quando os negros se concentram fortemente em uma determinada área e começam a ganhar muito poder político, o homem branco aparece e altera as fronteiras do distrito. Vocês podem perguntar: "Por que você continua falando em 'homem branco'?". Porque é o homem branco que faz isso. Eu nunca vi nenhum negro mudar alguma fronteira. Não deixam você chegar nem perto da fronteira. É o homem branco que faz isso. E geralmente é o homem branco que mais arreganha os dentes para você, dá um tapinha nas suas costas e faz de conta que é seu amigo. Ele pode ser amigável, sim, mas não é seu amigo.

Então, estou tentando impressionar vocês essencialmente com o seguinte: você e eu, na América, não estamos enfrentando uma conspiração segregacionista, mas sim uma conspiração governamental. Todos aqueles que estão obstruindo a legislação são senadores – são o governo. Todos aqueles que estão trapaceando em Washington são congressistas – são o governo. As únicas pessoas que estão colocando obstáculos em seu caminho são aquelas que fazem parte do governo. Você vai ao exterior para lutar e morrer por esse governo, e é esse governo que conspira para privá-lo de seu direito de voto, para privá-lo de oportunidades econômicas, para privá-lo de uma moradia decente, de uma educação decente. Não é somente seu patrão que você precisa enfrentar. É o próprio

---

20 "*Gerrymandering*" pode ser traduzido como "manipulação" ou "fraude", mas aqui se refere especificamente a um procedimento do sistema eleitoral dos Estados Unidos. Trata-se do ato de autoridades em cargos públicos executivos alterarem as fronteiras de uma área para aumentar o número de pessoas que, dentro dela, votarão em um determinado partido ou candidato. [N.T.]

governo, o governo da América, que é responsável pela opressão, pela exploração e pela degradação do povo negro neste país. Jogue isso no colo deles. Esse governo falhou com o negro. Essa assim chamada democracia falhou com o negro. E todos esses liberais brancos definitivamente falharam com o negro.

Então, para onde vamos a partir daqui? Primeiro, precisamos de alguns amigos. Precisamos de novos aliados. Toda a luta pelos direitos civis precisa de uma nova interpretação, uma interpretação mais ampla. Precisamos olhar para essa coisa dos direitos civis por outro ângulo – tanto do ponto de vista interno como do externo. Para aqueles de nós cuja filosofia é o nacionalismo negro, a única maneira de se envolver na luta pelos direitos civis é dar a ela uma nova interpretação. A velha interpretação nos excluiu. Manteve-nos de fora. Então, estamos dando uma nova interpretação à luta pelos direitos civis, uma interpretação que nos permitirá entrar nela e participar dela. E, quanto a esses negros de fachada,[21] que ficam aí nessa lenga-lenga, nesse blá-blá-blá e fazendo concessões – não vamos mais permitir que continuem na lenga-lenga, no blá-blá-blá e na concessão.

Por que agradecer alguém por dar a você o que já é seu? Por que agradecer por darem a você apenas parte do que já é seu? Você não progrediu em nada se o que está sendo dado a você é aquilo que você já deveria ter. Isso não é progresso. E eu amo meu irmão Lomax e a maneira como ele mostrou que estamos de volta onde estávamos em 1954. Não estamos nem perto da situação em que estávamos em 1954. Estamos ainda mais longe de onde estávamos em 1954. Há mais segregação agora do que havia em 1954. Há mais animosidade racial, mais ódio racial, mais violência racial hoje, em 1964, do que havia em 1954. Onde está o progresso?

---

21 Malcolm X usa aqui o termo "*handkerchief-heads*", sem tradução equivalente em português. Designa um afro-americano que não se identifica com os negros, mas com os brancos, para ganho pessoal ou por medo. [N.T.]

Eis que agora você está às voltas com uma situação em que o jovem negro está começando a aparecer. Eles não querem ouvir essa história de "dar a outra face". Não! Em Jacksonville, foram os adolescentes que atiraram coquetéis molotov. Os negros nunca fizeram isso antes. Mas isso mostra que há um novo pacto surgindo. Há um novo pensamento surgindo. Há uma nova estratégia surgindo. Serão coquetéis molotov neste mês, granadas de mão no mês que vem e alguma outra coisa no mês seguinte. Serão votos ou serão balas. Será a liberdade ou será a morte. A única diferença desse tipo de morte: será recíproca. Você sabe o que significa "recíproco"? Essa é uma das palavras do irmão Lomax, eu roubei dele. Eu geralmente não lido com palavras sofisticadas porque geralmente não lido com gente importante. Eu lido com gente comum. Só sei que dá para juntar um monte de gente comum e botar para correr um montão de gente importante. As pessoas comuns não têm nada a perder, têm tudo a ganhar. Mas logo vão dizer: "Quando um não quer, dois não brigam".

Os nacionalistas negros, aqueles cuja filosofia é o nacionalismo negro, ao introduzirem essa nova interpretação do que significam os direitos civis, querem dizer que – como mostrou o irmão Lomax – se trata agora de igualdade de oportunidades. Bem, estamos certos em nossa busca por direitos civis se isso significa igualdade de oportunidades, porque tudo o que estamos fazendo agora é cobrar pelo nosso investimento. Nossas mães e pais investiram suor e sangue. Trabalhamos 310 anos neste país sem receber um centavo em troca – eu disse, sem receber um *único* centavo em troca. Você deixa o homem branco andar por aí falando de como este país é rico, mas você nunca parou para pensar em como ele ficou rico tão rápido. Ele ficou rico porque você o tornou rico.

Vejamos as pessoas que estão nesta plateia agora. Elas são pobres, todos nós somos pobres individualmente. Nosso salário semanal individual não dá para quase nada. Mas, se você pegar o salário de todos aqui, coletivamente, dá para encher um monte de cestas. É muita riqueza. Se você juntar por um ano o salário apenas destas pessoas que estão aqui, você ficará rico – mais rico do que o rico. Quando você olhar desse ponto de vista, imagine o quanto o Tio Sam ficou rico, não com este punhado de gente aqui, mas com milhões de negros. Seus pais e os meus pais, que não trabalhavam em turnos de oito horas, mas sim de sol a sol, e trabalhavam por nada, é que tornaram o homem branco rico, é que tornaram o Tio Sam rico.

Este é o nosso investimento. Esta é a nossa contribuição – nosso sangue. Não somente demos nosso trabalho gratuito como também nosso sangue. Cada vez que havia uma convocação para a guerra, éramos os primeiros a vestir o uniforme. Morremos em todos os campos de batalha que o homem branco criou. Fizemos um sacrifício maior do que qualquer um que se encontre na América hoje. Fizemos uma contribuição maior e recebemos menos. Direitos civis, para aqueles de nós cuja filosofia é o nacionalismo negro, significam: "Deem-nos tudo agora. Não é para esperar pelo próximo ano. Deem-nos tudo ontem, e ainda assim não terá sido rápido o suficiente".

Mas preciso interromper aqui para chamar a atenção sobre uma coisa. Sempre que você está buscando algo que pertence a você, qualquer pessoa que prive você do direito de conseguir isso é uma criminosa. Entenda isso. Sempre que você está buscando algo que é seu, está dentro dos seus direitos legais reivindicá-lo. E qualquer um que insistir no esforço de privá-lo do que é seu está infringindo a lei, é um criminoso. Isso já foi determinado por decisão da Suprema Corte. Ela proibiu a segregação. O que significa que a segregação é ilegal. O que significa que um segregacionista está infringindo a lei. Um segregacionista é um criminoso. Você não pode dar outro rótulo a ele senão esse. E, quando você se manifesta contra a segregação, a lei está do seu lado. A Suprema Corte está do seu lado.

Então, quem é que se opõe a que você cumpra a lei? O próprio departamento de polícia. Com cães policiais e cassetetes. Toda vez que você se manifesta contra a segregação, seja contra a educação segregada, a habitação segregada ou qualquer outra coisa, a lei está do seu lado, e quem quer que seja um obstáculo no seu caminho não representa mais a lei. Eles estão infringindo a lei, já não representam a lei. Sempre que você se manifestar contra a segregação e um sujeito tiver a audácia de jogar um cachorro policial para cima de você, mate esse cachorro, mate, estou te dizendo, mate esse cachorro. O que eu tenho a dizer é isso. Digo, mesmo que eles me botem na prisão amanhã: mate aquele cachorro. Só assim você vai colocar um fim nisso. Agora, se esses brancos daqui não querem ver esse tipo de ação, que se mexam e digam ao prefeito para mandar o departamento de polícia prender seus cachorros. Isso é tudo o que vocês devem fazer. Se não fizerem, outra pessoa vai fazer.

Se vocês não adotarem esse tipo de resistência, seus filhos vão crescer, olhar para vocês e pensar: "Que vergonha!". Se vocês não adotarem uma resistência inflexível... Não quero dizer sair e ser violento. Mas, ao mesmo tempo, vocês nunca devem ser não violentos, a menos que encontrem alguma não violência. Eu não sou violento com aqueles que são não violentos comigo. Mas, quando jogam essa violência para cima de mim, aí eu fico louco e já não sou responsável pelo que faço. É assim que todo negro deve atuar. Sempre que você souber que está dentro da lei, dentro dos seus direitos legais, dentro dos seus direitos morais, de acordo com a justiça, morra por aquilo em que acredita. Mas não morra sozinho. Que sua morte seja recíproca. É isso o que se entende por igualdade. É olho por olho e dente por dente.

Quando começamos a entrar nessa área, precisamos de novos amigos, precisamos de novos aliados. Precisamos elevar a luta pelos direitos civis a um nível mais alto – ao nível dos direitos humanos. Sempre que você estiver na luta pelos direitos civis, saiba disso ou não, você está restrito à jurisdição do Tio Sam. Ninguém do mundo exterior pode falar em seu nome se sua luta é uma luta por direitos civis. Os direitos civis são parte dos assuntos internos deste país. Nenhum dos nossos irmãos africanos, dos nossos irmãos asiáticos e dos nossos irmãos latino-americanos pode abrir a boca e interferir nos assuntos internos dos Estados Unidos. Uma vez que se trate de direitos civis, ficam sob a jurisdição do Tio Sam.

Mas as Nações Unidas têm o que é conhecido como Declaração dos Direitos Humanos, têm um comitê que trata dos direitos humanos. Você pode se perguntar por que todas as atrocidades que foram cometidas na África, na Hungria, na Ásia e na América Latina são apresentadas à ONU, mas o problema do negro nunca é apresentado à ONU. Isso é parte da conspiração. Esse velho trapaceiro liberal de olhos azuis, que supostamente é seu e meu amigo, que está supostamente do nosso lado, subsidiando nossa luta e agindo na qualidade de conselheiro, nunca lhe diz nada sobre direitos humanos. Eles mantêm você restrito aos direitos civis. E você passa tanto tempo batendo na porta errada dos direitos civis que nem se dá conta de que existe ali, no mesmo andar, a porta dos direitos humanos.

Quando você eleva a luta pelos direitos civis ao plano dos direitos humanos, pode levar a questão do homem negro neste país às nações que compõem a ONU. Pode levar a questão à Assembleia Geral deles. Você pode levar o Tio Sam a um tribunal internacional. Mas o único patamar em que você pode fazer isso é aquele dos direitos humanos. Os direitos civis mantêm você sob as restrições, sob a jurisdição do Tio Sam. Os direitos civis mantêm você sob o controle dele. Direitos civis significam que você está pedindo ao Tio Sam que trate você bem. Já os direitos humanos são algo com que você nasceu. Os direitos humanos são os seus direitos dados por Deus. Os direitos humanos são os direitos reconhecidos por todas as nações deste mundo. E, sempre que alguém violar seus direitos humanos, você pode levá-lo ao tribunal internacional. As mãos do Tio Sam estão pingando sangue, pingando o sangue do homem negro deste país. Ele é o hipócrita número 1 do mundo. Ele tem a audácia – sim, ele tem! –, imagine, de posar como líder do mundo livre. Do mundo livre! Enquanto você continua aqui cantando "We Shall Overcome". Elevar a luta pelos direitos civis ao patamar dos direitos humanos, levá-la às Nações Unidas, onde nossos irmãos africanos podem entrar com seu peso a nosso favor, onde nossos irmãos asiáticos podem entrar com seu peso a nosso favor, onde nossos irmãos latino-americanos podem entrar com seu peso a nosso favor e onde 800 milhões de chineses estão sentados esperando para entrar com seu peso a nosso favor.

Vamos deixar o mundo saber como as mãos do Tio Sam estão ensanguentadas. Vamos deixar o mundo saber da hipocrisia que se pratica aqui. Que seja o voto ou a bala. Vamos dizer a ele que será o voto ou a bala.

Quando você leva seu caso para a capital, Washington, você o leva ao criminoso responsável; é como correr do lobo para cair nas garras da raposa. Eles são todos cúmplices. Armam uma trapaça política e fazem você parecer idiota aos olhos do mundo. Aqui está você, perambulando pela América, se preparando para ser recrutado e enviado para o exterior, como um soldadinho de chumbo, e, quando você chega lá, as pessoas perguntam pelo que você está lutando, e você é obrigado a inventar uma história qualquer. Não! Leve o Tio Sam ao tribunal, leve-o perante o mundo.

Quando falo em "voto", quero dizer liberdade. Você não sabe que – e eu discordo de Lomax nesta questão – o voto é mais importante do que o dólar? Posso provar isso? Sim. Preste atenção na ONU. Existem nações pobres na ONU; ainda assim, essas nações pobres podem se juntar, com seu poder de voto, e impedir que as nações ricas deem um passo sequer. Lá é um voto para cada nação – todas têm voto de igual valor. E, quando esses irmãos da Ásia, da África e das partes mais escuras deste mundo se juntam, seu poder de voto é suficiente para manter Sam em xeque. Ou a Rússia em xeque. Ou qualquer outra parte da Terra em xeque. Portanto, o voto é o mais importante.

Neste exato momento, neste país, se você e eu, os 22 milhões de afro-americanos... é isso que somos, africanos que estão na América. Vocês não são nada além de africanos. Nada além de africanos. Na verdade, vocês ganhariam muito mais chamando a si mesmos de "africanos" do que de "negros". Os africanos não vivem num inferno. Vocês são os únicos que vivem num inferno. Não precisam aprovar projetos de lei de direitos civis para os africanos. Um africano pode ir a qualquer lugar que queira agora. Tudo o que você precisa fazer é amarrar um pano na sua cabeça. Isso mesmo, e vá para onde quiser. Apenas pare de ser um negro. Mude seu nome para "Hoogagagooba". Isso vai te mostrar como o homem branco é imbecil. Você está lidando com um homem imbecil. Um amigo meu que tem a pele muito escura colocou um turbante na cabeça e foi a um restaurante em Atlanta, antes de eles se declararem dessegregados. Ele entrou num restaurante branco, sentou-se, serviram-no, e ele perguntou: "O que aconteceria se um negro entrasse aqui?". E lá estava ele sentado, escuro como a noite, mas, como usava um turbante na cabeça, a garçonete olhou para ele e disse: "Ora, mas nenhum *nigger* teria coragem de entrar aqui".

Então, você está lidando com um homem cujo preconceito e discriminação estão fazendo com que ele perca a cabeça, a inteligência, todos os dias. Ele está aterrorizado. Ele olha em volta e vê o que está acontecendo no mundo, vê que o pêndulo do tempo está balançando em nossa direção. As pessoas escuras estão acordando. Estão perdendo o medo do homem branco. Em nenhum dos lugares onde o branco está lutando neste momento ele está vencendo. Em todos os lugares onde está lutando, luta contra alguém da nossa compleição física. Mas está sendo derrotado. Não pode mais vencer. Ele venceu sua última batalha. Não conseguiu vencer a Guerra da Coreia. Não podia vencer. Teve que assinar uma trégua. Isso é uma derrota. Toda vez que o Tio Sam, com todo o seu maquinário de guerra, é levado ao empate com alguns comedores de arroz, ele perdeu a batalha. Ele teve que assinar uma trégua. Não é papel da América assinar tréguas. Ela tem que ser malvada. Mas ela já não é tão malvada assim. Ela só será malvada se puder usar sua bomba de hidrogênio, mas não pode usar, por medo de que a Rússia possa usar a dela também. Mas a Rússia não pode usar a sua, por medo de que Sam possa usar a dele. Então, ambos estão sem armas. Eles não podem usar a arma porque a arma de um anula a do outro. Portanto, o único lugar onde a ação pode ocorrer é no solo. Mas o homem branco não vai conseguir ganhar outra guerra travada no solo. Aqueles tempos acabaram. O homem preto sabe disso, o homem marrom sabe, o homem vermelho sabe e o homem amarelo sabe disso. Por isso fazem guerras de guerrilha contra o branco. E esse não é o estilo dele. É preciso ter valentia para ser um guerrilheiro, e ele não tem valentia. Garanto isso a vocês.

Agora eu quero fazer só um pequeno resumo sobre o que é a guerra de guerrilha, porque, antes que você se dê conta... antes que você se dê conta... é preciso coragem para ser um guerrilheiro, porque você estará por conta própria. Na guerra convencional, você tem tanques e várias outras pessoas com você para te proteger, aviões sobre sua cabeça e todo esse tipo de coisa. Mas um guerrilheiro está sozinho. Tudo que você tem é um rifle, um tênis e uma tigela de arroz, e isso é tudo de que você precisa – e muita coragem. Veja os japoneses, em algumas daquelas ilhas do Pacífico, quando os soldados americanos desembarcavam, um único japonês conseguia às vezes conter todo um exército. Ele só precisava esperar o sol se pôr, e, quando o sol se punha, eram todos iguais. Ele pegava sua faquinha e ia se esgueirando de arbusto em arbusto, de americano em americano. Os soldados brancos não conseguiram lidar com isso. Quando você encontra algum soldado branco que lutou no Pacífico, percebe que ele tem tremores, sofre de nervosismo, porque lá quase o mataram de medo.

A mesma coisa aconteceu com os franceses na Indochina Francesa. Pessoas que poucos anos antes eram camponeses plantadores de arroz se reuniram e expulsaram da Indochina aquele exército francês fortemente mecanizado. Ninguém precisa mais disso – a guerra moderna hoje não funciona. Esta é a era da guerrilha.

Aconteceu a mesma coisa na Argélia. Os argelinos, que não passavam de beduínos, pegaram uma espingarda e escaparam

61

para as colinas; e De Gaulle e todo o seu pretensioso maquinário bélico não conseguiram derrotar aqueles guerrilheiros. Em nenhum lugar deste mundo o homem branco venceu uma guerra de guerrilha. Não é negócio para ele. Uma vez que a guerra de guerrilha está prevalecendo na Ásia, em partes da África e em partes da América Latina, só sendo muito ingênuo ou menosprezando muito o homem negro para achar que ele não vai acordar algum dia e descobrir que tem que ser o voto ou a bala.

Gostaria de dizer, para encerrar, algumas coisas sobre a Associação da Mesquita Muçulmana, que fundamos recentemente na cidade de Nova York. É verdade que somos muçulmanos e nossa religião é o Islã, mas não misturamos nossa religião com nossa política e nossas atividades sociais e civis – não mais. Mantemos nossa religião em nossa mesquita. Depois que nosso serviço religioso termina, então, como muçulmanos, nos envolvemos em ações políticas, econômicas, sociais e civis. Nós nos envolvemos com qualquer pessoa, em qualquer lugar, a qualquer hora e de qualquer forma, contanto que o objetivo seja acabar com os males, os males políticos, econômicos e sociais que estão afligindo os indivíduos de nossa comunidade.

A filosofia política do nacionalismo negro consiste em que o homem negro deve controlar a política e os políticos em sua própria comunidade, nada além disso. O homem negro na comunidade negra tem que ser reeducado na ciência da política, de modo que ele saiba o que a política deve lhe dar em troca. Não desperdice nenhum voto. Um voto é como uma bala. Não use seu voto se não tiver um alvo; e, se esse alvo não estiver ao seu alcance, guarde seu voto no bolso. A filosofia política do nacionalismo negro está sendo ensinada hoje na Igreja cristã. Está sendo ensinada na NAACP. Está sendo ensinada nas reuniões do Core. Está sendo ensinada nas reuniões do SNCC. Está sendo ensinada em reuniões muçulmanas. Está sendo ensinada ali onde ninguém além de ateus e agnósticos se reúnem. Está sendo ensinada em todos os lugares. Os negros estão fartos da lenga-lenga e do blá-blá-blá, das concessões que temos feito para obter nossa liberdade. Queremos liberdade agora, mas não vamos conseguir isso dizendo "We Shall Overcome". Temos que lutar até vencer.

A filosofia econômica do nacionalismo negro é pura e simples. Significa apenas que devemos controlar a economia de nossa comunidade. Por que os brancos têm de ser os donos de todas as lojas da nossa comunidade? Por que os brancos têm de ser os donos dos bancos da nossa comunidade? Por que a economia da nossa comunidade tem de estar nas mãos do homem branco? Por quê? Se um homem negro não pode mudar sua loja para uma comunidade branca, você me diga por que um homem branco pode mudar sua loja para uma comunidade negra. A filosofia do nacionalismo negro envolve um programa de reeducação da comunidade negra no que diz respeito à economia. É preciso fazer nossa gente compreender que, sempre que você leva seu dinheiro para fora de sua comunidade e o gasta em uma comunidade onde não vive, a comunidade onde você vive fica cada vez mais pobre e a comunidade onde gasta seu dinheiro fica cada vez mais rica. Daí você se pergunta por que o lugar onde mora é sempre um gueto ou uma favela. E, no que diz respeito a você e a mim, não perdemos apenas quando gastamos nosso dinheiro fora da comunidade, mas também porque o homem branco controla todas as lojas na nossa comunidade. De modo que, embora gastemos nosso dinheiro na comunidade, no fim do dia o homem que é dono da loja leva embora esse dinheiro para algum outro lugar da cidade. Então, estamos encurralados pelo homem branco.

Portanto, a filosofia econômica do nacionalismo negro entende que, em cada igreja, em cada organização civil, em cada fraternidade, é hora de o nosso povo se conscientizar da importância de controlar a economia da nossa comunidade. Se somos os donos das lojas, se operamos os negócios, se tentamos estabelecer alguma indústria em nossa própria comunidade, então estamos evoluindo para a posição em que criaremos empregos para a nossa própria gente. Quando tivermos o controle da economia de nossa própria comunidade, não precisaremos mais fazer piquetes, boicotar e implorar a algum branquelo racista do centro da cidade por um emprego no negócio dele.

A filosofia social do nacionalismo negro entende simplesmente que temos que nos juntar e combater os males, os vícios, o alcoolismo, a dependência de drogas e outras mazelas que estão destruindo a fibra moral de nossa comunidade. Nós mesmos temos que elevar o nível de nossa comunidade, o padrão de nossa comunidade, a um patamar mais alto, tornar bonita nossa própria sociedade, para que possamos ficar satisfeitos em nossos próprios círculos sociais, e não correndo por aí, tentando forçar a entrada em um círculo social onde não somos bem-vindos.

Então eu digo que, ao difundirmos um evangelho como o nacionalismo negro, não pretendemos fazer o homem negro reavaliar o homem branco – você já o conhece –, mas fazer o homem negro reavaliar a si mesmo. Não tente mudar a cabeça do homem branco – você não vai conseguir mudar a cabeça dele. E toda aquela conversa mole sobre apelar para a consciência moral da América... a consciência da América faliu. Ela perdeu toda a consciência há muito tempo. Tio Sam não tem consciência. Eles não sabem o que é moral. Não vão eliminar o mal por ser uma coisa ruim em si, nem por ser ilegal, nem por ser imoral; eles só vão eliminá-lo quando ameaçar a existência deles. Então, você está perdendo seu tempo apelando para a consciência moral de um ser falido como o Tio Sam. Se ele tivesse uma consciência, endireitaria essa situação sem sofrer mais nenhuma pressão. Portanto, não é necessário mudar a mente do homem branco. Precisamos mudar nossa própria mente. Você não pode mudar a opinião dele sobre nós. Nós é que temos de mudar nossa opinião sobre nós mesmos. Temos que nos ver uns aos outros com novos olhos. Temos que nos ver como irmãos e irmãs. Temos que nos unir cordialmente para que possamos desenvolver a unidade e a harmonia necessárias para resolvermos esse problema por nós mesmos. Como podemos fazer isso? Como podemos evitar o ciúme? Como evitar as suspeitas e as divisões que existem dentro da comunidade? Eu vou dizer a vocês como.

Eu tenho observado como Billy Graham chega a uma cidade divulgando o que ele chama de evangelho de Cristo, mas que não passa de nacionalismo branco. É isso que ele é. Billy Graham é um nacionalista branco. Eu sou um nacionalista negro. No entanto, na medida em que é uma tendência natural dos líderes sentirem ciúmes uns dos outros e olharem para uma figura poderosa como Graham com suspeita e inveja, como é possível ele vir a uma cidade e conseguir toda a cooperação de lideranças da igreja? Não pense que, por serem lideranças da igreja, eles não têm fraquezas que os levam à inveja e ao ciúme – não, todo mundo tem. Não é por acaso que, quando eles querem escolher um cardeal [como Papa] em Roma, eles se trancam a sete chaves, para que você não possa ouvi-los xingando, brigando e se comportando mal.

Billy Graham chega pregando o evangelho de Cristo, ensina o evangelho, comove todo mundo, mas nunca tenta fundar uma igreja. Se tentasse fundar uma igreja, todas as igrejas seriam contra ele. Então, ele simplesmente entra falando sobre Cristo e diz a todos que recebem Cristo para ir a qualquer igreja onde Cristo esteja; dessa forma, a Igreja coopera com ele. Então, vamos aprender com o exemplo dele.

Nosso evangelho é o nacionalismo negro. Não estamos tentando ameaçar a existência de nenhuma organização, estamos divulgando o evangelho do nacionalismo negro. Em qualquer lugar onde haja uma igreja que também esteja pregando e praticando o evangelho do nacionalismo negro, junte-se a essa igreja. Se a NAACP estiver pregando e praticando o evangelho do nacionalismo negro, junte-se à NAACP. Se o Core estiver divulgando e praticando o evangelho do nacionalismo negro, junte-se ao Core. Junte-se a qualquer organização cujo evangelho seja para erguer o homem negro. Mas, se você se juntar e perceber que eles estão naquele blá-blá-blá ou fazendo concessões, saia fora, porque isso não é nacionalismo negro. Vamos encontrar outra igreja.

Dessa forma, as organizações vão crescer em número, em quantidade e em qualidade. Já em agosto, nossa intenção é organizar uma convenção do nacionalismo negro, que será composta por delegados de todo o país interessados na filosofia política, econômica e social do nacionalismo negro. Depois que esses delegados se reunirem, faremos um seminário, promoveremos debates, escutaremos a todos. Queremos ouvir novas ideias, novas soluções e novas respostas. E, nessa ocasião, se acharmos adequado formar um partido nacionalista negro, formaremos um partido nacionalista negro. Se for necessário formar um exército nacionalista negro, formaremos um exército nacionalista negro. Será o voto ou a bala. Será a liberdade ou será a morte.

É hora de você e eu deixarmos de ficar esperando neste país, de deixarmos de aceitar que esses senadores branquelos racistas, branquelos racistas do Norte e do Sul, se instalem lá em Washington e concluam, na cabeça deles, que você e eu talvez devamos ter direitos civis. Nenhum homem branco vai me dizer nada sobre os *meus* direitos. Irmãos e irmãs, lembrem-se sempre, se não é preciso haver senadores, deputados e proclamações presidenciais para que o homem branco tenha sua liberdade garantida, então não é necessário legislação, nem proclamação, nem decisões da Suprema Corte para garantir liberdade ao homem negro. Vamos avisar àquele homem branco: se este é um país de liberdade, que seja um país de liberdade; e, se não for um país de liberdade, que mudem o país.

Trabalharemos com qualquer pessoa, em qualquer lugar, a qualquer hora, que esteja genuinamente interessada em enfrentar o problema, de forma não violenta, desde que o inimigo seja não violento, mas de forma violenta quando o inimigo se tornar violento. Vamos trabalhar com vocês na campanha de inscrição de eleitores, estaremos com vocês nas greves do aluguel,[22] vamos

---

22 Forma de protesto em que inquilinos de um local se unem em um movimento coordenado para não pagarem os aluguéis até que os proprietários dos imóveis concordem em negociar suas demandas. Entre

apoiar vocês nos boicotes a escolas – não acredito em nenhum tipo de integração; não estou nem preocupado com isso, porque sei que vocês, de todo modo, não vão conseguir; e não vão conseguir porque têm medo de morrer. Vocês precisam estar prontos para morrer se tentarem se impor ao homem branco, porque ele vai ser tão violento aqui em Cleveland quanto aqueles branquelos racistas lá no Mississippi. Mas ainda vamos apoiar vocês nos boicotes das escolas, porque somos contra um sistema educacional segregado. Um sistema educacional segregado produz crianças que, quando se formam, se formam com a mentalidade deformada. Mas uma escola segregada não é sinônimo de uma escola toda negra. Uma escola segregada é uma escola controlada por pessoas que não têm nenhum interesse real nela.

Deixem-me explicar o que quero dizer. Um distrito segregado ou uma comunidade segregada é uma comunidade na qual as pessoas vivem, mas cuja política e economia são controladas por gente de fora. Eles nunca se referem ao setor branco da cidade como uma comunidade segregada. O setor dos negros é que é uma comunidade segregada. Por quê? O homem branco controla sua própria escola, seu próprio banco, sua própria economia, sua própria política, toda e qualquer coisa sua, sua própria comunidade – mas ele também controla a nossa comunidade negra. Quando você está sob o controle de outra pessoa, você está segregado. Eles sempre dão a você o mais baixo ou o pior do que há para oferecer, mas não é que você esteja segregado por só ter o que lhe cabe. Você precisa *controlar* o que é seu. Assim como o homem branco tem o controle sobre o que é dele, você precisa controlar o que é seu.

Vocês conhecem a melhor maneira de se livrar da segregação? O homem branco tem mais medo da separação do que da integração. Segregação significa que ele afasta vocês, mas não o bastante

---

1963 e 1964, uma greve do aluguel irrompeu no bairro do Harlem, sob a liderança de Jesse Gray, por melhorias nas condições habitacionais e contra os aumentos abusivos. Ver mais na p. 127. [N.E.]

para que fiquem fora da jurisdição dele; separação significa que vocês foram embora. E o homem branco vai preferir se integrar mais rápido a deixar vocês se separarem. Portanto, trabalharemos com vocês contra o sistema educacional segregado porque é criminoso, porque é absolutamente destrutivo, de todas as maneiras imagináveis, para a mente das crianças expostas a esse tipo de educação deformadora.

Por último, mas não menos importante, devo dizer algo a respeito da grande controvérsia sobre fuzis e espingardas. A única coisa que eu já disse é que, em áreas onde o governo se mostrou relutante ou incapaz de defender a vida e a propriedade dos negros, é hora de os negros se defenderem. O artigo número 2 das emendas constitucionais concede a você e a mim o direito de possuir um fuzil ou uma espingarda. É constitucionalmente legal possuir uma espingarda ou um fuzil. Isso não significa que você vá pegar um fuzil, formar um batalhão e sair à caça de brancos, embora você esteja no seu direito – quero dizer, você teria razão; mas isso seria ilegal, e nós não fazemos nada ilegal. Se o homem branco não quer que o homem negro compre fuzis e espingardas, então que mande o governo fazer seu trabalho. Isso é tudo. E não permita que o homem branco chegue para você e pergunte "o que você acha sobre o que o Malcolm diz?" – ora, seu velho Pai Tomás! Ele nunca perguntaria se soubesse que você responderia: "Amém!". Não, ele está te transformando num Pai Tomás.

Então, isso não significa formar clubes de tiro e sair por aí caçando pessoas, mas agora é a hora, em 1964, se você é um homem, de fazer o homem branco saber disso. Se ele não fizer o trabalho de controlar o governo, para proporcionar a você e a mim a proteção para a qual os impostos que pagamos supostamente servem – já que ele gasta todos aqueles bilhões com seu orçamento de defesa –, ele certamente não vai se irritar se gastarmos doze ou quinze dólares numa arma de ação simples ou numa de ação dupla. Espero que vocês me entendam. Não saiam por aí atirando nas pessoas, a não ser, irmãos e irmãs, e especialmente os homens nesta plateia – vocês que exibem a Medalha de Honra do Congresso, de ombros tão largos, de peito tão estufado, tão musculosos –, a não ser quando lermos que eles bombardearam uma igreja e mataram, a sangue-frio, não alguns adultos, mas quatro meninas que oravam para o mesmo deus que o homem branco ensinou-as a orar;[23] a não ser quando você e eu virmos que o governo vai até lá e não encontra quem fez aquilo.

Ora, esse homem branco é capaz de encontrar Eichmann escondido em algum lugar da Argentina! Se dois ou três soldados americanos estiverem vigiando negócios alheios lá para as bandas do Vietnã do Sul e forem mortos, ele vai enviar navios de guerra, metendo o nariz onde não foi chamado. Ele queria enviar tropas a Cuba para impor a eles o que chama de eleições livres – mas esse branquelo racista não tem eleições livres em seu próprio país. Não, se você nunca mais me vir em sua vida, se eu morrer pela manhã, vou morrer dizendo uma coisa: o voto ou a bala, o voto ou a bala.

Se um negro em 1964 ainda tem que esperar sentado quando algum senador branquelo racista obstrui a votação dos direitos das pessoas negras, ora, você e eu deveríamos nos enforcar de vergonha. Vocês falam de uma marcha sobre Washington em 1963, mas vocês ainda não viram nada. Há muito mais para acontecer em 1964. E desta vez os negros não vão como no ano passado. Eles não vão cantando "We Shall Overcome". Eles não vão com seus amigos brancos. Eles não vão com cartazes já pintados para eles. Eles não vão com passagens de ida e volta. Eles estão indo só com a passagem de ida.

---

23 Referência a Carole Robertson, Cynthia Wesley, Addie Mae Collins e Denise McNair, meninas negras de 11 a 14 anos que estavam em uma igreja batista de Birmingham, na manhã de 15 de setembro de 1963, e foram vítimas de um atentado a bomba. Algumas delas eram companheiras de escola e de vizinhança da irmã mais nova de Angela Davis, que também relata o episódio em sua autobiografia. O crime teve autoria de membros da Ku Klux Klan. [N.E.]

E, se eles não querem que aquele exército contrário à não violência vá até lá, digam a eles para acabarem com as obstruções. Os nacionalistas negros não vão esperar. Lyndon B. Johnson é o líder do Partido Democrata. Se ele é a favor dos direitos civis, que vá ao Senado na próxima semana declarar isso. Que entre lá agora e declare. Que vá lá e denuncie a ala sulista do seu partido. Que entre lá agora e assuma um posicionamento moral – agora mesmo, e não depois. Digam isso a ele, não esperem até a hora das eleições. Se ele esperar muito, irmãos e irmãs, será responsável pelo desenvolvimento de uma atmosfera tal capaz de fazer brotar sementes de uma vegetação muito diferente de tudo o que as pessoas já imaginaram. Em 1964, é o voto ou a bala. Obrigado.

A revolução negra

THE BLACK REVOLUTION [NOVA YORK, 8 ABR. 1964]

Em 8 de abril de 1964, Malcolm X fez um discurso sobre a "revolução negra" em uma reunião patrocinada pelo Fórum Trabalhista Militante [Militant Labour Forum] no anfiteatro Palm Gardens, Nova York. Esse fórum estava vinculado ao *The Militant*, semanário socialista que Malcolm considerava "um dos melhores jornais do mundo". A plateia era cerca de três quartos branca. A maior parte respondeu favoravelmente à palestra. Houve algumas altercações ásperas durante a discussão entre o orador e os liberais brancos, que se ressentiram de seus ataques ao liberalismo e ao Partido Democrata e tentaram atribuir a ele o rótulo de semeador de ódio.

A palestra deu a Malcolm a oportunidade de uma apresentação mais completa de seus argumentos para internacionalizar a luta negra indiciando o governo dos Estados Unidos por racismo perante as Nações Unidas. Também é de se notar em seu discurso que uma "revolução sem derramamento de sangue" ainda era possível nos Estados Unidos, sob certas circunstâncias.

▬▬▬▬▬ Amigos e inimigos: esta noite, espero que possamos ter um bate-papo ao pé da lareira com o mínimo de faíscas possíveis se soltando por aí. Especialmente por causa da condição muito explosiva em que o mundo se encontra hoje. Às vezes, quando a casa de uma pessoa está pegando fogo e alguém aparece gritando "fogo!", em vez de a pessoa que é acordada pelo grito agradecer, ela comete o erro de acusar quem a acordou de ter provocado esse fogo. Espero que este bate-papo sobre a revolução negra esta noite não leve muitos de vocês a nos acusarem de botar o fogo quando derem com ele à porta de casa.

Nos últimos anos, tem-se falado muito sobre explosão populacional. Sempre que se fala de explosão populacional, na minha opinião, estão se referindo principalmente aos povos da Ásia ou da África – aos povos pretos, marrons, vermelhos e amarelos. A visão do Ocidente é a de que, logo que o padrão de vida melhora na África e na Ásia, as pessoas começam automaticamente a se reproduzir em abundância. Isso tem gerado muito medo na cabeça dos ocidentais, eles que são, aliás, uma minoria muito pequena nesta Terra.

Na verdade, em quase tudo o que os brancos do Ocidente pensam e planejam hoje é fácil ver o medo em suas mentes – mentes conscientes e mentes subconscientes –, medo de que as massas de pessoas escuras do Oriente, que já são mais numerosas, continuem a aumentar, a se multiplicar e a crescer até que finalmente arrastem os ocidentais como um mar humano, uma maré humana, uma inundação humana. Esse medo pode ser visto na mente, nas ações, da maioria das pessoas aqui no Ocidente, em quase tudo o que fazem. O medo domina suas visões políticas e suas visões econômicas e domina a maioria de suas atitudes para com a sociedade atual.

Eu estava ouvindo Dirksen, o senador por Illinois, em Washington, sobre a obstrução ao Projeto de Lei dos Direitos Civis; e uma coisa que ele enfatizava sem parar era que, se esse projeto de lei fosse aprovado, mudaria a estrutura social da América. Bem, eu sei o que ele quer dizer, e acho que a maioria das outras pessoas hoje, e especialmente nosso povo, sabe o que significa quando esses brancos que obstruem os projetos de lei expressam temores de mudanças na estrutura social. Nosso pessoal está começando a perceber o que eles querem dizer.

Assim como, no mundo todo, um dos principais problemas enfrentados pelo Ocidente é a questão racial, também aqui na América, hoje, a maioria de seus líderes negros, assim como os brancos, concorda que 1964 parece mesmo ser um dos anos mais explosivos que já houve no front racial, na cena racial da história da América. Não só essa explosão racial provavelmente ocorrerá na América como também estão bem aqui na nossa frente todos os ingredientes para que essa explosão racial na América se transforme em uma explosão racial mundial. O barril de pólvora racial da América, em suma, pode realmente detonar e explodir um barril de pólvora mundial.

Ainda existem brancos tranquilos neste país diante das possibilidades de o conflito racial fugir ao controle. Vocês estão tranquilos simplesmente porque pensam que ultrapassam em número a minoria racial aqui no país; mas o que vocês precisam entender é que podem nos superar em números aqui neste país, mas não nos superam no mundo como um todo.

Qualquer tipo de explosão racial que ocorra neste país hoje, em 1964, não é uma explosão racial que vai ficar confinada às fronteiras da América. É uma explosão racial que pode inflamar o barril de pólvora racial em todo o planeta que chamamos de Terra. Acho que ninguém discorda do fato de que as massas de pele escura da África, Ásia e América Latina estão a ponto de explodir de amargura, ressentimento, hostilidade, aflição e impaciência com a intolerância racial que vêm vivenciando nas mãos do Ocidente branco.

Do mesmo modo que entre eles há ingredientes de hostilidade para com o Ocidente em geral, aqui neste país também temos 22 milhões de afro-americanos, pretos, marrons, vermelhos e amarelos, que estão a ponto de explodir de amargura, impaciência, hostilidade e ressentimento com a intolerância racial não só do Ocidente branco, mas da América branca em particular.

E hoje vemos entre nossa gente que centenas de milhares perderam a paciência, largaram mão do nacionalismo branco que vocês chamam de democracia, e se voltam para a política militante e intransigente do nacionalismo negro. Preciso salientar aqui que, logo que anunciamos que fundaríamos um partido nacionalista negro neste país, recebemos correspondências de costa a costa, principalmente de jovens do ensino superior, universitários, expressando total simpatia, apoio e desejo de parti-

73

cipar ativamente de qualquer tipo de ação política baseada no nacionalismo negro e com o propósito de corrigir ou acabar imediatamente com os males que nosso povo vem sofrendo aqui há quatrocentos anos.

Para muitos de vocês, os nacionalistas negros podem representar apenas uma minoria na comunidade. E por isso vocês tendem a classificá-los como algo insignificante. Mas, ainda que o estopim seja a menor parte, ou a menor peça, do barril de pólvora, é aquele pequeno estopim que inflama todo o barril de pólvora. Os nacionalistas negros, para vocês, podem representar uma pequena minoria na chamada comunidade negra, mas acontece que eles são feitos daquele ingrediente necessário para acender ou inflamar toda a comunidade negra.

Se há uma coisa que os brancos – quer vocês, brancos, se considerem liberais, conservadores, racistas ou seja lá o que escolheram ser –, uma coisa que vocês precisam entender, no que diz respeito à comunidade negra, é que, embora a grande maioria dos negros com quem vocês entram em contato possam impressionar como moderados, pacientes, amorosos, resignados e todo esse tipo de coisa, o que vocês consideram como a minoria muçulmana ou nacionalista é feita de um tipo de ingrediente que pode facilmente acender o estopim da comunidade negra. É preciso compreender isso. Para mim, um barril de pólvora não é nada sem um estopim.

1964 será o ano mais explosivo da América; o ano mais explosivo da história da América até agora; ano de muita violência racial e muito derramamento de sangue racial. Mas esse sangue não vai ser derramado apenas de um lado. A nova geração de negros que cresceu neste país nos últimos anos já está formando a opinião, e é uma opinião justa, de que, se houver derramamento de sangue, deve ser recíproco – derramamento dos dois lados.

É preciso entender também que os estopins raciais que são acesos aqui na América hoje podem facilmente se transformar numa bola de fogo no exterior, quer dizer, podem engolfar todas as pessoas da Terra em uma guerra racial gigante. Não será possível restringir a coisa a um bairro, ou a uma comunidade, ou a um país. O que acontece com o homem negro na América hoje acontece com o homem negro na África. O que acontece com o homem negro na América e na África acontece com o homem negro na Ásia e com o homem lá na América Latina. O que acontece com um de nós hoje acontece com todos nós. E, quando isso for compreendido, eu acho que os brancos – que são inteligentes, ainda que não sejam morais nem justos ou não se impressionem com as leis –, aqueles que são inteligentes, vão perceber que, quando tocam neste negro aqui, estão tocando em todos os negros, e isso por si só já servirá como um freio.

A gravidade dessa situação deve ser corajosamente enfrentada. Estive em Cleveland ontem à noite, Cleveland, em Ohio. Na verdade, estive lá sexta, sábado e ontem. Na sexta-feira passada foi dado o alerta de que este é um ano de derramamento de sangue, de que o homem negro deixou de dar a outra face, deixou de ser não violento, parou de achar que deve ficar preso a todas essas restrições que são impostas a ele pela sociedade branca na luta por aquilo que a própria sociedade branca diz que já deveria ser dele centenas de anos atrás.

Então, hoje, quando o homem negro começa a conquistar o que a América diz serem seus direitos, o homem negro sente que é legítimo – quando ele se torna vítima da brutalidade daqueles que o estão privando de seus direitos –, que é legítimo fazer o que for necessário para se proteger. Um exemplo disso aconteceu ontem à noite, nesta mesma hora, em Cleveland, quando a polícia, que estava acionando mangueiras d'água e também jogando gás lacrimogêneo contra nosso povo, levou uma saraivada de pedregulhos, uma saraivada de pedras, uma saraivada de tijolos. Algumas semanas atrás, em Jacksonville, na Flórida, um jovem adolescente negro atirou coquetéis molotov.

Bem, dez anos atrás, os negros não faziam isso. E o que se deve aprender com isso é que eles estão acordando. Ontem foram pedras; hoje, coquetéis molotov; amanhã serão granadas de mão e, no dia seguinte, qualquer coisa que esteja disponível. A gravidade dessa situação deve ser enfrentada corajosamente. Não pensem que estou incitando alguém à violência. Estou apenas alertando para uma situação de barril de pólvora. É pegar ou largar. Se você aceitar este alerta, talvez ainda possa se salvar. Mas, se você ignorar ou ridicularizar isso, bem, a morte já está batendo à sua porta. Há 22 milhões de afro-americanos prontos para lutar por independência aqui mesmo. Quando eu digo lutar por independência aqui mesmo, não estou me referindo à luta não violenta ou à luta de quem dá a outra face. Esses dias acabaram. Esses dias já eram.

Se George Washington não conseguiu a independência para este país de forma não violenta, e se Patrick Henry não apresentou nenhuma declaração de não violência, e se vocês me ensinaram a considerá-los patriotas e heróis, então é hora de vocês perceberem que eu estudei direitinho pelos livros de vocês.

O ano de 1964 verá a revolta dos negros evoluir e integrar-se à revolução negra mundial que vem ocorrendo desde 1945. A chamada revolta se tornará uma verdadeira revolução negra. Agora a revolução negra está ocorrendo na África, na Ásia e na América Latina; quando digo Revolução "Negra", refiro-me aos não brancos – os pretos, marrons, vermelhos e amarelos. Nossos irmãos e irmãs na Ásia, que foram colonizados pelos europeus, nossos irmãos e irmãs na África, que foram colonizados pelos europeus, e, na América Latina, os camponeses, que foram colonizados pelos europeus, estão desde 1945 engajados na luta para expulsar os colonialistas, ou as potências colonizadoras, os europeus, de suas terras, de seu país.

Essa é uma verdadeira revolução. Uma revolução é sempre baseada na posse da terra. Uma revolução nunca se baseia em implorar a alguém por uma xícara de café "integrada". Revoluções nunca são travadas dando-se a outra face. Revoluções nunca são baseadas em "ame o seu inimigo" ou em "ore por aqueles que te usam e te maltratam". E revoluções nunca são travadas cantando-se "We Shall Overcome". Revoluções são baseadas em derramamento de sangue. Revoluções nunca fazem concessões. Revoluções nunca são baseadas em negociações. Revoluções nunca são baseadas em nenhum tipo de tokenismo.[24] Revoluções nunca são, menos ainda, baseadas em implorar a uma sociedade corrupta ou a um sistema corrupto que nos aceitem dentro deles. Revoluções derrubam sistemas. E não há neste mundo sistema que se tenha provado mais corrupto, mais criminoso, do que este sistema que em 1964 ainda coloniza 22 milhões de afro-americanos, ainda escraviza 22 milhões de afro-americanos.

Não existe sistema mais corrupto do que um sistema que se apresenta como o exemplo da liberdade, o exemplo da democracia – e que sai mundo afora dizendo aos outros países o que devem fazer –, quando há cidadãos neste país que precisam usar balas se quiserem exercer seu direito de voto.

A maior arma que as potências coloniais usaram no passado contra o nosso povo sempre foi dividir para conquistar. A América é uma potência colonial. Ela colonizou 22 milhões de afro-americanos privando-nos da cidadania de primeira classe, privando-nos dos direitos civis, privando-nos, na verdade, dos direitos humanos. Ela não apenas nos privou do direito de sermos cidadãos, ela nos privou do direito de sermos seres humanos, do direito de sermos reconhecidos e respeitados como homens e mulheres. Neste país, o negro pode ter cinquenta anos e ainda é um "garoto".

Eu cresci no meio de gente branca. Fui integrado antes mesmo de eles terem inventado a palavra, mas nunca conheci brancos – quando você fica entre eles por tempo suficiente – que não se re-

---

24 A palavra em inglês utilizada por Malcolm X é "*tokenism*". O termo, que surgiu nos Estados Unidos na década de 1950, refere-se à falsa inclusão de minorias raciais com o objetivo de manter uma aparência de igualdade racial. É de uso corriqueiro hoje, grafado como "tokenismo", nas discussões acadêmicas e de imprensa sobre o tema da diversidade e inclusão de minorias no Brasil. [N.T.]

ferissem a você como um "garoto" ou uma "garota", não importa quantos anos você tenha ou de qual escola você tenha saído, não importa qual seja seu nível intelectual ou profissional. Nesta sociedade, permanecemos "garotos".

Então, a estratégia da América é a mesma que foi usada no passado pelas potências coloniais: dividir para conquistar. Ela joga um líder negro contra o outro. Ela joga uma organização negra contra a outra. Ela nos faz pensar que temos objetivos diferentes, metas diferentes. Assim que um negro diz alguma coisa, ela corre até outro negro e pergunta: "O que você acha do que ele disse?". Ora, qualquer pessoa percebe isso hoje – exceto alguns líderes negros.

Toda a nossa gente tem os mesmos objetivos, a mesma meta. Esse objetivo é liberdade, justiça, igualdade. Todos nós queremos reconhecimento e respeito como seres humanos. Não queremos ser integracionistas. Nem queremos ser separatistas. Queremos ser seres humanos. A integração é apenas um método que alguns grupos utilizam para obter liberdade, justiça, igualdade e respeito como seres humanos. A separação é apenas um método que outros grupos utilizam para obter liberdade, justiça, igualdade ou dignidade humana.

Nosso pessoal cometeu o erro de confundir os métodos com os objetivos. Desde que concordemos com os objetivos, nunca devemos brigar uns com os outros apenas porque acreditamos em diferentes métodos, táticas ou estratégias para alcançar um objetivo comum.

Devemos ter sempre em mente que não lutamos pela integração nem pela separação. Estamos lutando para que nos reconheçam como seres humanos. Estamos lutando pelo direito de viver como humanos livres nesta sociedade. Na verdade, estamos realmente lutando por direitos que são ainda maiores do que os direitos civis – pelos direitos humanos.

Entre os chamados "negros" deste país, em geral os grupos de direitos civis, aqueles que acreditam nos direitos civis, passam a maior parte do tempo tentando provar que são americanos. O pensamento deles é geralmente doméstico, confinado às fronteiras da América, e eles sempre se consideram uma minoria. Quando olham para si mesmos no cenário americano, eis que o cenário americano é um cenário branco. Portanto, um homem negro que se encontra neste cenário da América está automaticamente em minoria. Ele é o azarão e sempre age na luta implorando, de chapéu na mão e fazendo concessões.

Enquanto isso, o outro segmento, ou ala, conhecido como nacionalistas negros, está mais interessado nos direitos humanos do que nos direitos civis aqui na América. E coloca mais ênfase nos direitos humanos do que nos direitos civis. A diferença entre o pensamento e o campo de ação dos negros que estão envolvidos na luta pelos direitos humanos e daqueles que estão envolvidos na luta pelos direitos civis é que os chamados "negros" envolvidos na luta pelos direitos humanos não se consideram americanos. Eles se consideram parte da humanidade escura. Eles não enxergam a luta como limitada ao cenário americano, mas sim como ampliada para o cenário mundial. E, no contexto mundial, eles constatam que o homem escuro supera o homem branco. No cenário mundial, o homem branco é apenas uma minoria microscópica.

Portanto, neste país há dois tipos diferentes de afro-americanos – o tipo que se vê como uma minoria e que enxerga vocês, brancos, como a maioria, porque o campo de ação dele é limitado ao cenário americano; e o tipo que se vê como parte da maioria e que enxerga vocês, brancos, como parte de uma minoria microscópica. Este último adota uma abordagem diferente ao tentar lutar por seus direitos. Ele não implora. Não agradece pelo que vocês lhe dão, porque vocês estão dando a ele apenas o que já deveria ser dele cem anos atrás. Ele não acha que vocês estejam lhe fazendo algum favor.

Ele acha que não fez progresso nenhum desde a Guerra Civil. Ele não enxerga nenhum pingo de progresso sequer, porque, em

79

primeiro lugar, se a Guerra Civil o tivesse libertado, ele não precisaria de uma legislação de direitos civis hoje. Se a Proclamação de Emancipação,[25] emitida por aquele brilhante liberal chamado Lincoln, tivesse libertado o homem negro, ele não estaria cantando "We Shall Overcome" hoje. Se as emendas à Constituição tivessem resolvido seu problema, seu problema já não existiria mais hoje. E, se a decisão da Suprema Corte pela dessegregação em 1954 tivesse como objetivo genuíno e verdadeiro resolver o problema, esse problema não existiria mais para nós hoje.

Então, esse tipo de homem negro está pensando. Ele consegue enxergar como cada manobra que a América fez, supostamente para resolver seu problema, não foi nada além de trapaça política e traição da pior espécie. Hoje ele não tem nenhuma confiança nesses chamados liberais. Eu sei que todos vocês que vieram aqui esta noite não se intitulam liberais. Porque esse é um nome desagradável hoje. Tem a ver com hipocrisia. Então, há esses dois tipos diferentes de pessoas negras na chamada comunidade negra, e elas estão começando a despertar, e esse despertar está criando uma situação muito perigosa.

Há brancos na comunidade que são sinceros quando dizem que querem ajudar. Bem, mas como eles podem ajudar? Como um branco pode ajudar o negro a resolver seu problema? Em primeiro lugar, vocês não podem resolver por ele. Vocês podem ajudá-lo a resolver, mas não podem resolver por ele hoje. Uma das melhores maneiras de ajudá-lo a resolver é fazer com que o chamado "negro", aquele envolvido na luta pelos direitos civis, veja que a luta pelos direitos civis deve ser expandida para além do patamar dos direitos civis – para os direitos humanos. Uma vez que ela se expanda para além do patamar dos direitos civis, para o nível dos

---

25 A Proclamação de Emancipação, de 1862, foi emitida pelo então presidente dos Estados Unidos, Abraham Lincoln, e entrou em vigor em 1º de janeiro de 1863, abolindo a escravidão em todo o território do país ainda durante a Guerra Civil Americana. [N.T.]

direitos humanos, abre-se a porta para todos os nossos irmãos e irmãs na África e na Ásia, que já conseguiram sua independência, virem em nosso socorro.

Quando você vai a Washington esperando que aqueles vigaristas de lá – e é isso que eles são – aprovem algum tipo de legislação de direitos civis para corrigir uma situação criminosa, o que está fazendo é encorajar o homem negro, que é a vítima, a levar seu caso ao tribunal controlado pelo criminoso que o transformou em vítima. A questão nunca será resolvida dessa forma.

A luta pelos direitos civis implica o homem negro levar seu caso ao tribunal do homem branco. Mas, quando ele luta no patamar dos direitos humanos, a situação é diferente. Isso abre portas para levar o Tio Sam à corte mundial. O homem negro não precisa ir ao tribunal para ser livre. Tio Sam é que deve ser levado ao tribunal e obrigado a dizer por que o homem negro não é livre em uma sociedade dita livre. Tio Sam deve ser levado às Nações Unidas e acusado de violar a Carta de Direitos Humanos da ONU.

Esqueça os direitos civis. Como você vai conseguir direitos civis com homens como Eastland, homens como Dirksen e homens como Johnson? É preciso tirar isso das mãos deles e colocar nas mãos daqueles cujo poder e autoridade são maiores do que os deles. Washington se tornou corrupta demais. Tio Sam faliu quando precisou criar consciência – impossível que Tio Sam resolva o problema de 22 milhões de negros neste país. É absolutamente impossível fazer isso nos tribunais do Tio Sam – seja na Suprema Corte ou em qualquer outro tipo de tribunal sob a jurisdição do Tio Sam.

A única alternativa que o homem negro tem na América hoje é tirar sua causa da jurisdição do senador Dirksen, do senador Eastland e do presidente Johnson, levá-la para o centro da cidade, ao East River,[26] apresentá-la àquele conjunto de homens que representam o direito internacional e informá-los de que os direitos hu-

---

26 Referência à sede da ONU, em Nova York, que fica na First Avenue, ao lado do East River. [N.T.]

manos dos negros estão sendo violados em um país que professa ser o líder moral do mundo livre.

Sempre que houver, na América, no Senado, agora em 1964, uma obstrução de votação pelos direitos de 22 milhões de negros, pela cidadania de 22 milhões de negros, ou que afete a liberdade, a justiça e a igualdade de 22 milhões de negros, será esse o momento de levar o próprio governo a um tribunal mundial. Então, como é que se pode condenar a África do Sul? Existem apenas 11 milhões de indivíduos do nosso povo na África do Sul, enquanto há 22 milhões aqui. E estamos padecendo de uma injustiça tão criminosa quanto a que está sendo impingida ao povo negro sul-africano.

Então, hoje, vocês, brancos que se declaram liberais – e, no meu entender, isso não passa de uma declaração da boca para fora –, vocês entendem por que nosso povo não tem direitos civis. Vocês são brancos. Vocês que saiam por aí com outros liberais brancos e vejam como eles são hipócritas. Muitos de vocês sentados aqui hoje já viram brancos chegarem na cara de um negro com toda aquela conversa floreada, mas, assim que esse negro vira as costas, vocês ouvem como o amigo branco de vocês fala. Há negros que podem se passar por brancos. Nós sabemos como é que vocês falam.

Nós percebemos que tudo isso nada mais é do que uma conspiração governamental para continuar a privar os negros de seus direitos neste país. E a única maneira de resgatar esses direitos é tirá-los das mãos do Tio Sam. É levá-lo ao tribunal e acusá-lo de genocídio, do assassinato em massa de milhões de negros neste país – assassinato político, assassinato econômico, assassinato social, assassinato mental. Esse é o crime que esse governo cometeu, e, se você mesmo não fizer algo a tempo, você abrirá portas para que algo seja feito por forças externas.

Li no jornal ontem que um dos juízes da Suprema Corte, Goldberg, chorou por causa da violação dos direitos humanos de 3 milhões de judeus na União Soviética. Imagine isso. Não tenho nada contra os judeus, mas isso é problema lá deles. Como é que você vai chorar por causa de problemas do outro lado do mundo se não resolveu os problemas daqui? Como pode o drama de 3 milhões de judeus na Rússia ser avaliado como da competência das Nações Unidas por um homem que é juiz desta Suprema Corte, e supostamente um liberal, supostamente amigo dos negros, mas que nunca abriu a boca sobre levar o drama dos negros para as Nações Unidas?

Se os negros pudessem votar ao sul do... – sim, se os negros pudessem votar ao sul da fronteira canadense – ...ao sul do Sul... se os negros pudessem votar na parte sul do Sul, Ellender não seria o chefe do Comitê de Agricultura e Silvicultura, Richard Russell não seria o chefe do Comitê das Forças Armadas, Robertson, da Virgínia, não seria o chefe do Comitê Monetário e Bancário. Imagine você que todos os bancos e moedas do governo estão nas mãos de um branquelo racista tosco.

Na verdade, quando você repara bem em quantos homens desses comitês são do Sul, conclui que o que temos em Washington não passa de um governo branquelo racista tosco. E o chefe deles é um presidente branquelo racista tosco. Eu disse um presidente branquelo racista tosco. E o Texas é um estado tão branquelo racista tosco quanto o Mississippi.

A primeira coisa que esse homem fez quando assumiu o cargo foi convidar todos os negros importantes para um café. James Farmer foi um dos primeiros, o diretor do Core. Não tenho nada contra ele. Ele é legal, o Farmer, é isso aí. Mas será que esse mesmo presidente teria convidado James Farmer para um café no Texas? E, se James Farmer fosse para o Texas, poderia levar sua esposa branca junto, para tomar um café com o presidente? Ora, se o homem não conseguiu corrigir o Texas, como poderá endireitar o país? Não, você está desperdiçando suas energias.

Se os negros do Sul pudessem votar, os dixiecratas perderiam o poder. Se os dixiecratas perdessem o poder, os democratas perderiam o poder. Uma derrota dixiecrata é uma derrota dos democratas. Portanto, os dois têm que conspirar um com o outro para permanecer no poder. O dixiecrata do Norte coloca toda a culpa no dixiecrata do Sul. É uma trapaça, uma tremenda de uma trapaça política. O trabalho do democrata do Norte é fazer os negros acreditarem que ele é nosso amigo. Ele está sempre sorrindo, abanando o rabo e nos dizendo o quanto ele pode fazer por nós se votarmos nele. Mas, ao mesmo tempo que diz isso na nossa frente, está pelas nossas costas mancomunado com o democrata do Sul, combinando tudo para se assegurar de que nunca terá de cumprir sua promessa.

É essa conspiração que nosso povo vem enfrentando neste país nos últimos cem anos. Mas hoje há uma nova geração de negros entrando em cena, desencantados com todo o sistema, desiludidos com o sistema, que agora estão prontos e dispostos a fazer algo a respeito.

Portanto, minha conclusão, ao falar sobre a revolução negra, é a de que a América hoje está em um momento tal, ou em um dia tal, ou em uma hora tal, que é o primeiro país do mundo onde pode realmente ocorrer uma revolução sem derramamento de sangue. No passado, as revoluções eram sangrentas. Em toda a história, simplesmente nunca houve uma revolução pacífica. As revoluções são sangrentas, as revoluções são violentas, as revoluções causam derramamento de sangue, e a morte segue seus passos. A América é o único país na história em posição de realizar uma revolução sem violência e derramamento de sangue. Mas a América não está moralmente preparada para isso.

Por que a América está em condição de operar uma revolução sem derramamento de sangue? Porque o negro neste país detém o equilíbrio do poder. Se o negro neste país recebesse o que a Constituição diz que ele deveria ter, esse poder adicional do negro varreria todos os racistas e segregacionistas para fora do poder. Isso mudaria toda a estrutura política do país. Isso acabaria com o segregacionismo sulista que agora controla a política externa da América, bem como a política interna da América.

A única maneira de não haver derramamento de sangue é conceder ao homem negro pleno direito ao voto em cada um dos cinquenta estados. Mas, se o homem negro não conseguir o voto, então você vai se deparar com outro tipo de homem, com aquele que esquece o voto e começa a usar a bala.

As revoluções são desencadeadas para se obter a posse da terra, para eliminar o latifundiário improdutivo e obter a posse da terra e das instituições que resultam dessa terra. O homem negro está em condição muito inferior, porque ele nunca teve posse nenhuma sobre terra nenhuma. Ele tem sido um mendigo na economia, um mendigo na política, um mendigo social, um mendigo até mesmo quando se trata de tentar conseguir alguma educação. Esse tipo de mentalidade antiga, que se desenvolveu neste sistema colonial entre nosso povo, está sendo superado hoje. Os jovens que vão surgindo sabem o que querem. Enquanto ouvem sua bela pregação sobre democracia e toda aquela conversa floreada, eles sabem muito bem o que deveriam ter por direito.

Então, você tem pessoas hoje que não apenas sabem o que querem, mas também o que devem ter por direito. E elas próprias estão criando essa outra geração que está surgindo, que não apenas saberá o que quer e o que deve ter por direito, mas que também estará pronta e disposta a fazer o que for necessário para providenciar a materialização imediata daquilo que deveria ser seu. Obrigado.

CARTAS DO EXTERIOR

Em 13 de abril de 1964, Malcolm X saiu dos Estados Unidos para sua primeira viagem longa ao exterior naquele ano. Ao retornar, em 21 de maio, tinha visitado Egito, Líbano, Arábia Saudita, Nigéria, Gana, Marrocos e Argélia. Ele fez a peregrinação a Meca,[1] viagem que todo muçulmano busca realizar, o que lhe deu direito a usar "El-Hajj" em seu nome, ficando conhecido no mundo muçulmano como El-Hajj Malik El-Shabazz. Além de consolidar suas relações com o islamismo ortodoxo, reuniu-se com estudantes, jornalistas, parlamentares, embaixadores e líderes governamentais, "nunca deixando de falar sobre a questão racial na América".

Nessa primeira viagem, Malcolm fez uma série de contatos que se revelariam importantes em seus esforços posteriores para "internacionalizar" a luta do negro americano. Mas o principal impacto da viagem parece ter sido sobre si mesmo. "Eu nunca imaginaria que fosse possível – e fiquei chocado quando percebi isto – tamanho impacto e influência do mundo muçulmano em meu modo de pensar anterior", disse ele mais tarde. Dois dias após seu retorno, ele afirmou em um discurso em Chicago:

> No passado, eu me deixei usar para fazer amplas acusações a todos os brancos, e essas generalizações ofenderam alguns brancos que não as mereciam. Devido ao renascimento espiritual pelo qual tive a bênção de passar como resultado da minha peregrinação à cidade sagrada de Meca, não concordo mais com acusações generalizadas a uma raça. Minha peregrinação a Meca serviu para me convencer de que talvez os brancos americanos possam se curar do racismo galopante que os consome e que está prestes a destruir este país. No futuro, pretendo ter o cuidado de não condenar ninguém que não tenha sido comprovadamente culpado. Não sou racista e não apoio nenhum dos princípios do racismo. Com toda a honestidade e sinceridade, posso afirmar que nada desejo senão liberdade, justiça e igualdade: vida, liberdade e busca pela felici-

---

[1] A peregrinação a Meca, chamada de *hajj* do árabe, é obrigatória uma vez na vida para todo muçulmano cuja saúde e situação econômica o permitam. [N.T.]

dade para todas as pessoas. Minha primeira preocupação é com o grupo de pessoas a que pertenço, os afro-americanos, pois nós, mais do que qualquer outra gente, estamos privados desses direitos inalienáveis.

Os trechos a seguir, que descrevem as impressões de Malcolm, foram retirados de cartas escritas do exterior.

JIDÁ, ARÁBIA SAUDITA
20 DE ABRIL DE 1964

Nunca testemunhei hospitalidade tão sincera nem tão completo espírito de fraternidade verdadeira como vivenciei entre pessoas *de todas as cores e raças* aqui nesta antiga terra sagrada, casa de Abraão, de Maomé[2] e de todos os outros profetas das Sagradas Escrituras. Na semana passada, fiquei totalmente sem palavras e encantado com a bondade que vejo demonstrada ao meu redor, de pessoas *de todas as cores*.

Na noite passada, 19 de abril, tive a bênção de visitar a Cidade Sagrada de Meca e concluir a "Umra"[3] da minha peregrinação. Se Deus quiser, partirei para Mina amanhã, 21 de abril, e estarei de volta a Meca para fazer minhas orações no monte Arafat na terça-feira, 22 de abril. Mina fica a cerca de 32 quilômetros de Meca.

---

2   Optamos por manter nesta tradução a grafia do nome "Muhammad", transliteração do árabe, como consta no original inglês, em vez de "Maomé", seu correspondente em português. Muhammad, considerado profeta e fundador do Islã, nasceu na cidade de Meca, na Arábia Saudita, aproximadamente no ano 570, e faleceu em Medina, em 632. [N.T.]

3   Umra é a modalidade de peregrinação a Meca que ocorre em outra época do ano que não naquela da peregrinação maior (o Haje). A Umra não substitui o Haje e é conhecida também como a "peregrinação menor". Difere do Haje no que se refere aos ritos: a Umra inclui apenas os ritos realizados na Grande Mesquita de Meca. [N.T.]

Ontem à noite dei minhas sete voltas ao redor da Caaba,[4] guiado por um jovem *mutawif*[5] chamado Muhammad.[6] Bebi água do poço de Zamzam[7] e depois corri para a frente e para trás sete vezes entre as colinas de Al-Safa e Al-Marwah.[8]

Havia dezenas de milhares de peregrinos de todo o mundo. Eles eram *de todas as cores*, de loiros de olhos azuis a africanos de pele preta, mas estavam todos participando do mesmo ritual e demonstrando tal espírito de unidade e fraternidade que minhas experiências na América jamais me permitiriam acreditar que existisse entre brancos e não brancos.

A América precisa entender o Islã, porque essa é a única religião que elimina o problema racial em sua sociedade. Durante minhas viagens pelo mundo muçulmano, conheci, conversei e até comi com pessoas que seriam consideradas "brancas" na América, mas a religião do Islã no coração removeu o "branco" da mente delas. Elas praticam a fraternidade sincera e verdadeira para com outras pessoas, independentemente de sua cor.

Antes que a América se deixe destruir pelo "câncer do racismo", deveria se familiarizar melhor com a filosofia religiosa do Islã, religião que conseguiu incluir pessoas de todas as cores em uma vasta família, uma nação ou irmandade islâmica que supera

---

4 As sete voltas ao redor da Caaba é um dos rituais do Haje. A Caaba, localizada no centro da Grande Mesquita de Meca, é uma construção quadrada onde os muçulmanos situam o centro do mundo. Em uma moldura de prata, abriga a Pedra Negra, considerada uma relíquia do Paraíso. [N.T.]

5 *Mutawif* ou *mutawwif* é um muçulmano experiente que serve de guia ao peregrino durante o Haje. [N.T.]

6 Em português, Maomé [N.T.]

7 Poço de Zamzam (ou Zenzem), considerado sagrado pelos muçulmanos, fica a poucos metros da Caaba. Beber água do Zamzam é outro dos rituais da peregrinação a Meca. [N.T.]

8 Caminhar entre as colinas de Al-Safa e Al-Marwah é mais um dos rituais do Haje que o peregrino deve realizar. [N.T.]

todos os "obstáculos" e se estende por quase todos os países do Oriente desta Terra.

Tanto os brancos quanto os não brancos que aceitam o verdadeiro Islã se tornam pessoas mudadas. Comi do mesmo prato com pessoas cujos olhos eram do azul mais azul, cujos cabelos eram do loiro mais loiro e cuja pele era do branco mais branco que existe ao longo de todo o caminho do Cairo a Jidá e até mesmo na própria Cidade Sagrada de Meca. E eu senti, nas palavras e atos desses muçulmanos "brancos", a mesma sinceridade que senti entre os muçulmanos africanos da Nigéria, do Sudão e de Gana.

O verdadeiro Islã extingue o racismo, porque pessoas de todas as cores e raças que aceitam seus princípios religiosos e se curvam ao único Deus, Alá, também aceitam automaticamente umas às outras como irmãos e irmãs, independentemente das diferenças de cor da pele.

Vocês podem estar chocados por estas palavras estarem vindo de mim, mas eu sempre fui um homem que tenta encarar os fatos e aceitar a realidade da vida à medida que novas experiências e conhecimentos a revelam. As experiências dessa peregrinação ensinaram-me muito, e cada hora aqui na Terra Santa abre meus olhos ainda mais. Se o Islã consegue levar o espírito da verdadeira fraternidade ao coração dos "brancos" que conheci aqui, na Terra dos Profetas, então certamente conseguirá remover o "câncer do racismo" do coração do americano branco – talvez a tempo de salvar a América do desastre racial iminente, a mesma destruição que se abateu sobre Hitler por seu racismo e que acabou destruindo os próprios alemães.

LAGOS, NIGÉRIA
10 DE MAIO DE 1964

Em cada lugar que estive, insistiam para que eu não fosse embora. Por isso, fui forçado a ficar mais tempo do que originalmente pretendia em cada país. No mundo muçulmano, logo gostaram de mim ao saberem que eu era um muçulmano americano; e aqui na África gostaram de mim assim que descobriram que sou o Malcolm X da militância muçulmana americana. Os africanos em geral e os muçulmanos em particular amam a militância.

Espero que meu Haje para a Cidade Sagrada de Meca estabeleça oficialmente, de uma vez por todas, a afiliação religiosa da Associação da Mesquita Muçulmana aos 750 milhões de muçulmanos do mundo do Islã. E que a calorosa receptividade que experimentei aqui na África possa desmentir para sempre a propaganda que o homem branco americano divulga, de que o homem negro na África não está interessado no drama do homem negro na América.

O mundo muçulmano é forçado a se preocupar, do ponto de vista moral e conforme seus próprios conceitos religiosos, com o fato de que nosso drama envolve claramente a violação de nossos *direitos humanos.*

O Alcorão obriga o mundo muçulmano a se posicionar ao lado daqueles cujos direitos humanos estão sendo violados, não importa qual seja a crença religiosa das vítimas. O Islã é uma religião que se preocupa com os direitos humanos de toda a humanidade, independentemente de raça, cor ou credo. O Islã reconhece todo o mundo como parte de uma única família humana.

Aqui na África, os 22 milhões de negros americanos são vistos como irmãos africanos perdidos há muito tempo. Nosso povo aqui está interessado em todos os aspectos de nosso drama e analisa sob todos os ângulos nossa luta por liberdade. Apesar da propaganda ocidental contrária, nossos irmãos e irmãs africanos nos amam e ficam felizes em saber que também estamos despertando de nosso longo "sono" e desenvolvendo forte amor por eles.

ACRA, GANA
11 DE MAIO DE 1964

Cheguei ontem a Acra, vindo de Lagos, na Nigéria. A beleza natural e a riqueza da Nigéria e de seu povo são indescritíveis. Está cheio de americanos e outros brancos aqui, de olho em seus recursos naturais inexplorados. Os mesmos brancos que cospem na cara dos negros na América e lançam seus cães policiais sobre nós, para nos impedir de "nos integrarmos" a eles, são vistos por toda a África fazendo reverências, arreganhando os dentes em sorrisos, num esforço de "integração" com os africanos. Eles querem "integrar-se" à riqueza e à beleza da África. Quanta ironia.

Este continente tem uma fertilidade tão grande, e o solo é coberto de tanta vegetação, que, com os métodos agrícolas modernos, poderia facilmente se tornar o "celeiro" do mundo.

Fiz uma palestra na Universidade de Ibadan, na Nigéria, sexta-feira à noite, e apresentei o quadro *real* de nosso drama na América e a necessidade de as nações africanas independentes nos ajudarem a apresentar nosso caso às Nações Unidas. A receptividade dos alunos foi tremenda. Eles me nomearam membro honorário da "Sociedade de Estudantes Muçulmanos da Nigéria" e me renomearam como "Omowale", que significa "a criança voltou para casa" na língua iorubá.

O povo da Nigéria está muito preocupado com os problemas de seus irmãos africanos na América, mas as agências de informação dos EUA na África criam a impressão de que o progresso está sendo feito e o problema está sendo resolvido. Basta uma análise cuidadosa para se constatar facilmente um gigantesco esquema para impedir que os africanos daqui e os afro-americanos se encontrem. Um funcionário de governo africano me disse: "Quando somamos o número de afrodescendentes nas Américas do Sul, Central e do Norte, o total é de bem mais de 80 milhões de pessoas. Daí é fácil entender as tentativas de impedir os africanos de se unirem aos afro-americanos". A unidade entre os africanos do Ocidente e os africanos da pátria mudará o curso da história.

Agora que estou em Gana, o nascedouro do pan-africanismo, os últimos dias de minha viagem serão com certeza intensamente interessantes e esclarecedores.

Assim como o judeu americano está em harmonia (política, econômica e cultural) com o judaísmo mundial, é hora de todos os afro-americanos se tornarem parte integrante dos pan--africanistas do mundo; e, mesmo que devamos permanecer na América fisicamente enquanto lutamos pelos benefícios que a Constituição nos garante, devemos "regressar" à África filosófica e culturalmente, implementando uma união de ações no âmbito do pan-africanismo.

APÓS A PRIMEIRA VIAGEM À ÁFRICA

O medo da "gangue do ódio" do Harlem

HARLEM "HATE-GANG" SCARE [NOVA YORK, 29 MAIO 1964]

Em maio de 1964, os jornais diários de Nova York começaram a aumentar sua circulação publicando artigos sórdidos sobre a suposta existência de um bando de jovens negros que se autodenominavam "Irmãos de Sangue" e que teriam sido organizados por "dissidentes negros muçulmanos" para mutilar e matar brancos. Em resposta à incitação da imprensa contra militantes negros e nacionalistas negros, o Fórum Trabalhista Militante de Nova York organizou um simpósio sobre "O que está por trás do medo da 'Gangue do Ódio'?".

Os convites para falar foram aceitos por Junius Griffin, repórter do *New York Times* que havia escrito uma série de artigos afirmando a existência dessa "gangue do ódio" no Harlem; por Clifton DeBerry, candidato à presidência pelo Partido Socialista dos Trabalhadores; por Quentin Hand, diretor executivo assistente do Grupo de Ação do Harlem [Harlem Action Group]; por William Reed, do Core de Nova York; e por James Shabazz, secretário de Malcolm X.

Duas mudanças de última hora foram feitas no painel de oradores. Griffin alegou que a ética jornalística não permitia que ele falasse no simpósio e se retirou. Malcolm X, que havia retornado recentemente de sua primeira viagem ao exterior, pediu permissão para substituir James Shabazz e assumiu seu lugar no simpósio, realizado em 29 de maio no salão do Fórum Trabalhista Militante. Suas afirmações nessa ocasião evidenciaram que a viagem ao exterior, embora tivesse ampliado suas visões sobre raça, em nada tinha alterado sua militância contra a opressão racial; e que, além disso, havia aprofundado sua identificação com a revolução colonial e trazido novos elementos a suas reflexões sobre o capitalismo e o socialismo.

Senhor presidente, colegas oradores, amigos, até hoje de tarde eu não sabia do fórum desta noite. Mas um de meus colegas de trabalho, que é muito capaz e competente, o irmão James [Shabazz], me falou sobre isso, e eu não resisti à oportunidade de vir. Um escritor disse certa vez que uma de minhas fraquezas é que não consigo resistir a um palanque. Bem, isso talvez seja verdade. Sempre que você tiver algo a dizer e não tiver medo de dizê-lo, acho que deve ir em frente e dizer, e o que tiver de ser será. Então, aproveito os palanques para expor o que tenho em minha mente.

Além disso, dizem que viajar amplia nosso campo de visão. Tive a oportunidade de vivenciar muito isso recentemente, no Oriente Médio e na África. Na minha viagem, notei que a maioria dos países que se tornaram independentes ultimamente rejeitaram o chamado sistema capitalista e voltaram-se para o socialismo. Então, por curiosidade, não resisto à tentação de fazer uma pequena investigação onde quer que essa filosofia específica exista ou onde quer que esteja sendo feita alguma tentativa para que ela exista.

Em terceiro lugar, na primeira vez que ouvi falar dos "irmãos de sangue", eu por acaso estava na Nigéria, na África Ocidental. E alguém, um médico, um nigeriano, mas que tinha passado muito tempo na Europa, foi o primeiro a chamar a minha atenção e a perguntar-me sobre isso. E aquilo não me deixou triste de forma nenhuma. Não vejo por que alguém deva ficar triste ou chateado de nenhuma forma se a coisa de fato existe. Lembro que em 1959, quando todo mundo começou a falar sobre os Muçulmanos Negros, todos os líderes negros diziam que tal grupo não existia. Na verdade, eu me lembro do programa de Mike Wallace, quando Roy Wilkins foi questionado sobre os Muçulmanos Negros e disse que nunca tinha ouvido falar daquilo – daí, então, mostraram na tela uma foto dele apertando minha mão.

Acho que um dos erros que nosso povo comete é a rapidez com que se desculpa pela existência de algo que a estrutura de poder considera deplorável ou difícil de digerir. Mesmo sem perceber, às vezes tentamos provar que aquilo não existe. Mas, caso não exista, algumas vezes deveria existir. Sou da opinião de que, neste país, tudo de que o homem negro precise para obter sua liberdade agora deveria existir.

No que me diz respeito, todo mundo que já viveu no mesmo inferno em que eu vivo é meu irmão de sangue. E eu tenho muitos desses irmãos. Porque todos nós vivemos no mesmo inferno. Portanto, a questão é: se eles não existem, deveriam existir? Não se eles existem, mas se deveriam existir. Eles têm o direito de existir? E desde quando um homem deve negar a existência de seu irmão de sangue? É como negar sua família.

Se falamos sobre a brutalidade policial, é porque a brutalidade policial existe. Por que existe? Porque nosso povo, nesta sociedade em particular, vive em um Estado policial. Um homem negro na América vive em um Estado policial. Ele não vive em nenhuma democracia, ele vive em um Estado policial. Essa é a realidade, é isso que o Harlem é.

Visitei a casbá[1] em Casablanca e visitei a de Argel com alguns dos irmãos – irmãos de sangue. Eles me levaram até lá e me mostraram o sofrimento, me mostraram as condições em que tiveram de viver enquanto estavam sob a ocupação dos franceses. Eles me mostraram as condições em que viveram enquanto eram colonizados por esses povos da Europa. E também me mostraram o que tiveram de fazer para sair do jugo daquela gente. A primeira coisa que precisaram compreender foi que todos eles eram irmãos; a opressão os tornava irmãos; a exploração os tornava irmãos; a degradação os tornava irmãos; a discriminação os tornava irmãos; a segregação os tornava irmãos; a humilhação os tornava irmãos.

---

[1] Em diversas cidades do norte da África, a casbá é uma cidadela cercada por muralhas. Entre os exemplares mais célebres estão a casbá de Argel, na capital da Argélia, considerada Patrimônio da Humanidade pela Unesco. [N.T.]

E, uma vez que todos compreenderam que eram irmãos de sangue, também compreenderam o que deveriam fazer para sair do jugo do homem branco. Eles viviam em um Estado policial. A Argélia era um Estado policial. Qualquer território ocupado é um Estado policial. E é isso que o Harlem é. O Harlem é um Estado policial. A polícia no Harlem, a presença dos policiais, é como uma força de ocupação, como um exército de ocupação. Eles não estão no Harlem para nos proteger; não estão no Harlem para cuidar do nosso bem-estar; estão no Harlem para proteger os interesses dos empresários que nem mesmo moram lá.

As mesmas condições que prevaleciam na Argélia e que forçaram o povo, o nobre povo da Argélia, a eventualmente recorrer a táticas do tipo terrorista, necessárias para se livrarem daquele fardo, essas mesmas condições prevalecem hoje na América em cada comunidade negra.

E eu não seria um homem se viesse aqui dizer a vocês que os afro-americanos, os negros que vivem nessas comunidades e nessas condições, estão prontos e dispostos a continuar sentados lá, de forma não violenta, paciente e pacificamente à espera de que alguma boa vontade altere as condições existentes. Não!

O comissário de polícia Murphy é um homem perigoso. Ele é perigoso ou porque não entende ou porque entende muito bem o que acontece e sabe o que está fazendo. Se ele está agindo como está por falta de conhecimento e compreensão, ele é perigoso; mas, se ele está fazendo o que faz porque entende, ele é perigoso. Pois o que ele está fazendo é criando uma situação que não vai levar a nada senão a derramamento de sangue. Quase todas as declarações públicas que ele faz têm por objetivo encorajar a polícia do Harlem a recorrer a táticas desumanas.

Em minha opinião, esse tipo de incitamento por parte do comissário de polícia, que leva esses policiais a agirem de forma diferente do que deveriam, decorre da falta de conhecimento dele sobre o verdadeiro espírito que predomina hoje na geração jovem do Harlem. Ele deve ter sido mal-informado por alguém daquela velha geração, sempre pronta e disposta a sofrer brutalidade nas mãos de alguém só porque essa pessoa usa um uniforme. Hoje em dia, nosso povo já não se importa com quem é o opressor; quer ele venha enrolado em um lençol ou vestindo um uniforme, ele está na mesma categoria.

Você vai descobrir que há uma tendência crescente entre nós, entre nosso povo, de fazer o que for necessário para interromper esse processo. Veja um homem como o comissário de polícia Murphy... e eu não sou contra a lei, eu não sou contra a aplicação da lei. Precisamos de leis para sobreviver e da aplicação da lei para termos uma sociedade inteligente e pacífica. Porém, somos obrigados a viver nesses lugares submetidos às condições impostas por agentes policiais que não têm nenhuma compreensão, nenhum sentimento humano, nenhum sentimento pelo próximo. Não vim aqui pedir desculpas pela existência desses supostos irmãos de sangue. Não vim aqui para minimizar os fatores que indicam a existência deles. Estou aqui para dizer que, se eles não existirem, é um milagre.

Se aqueles entre vocês que são brancos têm em mente o bem dos negros deste país, minha sugestão é que compreendam que a época da resistência não violenta acabou; que a época da resistência passiva acabou.

O que vocês hão de ver aqui na América – e, por favor, não me culpem quando virem – serão as mesmas coisas que já aconteceram com outros povos deste mundo cuja condição era semelhante à dos 22 milhões de afro-americanos neste país.

O povo da China se cansou de seus opressores e se rebelou contra seus opressores. Eles não se rebelaram de forma não violenta. Era fácil dizer que eles não tinham chance nenhuma, mas 11 deles começaram e hoje esses 11 controlam 800 milhões. Devem ter dito a eles naquela época que eles não tinham chance nenhuma. Como sempre, o opressor adverte o oprimido: "Você não tem chance nenhuma".

Quando Fidel Castro estava nas montanhas de Cuba, disseram a ele que não tinha nenhuma chance. Hoje ele está no governo em

Havana, e nem com todo o poder que este nosso país tem consegue tirá-lo de lá.

Disseram a mesma coisa aos argelinos: "O que vocês têm em mãos para lutar?". Mas hoje eles são obrigados a se curvar a Ben Bella. Ele saiu da prisão em que o meteram, e hoje eles são obrigados a negociar com ele, porque ele sabia que as únicas coisas que tinha a seu lado eram a verdade e o tempo. O tempo está do lado dos oprimidos hoje, está contra o opressor. A verdade está do lado dos oprimidos hoje e contra o opressor. Não é necessário mais nada.

Eu gostaria apenas de dizer, para concluir, que vocês vão testemunhar um terrorismo assombroso e, se acham que não vão testemunhar isso, estão tentando se cegar para o desenvolvimento histórico, para tudo o que está acontecendo nesta terra hoje. E vocês vão testemunhar outras coisas mais.

Por que vão testemunhar? Porque todo mundo vai entender que é impossível uma galinha produzir um ovo de pato – embora ambos pertençam à mesma família das aves. Uma galinha simplesmente não tem como produzir em seu organismo um ovo de pato. Não consegue fazer isso. Ela só consegue produzir de acordo com o que aquele organismo específico foi formado para produzir.

O organismo deste país não consegue produzir liberdade para um afro-americano. É impossível para este sistema, este sistema econômico, este sistema político, este sistema social, este sistema, ponto-final. É impossível para este sistema, do modo como está, produzir liberdade neste exato momento para o homem negro neste país.

E, se algum dia uma galinha produziu um ovo de pato, tenho certeza de que você vai dizer que só podia ser uma galinha revolucionária!

PERGUNTAS DA PLATEIA

Que sistema político e econômico Malcolm X deseja?
Não sei. Mas sou flexível. Como eu disse antes, todos os países que hoje estão se libertando dos grilhões do colonialismo estão se voltando para o socialismo. Não creio que isso seja mera casualidade. A maioria dos países que foram potências coloniais eram países capitalistas, e o último baluarte do capitalismo hoje é a América. É impossível para uma pessoa branca acreditar no capitalismo e não acreditar no racismo. Não pode haver capitalismo sem racismo. E, se você por acaso encontrar para conversar uma pessoa que manifeste uma filosofia em cuja visão de mundo não haja racismo, geralmente se trata de um socialista ou de alguém cuja filosofia política é o socialismo.

Você acha possível que a atuação de uma organização integrada, num país como este, seja bem-sucedida se os membros caucasianos da organização estiverem em destaque?
Essa é uma pergunta muito importante. Porque tudo se resume às táticas básicas empregadas pelos vários grupos durante os últimos dez anos, em que a luta pela liberdade ganhou tanta publicidade. Se você reparar bem, a característica marcante da luta pela liberdade, quando se trata dos grupos integrados, sempre foi a não violência. Quando se trata de um grupo integrado, a ênfase está sempre na não violência. Já foi comprovado, quando se estudam esses grupos integrados, que geralmente os brancos envolvidos em alguma ação que, se bem-sucedida, beneficie o negro inclinam-se a uma abordagem não violenta. É isso que faz com que os negros desconfiem. E geralmente os grupos que estão prontos para lutar não são integrados. Então, tudo o que temos a dizer é: nós achamos que já esperamos demais. E achamos que ficar rastejando, sentados esperando, chorando, orando e implorando não deu em nada de significativo até agora.

Em minhas recentes viagens a países africanos e outros, fiquei impressionado com a importância de haver uma unidade de ação entre todos os povos, tanto negros quanto brancos. Mas a única maneira de isso acontecer é os negros se unirem primeiro. Então, aqueles brancos que querem ajudar não podem ajudar juntando-se e querendo liderar a luta que tentaram travar no passado. Se os brancos estão genuinamente interessados na liberdade dos negros neste país, não precisam nos dar uma muleta. É preciso mostrar ao homem negro como se libertar; e o branco que estiver sinceramente interessado nisso tem que apoiar tudo o que esse grupo negro decidir fazer.

(*Sobre a carta que ele escreveu de Meca, que tratava de religião.*)

Viajar amplia o seu campo de visão. Sempre que você faz qualquer viagem, sua visão de mundo é ampliada. Isso não significa que você muda – apenas amplia. Nenhuma religião jamais me fará esquecer a condição de nosso povo neste país. Nenhuma religião jamais me fará esquecer que cães foram constantemente atiçados contra nosso povo neste país. Nenhuma religião vai me fazer esquecer os cassetetes da polícia golpeando nossa cabeça. Nenhum Deus, nenhuma religião, nada vai me fazer esquecer até que isso pare, até que esteja terminado, até que seja eliminado. Eu quero deixar este ponto bem claro.

Trabalharemos com qualquer pessoa, com qualquer grupo, não importa a cor, desde que estejam genuinamente interessados em tomar as medidas necessárias para acabar com as injustiças que afligem os negros neste país. Não importa de que cor sejam, não importa qual seja sua filosofia política, econômica ou social, contanto que seus objetivos e propósitos estejam voltados para a destruição do sistema que, como um abutre, tem sugado o sangue dos negros neste país. Mas, se forem em alguma medida aquele tipo de pessoa condescendente e perigosa, então veremos como lidar com eles.

Quando os argelinos estavam lutando pela liberdade, alguns franceses chegaram e disseram: "Estamos com vocês". Certo, os argelinos os aceitaram, mas primeiro os testaram. Disseram a eles: "Provem". Não vou dizer qual foi o teste, mas eles os testaram. Hoje em dia, conforme nosso povo começa a acordar, passa a compreender isso, porque já se fala sobre a revolta dos negros, a revolução dos negros – mas vocês não podem falar sobre essas coisas comigo, a menos que sejam realmente a favor. Eu nem quero ouvir, a menos que vocês sejam realmente a favor. E a maioria de vocês não é. Quando o acordo fracassa, vocês recuam todas as vezes.

ÚLTIMAS CONSIDERAÇÕES

Então, essencialmente, o resumo é que há um problema desafiando as pessoas negras. E, até que o problema das pessoas negras neste país seja resolvido, os brancos também têm um problema, que vai dar um fim a esta sociedade, a este sistema e à raça como são conhecidos hoje. A melhor maneira de vocês resolverem seu problema é nos ajudando a resolver o nosso. Eu não sou racista. Nunca fui racista. Acredito em processar o sistema e a pessoa responsável pela nossa condição.

As pessoas que estão no controle da estrutura de poder e do sistema que nos explora sustentam como única defesa impingir o rótulo de racistas e extremistas àqueles que as acusam de forma intransigente. Mas, se há brancos que estão genuína e sinceramente fartos da condição em que se encontram os negros na América, então eles têm que se posicionar, mas não numa posição conciliatória, não numa posição irônica, não numa posição de não violência.

Apelo aos chefes de Estado africanos

[CAIRO, 17 JUL. 1964]

Ao longo de junho de 1964, Malcolm X falou, agitou, educou pessoas e se organizou a fim de criar um novo movimento não religioso para promover a unidade negra e trabalhar pela liberdade "por todos os meios necessários". Em 28 de junho, esse novo movimento nasceu, com o nome de Organização da Unidade Afro-Americana; sua "declaração de metas e objetivos básicos" foi divulgada ao público, e Malcolm foi designado presidente.

Logo depois, em 9 de julho, Malcolm deixou novamente os Estados Unidos e foi para a África e o Oriente Médio. Seu objetivo imediato era participar da Conferência de Cúpula Africana – a segunda reunião da Organização da Unidade Africana, criada em 1963 para realizar ações conjuntas dos governos africanos independentes.

A Conferência da Organização da Unidade Africana foi realizada no Cairo, de 17 a 21 de julho, e contou com a presença de quase todos os chefes dos 34 Estados-membros. O discurso de boas-vindas foi feito pelo presidente Gamal Abdel Nasser, da República Árabe Unida, que, enquanto revia os acontecimentos do ano anterior, saudou a Lei dos Direitos Civis de 1964, então recém-promulgada nos Estados Unidos.

Malcolm foi aceito como observador na conferência. Nessa posição, foi autorizado a apresentar aos delegados um memorando de oito páginas instando seu apoio à luta dos negros nos Estados Unidos e sua ajuda para levar a situação do negro americano às Nações Unidas. O memorando, reproduzido a seguir, foi entregue aos delegados em 17 de julho, um dia antes dos acontecimentos que passariam a ser chamados *the Harlem riots* [as insurreições do Harlem].

▬▬▬▬▬▬ Excelências:

A Organização da Unidade Afro-Americana me enviou para participar desta histórica cúpula africana como observador, representando os interesses de 22 milhões de afro-americanos cujos *direitos humanos* são violados diariamente pelo racismo dos imperialistas americanos.

A OAAU foi formada por um corte transversal na comunidade afro-americana da América e segue o espírito e o padrão da Carta da Organização da Unidade Africana.

Assim como a Organização da Unidade Africana apela a todos os líderes africanos para esquecerem suas diferenças e se unirem em torno de objetivos comuns para o bem comum de todos os africanos, na América a OAAU apela aos líderes afro-americanos para esquecerem suas diferenças e encontrarem pontos em comum, a partir dos quais possamos trabalhar em unidade para o bem de todos os 22 milhões de afro-americanos.

Visto que 22 milhões de nós somos originalmente africanos, que agora vivem na América não por escolha, mas apenas por um acidente cruel de nossa história, acreditamos firmemente que os problemas africanos são nossos problemas e nossos problemas são problemas africanos.

Excelências:

Também acreditamos que, como chefes dos Estados africanos independentes, os senhores são os pastores de *todos* os povos africanos em todos os lugares, estejam eles ainda em casa, no continente-mãe, ou tenham se dispersado pelo mundo.

Alguns líderes africanos nesta conferência deram a entender que já têm problemas suficientes aqui no continente-mãe para se ocuparem do problema afro-americano.

Com todo o respeito por suas respeitáveis posições, devo lembrar a todos que o bom pastor não hesitaria em deixar 99 ovelhas, que estão seguras em casa, para ir em socorro daquela que está perdida e caiu nas garras do lobo imperialista.

Nós, na América, somos seus irmãos e irmãs há muito perdidos, e eu estou aqui unicamente para lembrá-los de que nossos problemas são seus problemas. À medida que nós, afro-americanos, "despertamos" hoje, descobrimo-nos em uma terra estranha, que nos rejeitou. Como o filho pródigo, estamos nos voltando para nossos irmãos mais velhos em busca de ajuda. Oramos para que nossos apelos não caiam em ouvidos surdos.

Fomos acorrentados e levados à força deste continente-mãe, e agora já estamos há mais de trezentos anos na América, sofrendo as formas mais desumanas de torturas físicas e psicológicas imagináveis.

Durante os últimos dez anos, o mundo inteiro testemunhou nossos homens, mulheres e crianças serem atacados e mordidos por cães policiais ferozes; serem brutalmente espancados pelos cassetetes dos policiais; e serem arrastados para as sarjetas por mangueiras de água de alta pressão que rasgam as roupas de nosso corpo e a carne de nossos membros.

E todas essas atrocidades desumanas foram infligidas a nós pelas autoridades governamentais americanas, a própria polícia, por nenhuma outra razão a não ser porque buscamos o reconhecimento e o respeito concedido a outros seres humanos na América.

Excelências:

O governo americano não consegue ou não deseja proteger a vida e a propriedade de vossos 22 milhões de irmãos e irmãs afro-americanos. Ficamos sem defesa, à mercê de racistas americanos que nos assassinam à vontade por nenhum outro motivo além de sermos negros e afrodescendentes.

Dois corpos negros foram encontrados no rio Mississippi esta semana. Na semana passada, um educador afro-americano desarmado foi assassinado a sangue-frio na Geórgia. Poucos dias antes, três trabalhadores dos direitos civis desapareceram completamente, talvez assassinados também, apenas porque estavam ensinando nosso povo no Mississippi como votar e como garantir seus direitos políticos.

Nossos problemas são vossos problemas. Vivemos há mais de trezentos anos naquele covil americano de lobos racistas, sempre com medo de perder nossa integridade física e nossa vida. Recentemente, três estudantes do Quênia foram confundidos com negros americanos e foram brutalmente espancados pela polícia de Nova York. Pouco depois, dois diplomatas de Uganda também foram espancados pela polícia de Nova York, que os confundiu com negros americanos.

Se africanos são brutalmente espancados apenas por visitar a América, imaginem o sofrimento físico e psicológico de que padecem vossos irmãos e irmãs que vivem lá há mais de trezentos anos.

Nosso problema é vosso problema. Não importa de quanta independência os africanos desfrutem aqui no continente-mãe; ao visitarem a América, a menos que estejam usando seus trajes nacionais tradicionais em todos os momentos, vocês poderão ser confundidos com um de nós e sofrer a mesma humilhação psicológica e a mesma mutilação física que são ocorrências cotidianas em nossa vida.

Vossos problemas nunca serão totalmente resolvidos até que os nossos sejam resolvidos. Vocês nunca serão totalmente respeitados até que, e a menos que, também sejamos respeitados. Vocês nunca serão reconhecidos como seres humanos livres até que, e a menos que, também sejamos reconhecidos e tratados como seres humanos.

Nosso problema é vosso problema. Não é um problema dos negros, nem dos americanos. É um problema mundial; um problema da humanidade. Não é um problema de direitos civis, mas um problema de direitos humanos.

Se o juiz da Suprema Corte dos Estados Unidos, Arthur Goldberg, há algumas semanas, pôde encontrar fundamento legal para ameaçar levar a Rússia às Nações Unidas, acusando-a de violar os direitos humanos de menos de 3 milhões de judeus russos, o que leva nossos irmãos africanos a hesitar em levar o governo dos Estados Unidos às Nações Unidas, acusando-o de violar os direitos humanos de 22 milhões de afro-americanos?

Oramos para que nossos irmãos africanos não tenham se libertado do colonialismo europeu apenas para serem dominados e controlados agora pelo "dolarismo" americano. Não deixem o racismo americano ser "legalizado" pelo dolarismo americano.

A América é pior do que a África do Sul, porque não é só racista, mas também enganosa e hipócrita. A África do Sul prega a segregação e pratica a segregação. Pelo menos pratica o que prega. A América prega integração e pratica segregação. Prega uma coisa enquanto capciosamente pratica outra.

A África do Sul é como um lobo feroz, abertamente hostil à humanidade negra. Mas a América é astuta como uma raposa, amigável e sorridente, mas ainda mais feroz e mortal do que o lobo.

O lobo e a raposa são inimigos da humanidade. Ambos são canídeos, ambos humilham e mutilam suas vítimas. Ambos têm os mesmos objetivos, diferem apenas nos métodos.

Se a África do Sul é culpada de violar os direitos humanos dos africanos aqui no continente-mãe, então a América é culpada de violações piores aos 22 milhões de africanos no continente americano. E se o racismo sul-africano não é uma questão doméstica, então o racismo americano também não é uma questão *doméstica*.

Muitos de vocês foram levados a acreditar que o tão divulgado Projeto de Lei dos Direitos Civis aprovado recentemente é um sinal de que a América está fazendo um esforço sincero para corrigir as injustiças que sofremos lá. Essa manobra de propaganda faz parte da fraude e do embuste para impedir que as nações africanas condenem as práticas racistas americanas nas Nações Unidas, como vocês estão fazendo agora contra as mesmas práticas sul-africanas.

Há dez anos, a Suprema Corte dos Estados Unidos foi favorável a tornar ilegal o sistema escolar segregado americano. Mas o governo federal ainda não fez cumprir essa decisão, nem mesmo no Norte. Se o governo federal não consegue fazer cumprir a decisão do mais alto tribunal do país, quando se trata apenas de direitos iguais à educação para os afro-americanos, como alguém pode ser tão ingênuo a ponto de pensar que todas as leis adicionais criadas pelo Projeto de Lei dos Direitos Civis serão aplicadas?

É apenas um truque do principal poder neocolonialista do século. Com certeza, nossos irmãos africanos, intelectualmente maduros, não cairão nesse truque.

A OAAU, em cooperação com uma coalizão de outros líderes e organizações negras, decidiu elevar nossa luta por liberdade para além do plano doméstico dos direitos civis. Pretendemos "internacionalizá-la" situando-a no patamar dos direitos humanos. Nossa luta por liberdade e pela dignidade humana não está mais confinada à jurisdição interna do governo dos Estados Unidos.

Suplicamos aos Estados africanos independentes que nos ajudem a apresentar nosso problema às Nações Unidas, sob o argumento de que o governo dos Estados Unidos é moralmente incapaz de proteger a vida e os bens de 22 milhões de afro-americanos. E com base no fato de que nossa situação, cada vez pior, está definitivamente se tornando uma ameaça à paz mundial.

De tanta frustração e desesperança, nossos jovens chegaram a um ponto sem volta. Não aceitamos mais ter paciência nem dar a outra face. Afirmamos nosso direito de legítima defesa por todos os meios necessários e nos reservamos o direito de retaliação máxima contra nossos opressores racistas, não importa quais sejam os riscos.

Daqui por diante, se vamos morrer de qualquer jeito, morreremos lutando; e não morreremos sozinhos. Pretendemos fazer com que nossos opressores racistas também experimentem o gosto da morte.

Estamos bem cientes de que nossos esforços futuros para nos defender por retaliação – enfrentando a violência com violência, olho por olho e dente por dente – podem criar na América o tipo de conflito racial capaz de facilmente se transformar em uma guerra racial mundial, violenta e sangrenta.

No interesse da paz e segurança mundiais, imploramos aos chefes dos Estados africanos independentes que recomendem uma investigação imediata do nosso problema pela Comissão de Direitos Humanos das Nações Unidas.

Se este humilde apelo que estou formulando nesta conferência não estiver formulado adequadamente, que nossos irmãos mais velhos, que conhecem a linguagem jurídica, venham em nosso auxílio e expressem nosso apelo na linguagem adequada e necessária para que ele seja ouvido.

Uma última palavra, meus amados irmãos, nesta cúpula africana:

"Ninguém conhece o senhor melhor do que seu servo." Temos sido servos na América por mais de trezentos anos. Temos conhecimento profundo e íntimo a respeito desse homem que se autodenomina "Tio Sam". Portanto, vocês devem atentar ao nosso aviso: não fujam do colonialismo europeu apenas para depois se tornarem ainda mais escravizados pelo dolarismo americano enganoso e "amigável".

Que as bênçãos de Alá, de boa saúde e sabedoria, estejam com todos vocês. *As-salamu alaikum*.[2]

Malcolm X, presidente
Organização da Unidade Afro-Americana – OAAU

Logo após a Conferência da Organização da Unidade Africana, Malcolm foi entrevistado no Cairo por Milton Henry, advogado, ex-vereador em Pontiac, Michigan, e presidente da Companhia Afro-Americana de Radiodifusão e Gravação, de Detroit. Dessa entrevista, que foi originalmente transmitida pelo programa de rádio do Goal em Detroit, foram retirados os trechos a seguir, sobre a conferência.

---

2 A expressão em árabe "*as-salamu alaikum*" significa "que a paz esteja convosco" e é um cumprimento utilizado por muçulmanos. [N.T.]

MILTON HENRY *Mais uma vez os microfones do Goal abrem-se aqui conosco para nosso irmão Malcolm X. Desta vez, estamos do outro lado do mundo. Estamos no Cairo, Egito, onde os Estados africanos independentes se reuniram na última semana e encetaram sérios debates. Um dos acréscimos significativos aos debates foi a presença de Malcolm X como delegado negro americano na conferência dos povos negros aqui na África. Malcolm, você poderia nos contar algo sobre a conferência? Em primeiro lugar, gostaríamos de saber sobre seu comparecimento – como você, como americano, teve permissão para comparecer a esta conferência de povos africanos?*

Em primeiro lugar, quero salientar que estamos aqui sentados às margens do Nilo e que da última vez que falei com você estávamos no Harlem. Aqui, às margens do Nilo, não é muito diferente do Harlem – mesmas pessoas, mesmo sentimento, mesma vibração.

Sobre minha presença aqui na conferência: a princípio, gerou muita controvérsia e apreensão, como você provavelmente sabe, por parte dos poderes na América, porque eles sabem que, se forem desenvolvidos quaisquer contatos diretos, comunicação, entendimento e acordos de trabalho entre os 22 milhões ou os 30 milhões de afro-americanos e os africanos aqui no continente, seremos capazes de tudo. Quando cheguei, houve muita publicidade em toda a imprensa daqui a respeito da minha vinda. Em certo sentido, o fato é histórico, porque nenhum negro americano jamais fez qualquer esforço no passado para situar nossos problemas na mesma categoria dos problemas africanos, ninguém tentou internacionalizá-los. Então, isso é algo novo, único, e todos se perguntaram qual seria a reação dos africanos.

É verdade que no início colocaram pedras no meu caminho para atrapalhar a aceitação da minha presença na conferência ou nas reuniões. Mas eu prefiro não entrar em detalhes específicos sobre o que aconteceu. Graças a Alá, fui admitido como observador e consegui submeter um memorando a cada um dos chefes de Estado, que foi lido e analisado minuciosamente por eles. Salientei ali as condições de nosso povo na América e a necessidade de que algo fosse feito e dito nessa conferência para que o mundo saiba, para que pelo menos os Estados Unidos saibam, que nossos irmãos africanos aqui se identificam com nossos problemas nos Estados Unidos.

MH *Pois é, Malcolm, eu li o discurso [o memorando] que foi apresentado. Basicamente, como você diz, constam ali os abusos que os negros americanos sofrem na América e o pedido de consideração dos Estados africanos a esse problema. Agora, você pode nos dizer se isso foi realmente aprovado e se alguma ação resultou da conferência do Cairo com referência ao negro americano?*

Sim, saiu uma resolução, reconhecendo o fato de que a América aprovou uma Lei dos Direitos Civis e, ao mesmo tempo, ressaltando que, apesar da aprovação da Lei dos Direitos Civis, ainda existem abusos persistentes aos direitos humanos dos negros na América.[3] E fazia um requerimento formal... não lembro o termo; quando li a resolução, em condições muito adversas, eram duas e meia da manhã; mas fiquei muito feliz ao ler. Em essência, lembro que condenava abertamente o racismo na América e os contínuos abusos sofridos pelo nosso povo, apesar da aprovação do Projeto de Lei dos Direitos Civis. Foi uma resolução muito boa.

MH *Em outras palavras, esse tipo de resolução saindo de uma conferência de 34 Estados africanos deve certamente fazer os Estados Unidos adotarem um novo olhar para o negro americano?*

---

3 Organization of African Unity, "Racial Discrimination in the United States of América", in *Resolutions Adopted by the First Ordinary Session of the Assembly of Heads of State and Government Held in Cairo*, UAR, 17–21 jul. 1964. [N.E.]

Bem, devo admitir que os Estados Unidos têm, sim, olhado para o negro americano. Quando cheguei aqui, precisei fazer muito *lobby*. Tive de fazer muito *lobby* entre o *lobby* do Hotel Hilton, o *lobby* do Shepheard e até mesmo o *lobby* do navio onde o Movimento de Libertação Africana estava hospedado, o *Ísis*. O *lobby* foi necessário porque as várias agências que os Estados Unidos têm no exterior convenceram com sucesso muitos dos africanos de que o negro americano não se identifica de forma nenhuma com a África e de que os africanos seriam tolos se se envolvessem nos problemas dos negros americanos. Alguns líderes africanos estavam dizendo isso.

Assim, no memorando que apresentei a eles na conferência, ressaltei que, como chefes de Estado independentes, nós os consideramos pastores não apenas do povo africano no continente, mas de todos os povos de descendência africana no exterior. E que um bom pastor se preocupa mais com as ovelhas que se extraviaram e caíram nas mãos do lobo imperialista do que com as que ainda estão em casa. Que os 22 milhões ou 30 milhões, seja qual for o caso, de afro-americanos nos Estados Unidos ainda são africanos e que sentimos que os chefes de Estado africanos são tão responsáveis por nós quanto pelas pessoas aqui no continente. Isso foi uma espécie de desafio para eles, e acho que hoje a maioria percebe isso, mais do que antes da conferência.

MH *Malcolm, acho que você merece muitos aplausos por ter sido, na verdade, o único americano reconhecido como participante da conferência e, claro, a ter o crachá que permitia o acesso a todas as salas e assim por diante. Os americanos aqui, inclusive eu, não tivemos esse privilégio, mas você teve o privilégio de realmente estar com nossos outros irmãos negros. Tenho a sensação de que haverá uma grande mudança de ênfase porque você esteve aqui e porque apresentou nossa situação – a situação do homem negro na América – tão bem, de uma forma que ninguém exceto um americano conseguiria.*

Uma coisa que fez a maioria dos africanos verem a necessidade de intervir em nosso favor foi [conhecer] um pouco das etapas históricas, desde 1939, da chamada ascensão do americano negro. Foi a pressão mundial, provocada por Hitler, que permitiu ao negro ascender para além de onde estava [em 1939]. Depois que Hitler foi destruído, houve a ameaça de Stálin, mas foi sempre a pressão mundial sobre a América que permitiu que os negros avançassem. Não foi a iniciativa interna do negro na América nem foi uma mudança moral por parte do Tio Sam – foi a pressão mundial. Quando isso for aceito como um fato básico, então os atuais líderes negros americanos estarão mais cientes de que qualquer ganho obtido, mesmo na forma simbólica, não resulta de nenhuma bondade de Washington nem de iniciativa própria deles – resulta da situação internacional. E, quando eles enxergarem assim, friamente, os fatos, verão a necessidade de situar nosso problema no plano mundial, internacionalizando a luta dos negros e chamando nossos irmãos e irmãs da África, da Ásia, da América Latina e até de alguns países europeus para pressionar o governo dos Estados Unidos, de modo que nossos problemas sejam resolvidos. E este foi apenas o primeiro de uma série de passos que a OAAU tem em mente para internacionalizar o problema do homem negro e torná-lo não um problema do negro ou um problema americano, mas um problema mundial, um problema da humanidade.

[...]

MH *Penso em outro benefício real desta conferência, Malcolm. Você está vivendo em um local bastante privilegiado, porque acontece, como você insinuou há um minuto, de estar convivendo com todos os combatentes pela libertação, aqueles de todas as partes livres e ainda não libertas do mundo, no* Ísis... *é esse o nome do barco?*

Bem, não sei se deveria dizer isso, mas é verdade. O *Ísis*, um belo iate que flutua pelo rio Nilo, foi reservado para todos os movimentos de libertação que existem no continente africano. Os líderes desses movimentos, de lugares como Angola, os combatentes pela libertação de Angola; os combatentes pela libertação de Moçambique; os combatentes pela libertação da Zâmbia, conhecida como Rodésia do Norte, que está prestes a se tornar independente; os combatentes pela libertação do Zimbábue, conhecido na América como Rodésia do Sul; os combatentes pela libertação do Sudoeste Africano;[4] da Suazilândia; Basutolândia;[5] e da própria África do Sul – todos os representantes desses diferentes grupos de combatentes pela libertação foram alojados nesse iate chamado *Ísis*.

Fiquei muito honrado de poder me hospedar junto com eles. Passar tanto tempo com eles me fez sentir de fato a vibração de um verdadeiro revolucionário e também me deu a oportunidade de ouvi-los contar sobre a real atmosfera de brutalidade em que vivem nessas áreas colonizadas. Também me deu uma ideia melhor do nosso problema na América e do que será necessário para acabar com a brutalidade e o sofrimento que experimentamos todos os dias.

MH *Acho que essa é uma das vantagens de uma conferência como a que acabamos de assistir. O fato é que é importante que as pessoas se reúnam para trocar ideias. Para além dos discursos e das atividades organizacionais que fazem parte da organização formal, parece que, como você apontou, a oportunidade de os líderes de cada uma dessas partes do mundo se reunirem é um bem inestimável para o todo da luta por libertação. Sem isso, os líderes muitas vezes sentem que estão trabalhando sozinhos; enquanto que, reunidos, conseguem ver o quadro completo.*

Sim, isso é uma coisa que aprendi desde que saí do Movimento Muçulmano Negro. Muitas vezes é difícil olhar para algo através do estreito campo de visão de uma organização e ver a coisa na

---

4   Atual Namíbia. [N.E.]

5   Após sua independência da Inglaterra, em 1966, a Basutolândia (ou Bassutolândia, ou Território da Basutolândia) recebeu o nome de Lesoto. [N.T.]

perspectiva adequada. Se os vários grupos na América tivessem sido menos egoístas e permitido que seus diferentes representantes viajassem para países estrangeiros e ampliassem o próprio campo de visão, para voltarem e educarem os movimentos que representavam, isso teria não apenas tornado os grupos aos quais eles pertenciam mais esclarecidos e mais universais, no sentido de internacionais, mas também teria proporcionado aos Estados africanos independentes no exterior uma melhor compreensão dos grupos que operam nos Estados Unidos, do que eles fazem, do que representam.

Em minha opinião, uma abordagem muito estreita, retrógrada, quase infantil, tem sido feita pelos grupos nos Estados Unidos, especialmente os grupos religiosos, muito tacanhos. Se você pertence a um grupo que simplesmente não consegue trabalhar com outro grupo, pode ter certeza de que esse seu grupo é egoísta. Qualquer grupo, qualquer grupo mesmo, que não consegue trabalhar com todos os outros grupos, se estivesse genuinamente interessado em resolver os problemas do negro coletivamente... ora, eu acho que esse grupo não está realmente motivado para chegar a uma solução. A Organização da Unidade Africana – e esta sua conferência de cúpula – é o melhor exemplo do que pode ser realizado quando as pessoas se unem e seus motivos não são egoístas.

[...]

MH *Sim, não deveria ser tão difícil para os negros, se forem sinceros, ficarem juntos.*

Se forem sinceros, é fácil para eles se juntarem.

MH *Talvez esses líderes se tornem ultrapassados agora, à medida que os acontecimentos avançam. Estou entusiasmado com a OAAU e espero que algumas coisas muito concretas aconteçam nessa organização para tornarem o chamado Movimento pelos Direitos Civis algo quase do passado.*

Bem, um dos principais objetivos da OAAU é juntar-se à luta pelos direitos civis e levá-la dos direitos civis ao patamar dos direitos humanos. Enquanto nosso povo estiver travando uma luta por liberdade rotulando-a de direitos civis, isso significa que estamos continuadamente sob a jurisdição doméstica do Tio Sam, e nenhuma nação do mundo poderá fazer esforço algum para nos ajudar. Assim que elevamos nossa luta dos direitos civis ao patamar dos direitos humanos, o problema se internacionaliza; todos aqueles que pertencem às Nações Unidas podem automaticamente tomar partido a nosso favor e nos ajudar a condenar, ou pelo menos acusar, o Tio Sam pela violação de nossos direitos humanos.

MH *Sim, Malcolm, há mais uma coisa antes de encerrarmos. O que você acha da cidade do Cairo?*

A cidade do Cairo é provavelmente um dos melhores exemplos para o negro americano. Mais do que qualquer outra cidade no continente africano, o povo do Cairo se parece com os negros americanos – no sentido de que temos aqui todos os tons de pele; na América, variamos do preto mais escuro ao mais claro, e aqui no Cairo é a mesma coisa; em todo o Egito é a mesma coisa. Todos os tons de pele se misturam aqui em uma sociedade verdadeiramente harmoniosa. Veja, se há um povo que sabe como praticar a fraternidade, esse povo são os negros americanos, e é também o povo do Egito. Os negros simplesmente não podem julgar uns aos outros de acordo com a cor da pele, porque somos de todas as cores, de todos os tons. E, como bem destacou a senhora W. E. B. Du Bois, os problemas hoje são muito amplos. Do mesmo modo, você tem no continente africano essa ampla gama de compleições – tanto que não se pode chamar a luta de luta marrom, luta vermelha ou luta negra.

MH *A propósito, irmão Malcolm, antes de encerrarmos, você recebeu alguma promessa de assistência ou ajuda de alguma das nações africanas?*

Ah, sim, várias delas prometeram oficialmente que, na próxima sessão da ONU, qualquer esforço que fizermos para apresentar nosso problema à ONU – acho que à Comissão de Direitos Humanos – obterá apoio e ajuda delas. Elas nos ajudarão mostrando como abordar o assunto legalmente. Estou muito, muito feliz com o resultado desta minha viagem como um todo.

MH *Então, a conferência foi um sucesso absoluto de todos os pontos de vista?*

De todos os pontos de vista, foi um sucesso total, de modo que deve mudar completamente a direção de nossa luta na América por dignidade humana e pelos direitos humanos.

MH *Muito obrigado, irmão Malcolm.*

Nessa entrevista, Malcolm expressou satisfação com a resolução da Organização da Unidade Africana, "Racial Discrimination in the United States of America" [Discriminação racial nos Estados Unidos da América]. Isso pode significar que o resultado foi melhor do que ele esperava, ou do que teria sido sem sua intervenção. O texto final da resolução era moderado. Observava "com satisfação a recente promulgação da Lei dos Direitos Civis destinada a garantir aos negros americanos seus direitos humanos básicos", ao passo que declarava que a Conferência da Organização da Unidade Africana fora "profundamente perturbada, no entanto, pelas contínuas manifestações de preconceito racial e opressão racial contra cidadãos negros dos Estados Unidos da América". A resolução terminava reafirmando a "convicção da Organização da Unidade Africana de que a existência de práticas discriminatórias é motivo de profunda preocupação para os Estados-membros da Organização da Unidade Africana" e exortando "as autoridades governamentais dos Estados Unidos da América a intensificarem seus esforços para garantir a eliminação total de todas as formas de discriminação com base na raça, cor ou origem étnica".

O efeito que Malcolm produziu na África não deveria ser julgado apenas pela resolução da Organização da Unidade Africana. Após a conferência, ele fez uma segunda viagem, mais longa e intensiva, pelo continente, aprofundando seu próprio aprendizado, mas também contribuindo, no mesmo grau, com ensinamentos a muitos africanos, dentro e fora dos governos.

Depoimento independente sobre o impacto que Malcolm produziu na África foi fornecido por John Lewis e Donald Harris, que visitaram vários países africanos como representantes do SNCC no outono de 1964, quando Malcolm estava chegando ao fim de sua viagem por quatorze países. O trecho a seguir foi retirado de um relatório escrito por Lewis e Harris para o SNCC, datado de 14 de dezembro de 1964:

> Nos primeiros dias que estivemos em Acra, alguém disse: "Olhem aqui, vocês podem até estar fazendo alguma coisa, eu não sei, mas, se vocês estão à direita de Malcolm, podem começar a arrumar as malas agora mesmo, porque ninguém vai dar ouvidos a vocês". Uma das primeiras perguntas que sempre nos faziam era, "Qual é a relação da sua organização com a de Malcolm?". No fim das contas, descobrimos que essa situação não era exclusiva de Gana; o padrão se repetia em todos os países. Passado um dia, concluímos que, ao conhecer pessoas, deveríamos logo declarar nossa própria posição em relação a certas questões, como Cuba, Vietnã, Congo, China Vermelha e ONU, e dizer qual é o papel do SNCC, suas diretrizes e seu envolvimento na luta pelos direitos. O impacto de Malcolm na África foi simplesmente fantástico. Ele era conhecido em todos os países e serviu como principal critério para classificar outros afro-americanos e suas visões políticas.

As atividades de Malcolm na África também tiveram impacto sobre altos funcionários em Washington. Em 13 de agosto de 1964, o *New York Times* publicou uma matéria de M. S. Handler, de Washington, que dizia (trechos):

> O Departamento de Estado e o Departamento de Justiça começaram a se interessar pela campanha de Malcolm para convencer os Estados africanos a levantar a questão da perseguição aos negros americanos nas Nações Unidas. [...]
> O memorando de oito páginas de Malcolm aos chefes de Estado na conferência do Cairo, solicitando o apoio deles, foi disponibilizado

aqui apenas recentemente. Depois de estudá-lo, as autoridades disseram que, se Malcolm conseguir convencer nem que seja um só governo africano a apresentar a acusação às Nações Unidas, o governo dos Estados Unidos enfrentará um problema delicado.

Os Estados Unidos, acreditam as autoridades aqui, estariam na mesma categoria da África do Sul, Hungria e outros países cujas políticas internas se tornaram temas de debate nas Nações Unidas. A questão, dizem as autoridades, seria útil para os críticos dos Estados Unidos, comunistas e não comunistas, e contribuiria para minar a posição que os Estados Unidos têm afirmado para si como o líder do Ocidente na defesa dos direitos humanos.

Numa carta do Cairo a um amigo, Malcolm escreveu: "Recebi várias promessas de apoio para apresentar nossa situação perante a ONU este ano".

De acordo com um relatório diplomático, Malcolm não foi bem-sucedido, mas o relatório não foi comprovado, e as autoridades aqui hoje admitiram a possibilidade de que Malcolm possa, sim, ter tido sucesso. [...]

Embora o interesse do Departamento de Estado nas atividades de Malcolm na África seja claro, o do Departamento de Justiça é absolutamente discreto. Malcolm é considerado um líder implacável, com raízes profundas nas classes oprimidas dos negros. Em certo ponto das insurreições do Harlem, as mesmas pessoas que vaiaram Bayard Rustin e James Farmer, do Core, gritavam: "Queremos Malcolm".

A identificação de Malcolm com as "ruas do Harlem" e seus grandes seguidores entre escritores, atores, músicos e artistas negros é bem conhecida. Ele confidenciou a amigos que tem estado sob vigilância constante em Nova York pelo FBI e pela seção de inteligência do Departamento de Polícia de Nova York.

A proposta de Malcolm não foi apresentada na sessão das Nações Unidas que começou no outono de 1964, em parte devido ao impasse (sobre a questão das "dívidas") que tomou conta daquela sessão e em parte devido à falta de apoio das principais organizações americanas de direitos civis à proposta de Malcolm.

Mas a influência de Malcolm nas Nações Unidas foi comprovada nas duras denúncias contra a política racial americana, internamente e no exterior, expressas por várias delegações africanas no debate da ONU sobre o Congo, em dezembro de 1964. M. S. Handler, no *New York Times* de 2 de janeiro de 1965, observou que Malcolm havia instado os africanos a empregar "a situação racial nos Estados Unidos como instrumento de ataque na discussão de problemas internacionais", porque "tal estratégia daria aos Estados africanos mais poder de influência sobre os Estados Unidos e, por sua vez, daria aos negros americanos mais poder na sociedade americana". E Handler continuava:

Os porta-vozes de alguns Estados africanos agiram precisamente no âmbito dessas recomendações, no mês passado, no debate sobre o Congo nas Nações Unidas. Eles acusaram os Estados Unidos de serem indiferentes ao destino dos negros e citaram como evidência a atitude do governo dos Estados Unidos em relação à luta pelos direitos civis no Mississippi.

A atitude africana perturbou profundamente as autoridades americanas, que deram a impressão de terem sido apanhadas desprevenidas.

No entanto, no início de agosto passado, o Departamento de Estado e o Departamento de Justiça começaram a se interessar pelas atividades de Malcolm na África do Norte.

No Salão Audubon

OAUU[6] RALLY, AUDUBON BALLROOM [NOVA YORK, 13 DEZ. 1964]

Quando Malcolm X voltou aos Estados Unidos em 24 de novembro de 1964, havia passado um total de 25 semanas no exterior naquele ano. Isso representou um pouco mais da metade das menos de 50 semanas entre seu rompimento com os Muçulmanos Negros e sua morte.

Seu retorno, poucas semanas após a eleição presidencial, coincidiu com a intervenção do governo dos Estados Unidos na guerra civil congolesa. Esse foi o tema principal de sua primeira reunião pública, um comício realizado no dia 29 de novembro pela OAAU no Salão Audubon,[7] no Harlem.

Ao todo, no período após o rompimento com Elijah Muhammad, Malcolm falou em aproximadamente dezessete comícios públicos no Harlem, patrocinados pela OAAU ou pela Associação da Mesquita Muçulmana. Ele estava prestes a falar em outro quando foi assassinado. Para este livro, conseguimos obter os textos de dois de seus discursos no Audubon (13 e 20 de dezembro).

No discurso de Malcolm de 13 de dezembro, apresentado neste capítulo, há referência a uma alteração ocorrida na reunião de 29 de novembro. Denunciando o governo por financiar os mercenários brancos enviados ao Congo, Malcolm havia especulado sobre o que aconteceria se o povo do Harlem enviasse mercenários negros para lutar contra os mercenários brancos no Congo: "No jornal de amanhã vocês vão ler que fizemos muitas declarações furiosas, sabe como é. Quando se trata de brancos indo para lá atirar em negros, eles não dizem nada –

---

6   Grafia que consta no título da gravação (o correto seria OAAU). [N.E.]

7   Prédio de salões de eventos e salas de cinema no bairro do Harlem, em Nova York, que abrigou muitos dos eventos do Movimento pelos Direitos Civis na década de 1960. Era o ponto de encontro semanal das reuniões da OAAU, conduzidas por Malcolm X até 1965, quando de seu assassinato no local, durante um dos comícios. [N.T.]

eles glorificam os brancos. Mas quando você e eu começamos a falar como se quiséssemos fazer a mesma coisa com alguns deles, então somos 'fanáticos' e estamos 'sedentos de sangue'".

Logo depois disso, Malcolm chamou ao palco o líder da greve dos aluguéis do Harlem, Jesse Gray, e o apresentou com termos elogiosos. Gray falou por apenas dois minutos, sugeriu que o lugar para enviar mercenários negros era o Mississippi, e concluiu: "É sempre muito fácil para nós estarmos prontos para nos mexer, prontos para falar e prontos para agir, mas a menos que realmente entremos no coração do gueto e comecemos a lidar com o problema dos empregos, das escolas e outras questões básicas, não conseguiremos ocupar-nos de nenhuma perspectiva revolucionária, de nenhuma revolução nesse sentido".

A resposta de Malcolm foi: "Muito bom. Esse é nosso irmão Jesse Gray, o líder da greve dos aluguéis do Harlem, e o que ele disse é verdade. Quando falo em alguma ação para o Congo, essa ação também inclui o Congo do Mississippi. Mas o ponto sobre o qual eu gostaria de insistir com todos os líderes afro-americanos é que nenhuma ação vai dar frutos neste país a menos que esteja ligada à luta internacional geral. Você perde seu tempo quando fala com o homem branco, só você e ele. Quando falar com ele, mostre a ele que você tem um irmão na sua retaguarda, e outros irmãos na retaguarda desse irmão. Essa é a única maneira de falar com ele, é a única língua que ele conhece".

O comício de 13 de dezembro começou tarde porque o orador principal, Abdul Rahman Muhammad Babu, membro do governo da Tanzânia, havia ficado retido em outro lugar. Malcolm abriu o encontro somente depois de receber uma mensagem por telefone de que Babu estava a caminho e chegaria em dez minutos. Mas Babu demorou uma hora ou mais para chegar, e Malcolm teve de falar de improviso durante esse tempo, com a ajuda de um recorte de jornal e do artista Dick Gregory.

▬▬▬▬ Irmãos e irmãs: estamos muito felizes em ver tantos de vocês aqui em uma noite de neblina. Esperamos não ter feito vocês aguardarem por muito tempo, mas é que um grande amigo meu, e grande amigo de vocês, está vindo para cá e eu não queria ter muito a dizer diante dele. Ele é uma pessoa cujas ações no passado realmente falam por si mesmas. É um mestre da revolução. Estamos vivendo em um mundo revolucionário e em uma era revolucionária, mas você e eu nunca conhecemos um verdadeiro e irredutível revolucionário negro antes. Então, esta noite, queremos apresentar um aqui.

Além disso, devo explicar que uma das razões pelas quais este encontro começou tarde foi porque tínhamos um filme (e agora estou aqui brigando com este microfone americano)... tínhamos um filme sobre o Congo que queríamos mostrar, e do qual acho que vocês teriam gostado; o filme também daria o tom para aquilo que nosso convidado terá a dizer quando chegar. Devido a dificuldades técnicas, que são esperadas em uma sociedade altamente técnica, mas que está ficando sem gás, não pudemos exibir o filme. Mas vamos exibi-lo em uma data posterior. (Ou este microfone está desligado ou estou ficando fraco.)

O objetivo do nosso encontro esta noite, conforme anunciado, é mostrar a relação entre a luta que está acontecendo no continente africano e a luta que está acontecendo entre os afro-americanos aqui neste país. Eu, por exemplo, gostaria de alertar, especialmente aqueles que se autodenominam líderes, para a importância de perceber a conexão direta entre a luta dos afro-americanos deste país e a luta de nosso povo em todo o mundo. Enquanto pensarmos – como um dos meus bons irmãos sugeriu aqui alguns domingos atrás – que devemos botar ordem no Mississippi antes de nos preocuparmos com o Congo, nunca vamos botar ordem no Mississippi. Não até vocês começarem a perceber a conexão de vocês com o Congo.

Temos que compreender qual parte cabe à nossa luta no todo da luta mundial. Em segundo lugar, precisamos de aliados; mas, enquanto você e eu acharmos que só podemos conseguir aliados no Bronx, ou aliados, você sabe, na Grand Concourse[8] – isto é, onde você

---

8 A Grand Concourse é uma via de 8,4 km de extensão no distrito do Bronx, na cidade de Nova York, que atravessa vários bairros. [N.T.]

não mora –; enquanto você e eu acharmos que essa é a única fonte ou área na qual podemos conseguir aliados, nossa fonte de aliados será limitada. Mas, quando compreendermos o quão grande é este mundo, quantas pessoas diferentes existem nele e o quanto elas se parecem conosco, aí, quando formos até elas para pedir algum tipo de apoio ou ajuda para formar alianças, então progrediremos um pouco mais rápido.

Antes de nosso visitante chegar, acho importante mostrar a importância de manter a mente aberta. Você vai se surpreender com o quanto é rápido e fácil alguém usurpar o seu pensamento e o meu. Você acha que não? Claro que ninguém gosta de achar que é tão burro a ponto de deixar alguém meter alguma coisa na sua cabeça de forma tão mentirosa e traiçoeira. Mas você e eu estamos vivendo em uma sociedade muito mentirosa e traiçoeira, em um país muito mentiroso e traiçoeiro, que tem um governo muito mentiroso e traiçoeiro. Nem *todos* são traiçoeiros e mentirosos, mas a *maioria* é. E, quando se tem um governo em que a *maioria* é mentirosa e traiçoeira, é preciso estar sempre alerta. É preciso saber como operam essa mentira e como articulam essas traições. Caso contrário, você se verá em um beco sem saída.

Uma das melhores maneiras de você se proteger para não ser enganado é criar o hábito de sempre olhar as coisas por si mesmo, ouvir as coisas por si mesmo, pensar por si mesmo, antes de tentar chegar a qualquer julgamento. Nunca baseie sua impressão de alguém no que outra pessoa disse. Ou no que outra pessoa escreveu. Ou no que você leu sobre alguém, escrito por outra pessoa. Nunca baseie seu julgamento em coisas assim. Especialmente neste tipo de país e neste tipo de sociedade que domina a arte de retratar de forma muito negativa pessoas de quem não gostam, criando uma imagem da qual sabem que você não vai gostar. Desse modo, você acaba odiando seus amigos e amando os inimigos deles.

Um exemplo: eu estava voando de Argel para Genebra cerca de três ou quatro semanas atrás, e sentados ao meu lado no avião estavam dois americanos, ambos brancos, um homem e uma mulher. Um era um intérprete que trabalhava em Genebra para as Nações Unidas, a outra era uma moça que trabalhava em uma das embaixadas em alguma parte da Argélia. Conversamos por cerca de 40 ou 45 minutos, e então a senhora, que estava olhando para minha pasta, disse: "Posso fazer uma pergunta pessoal?". E eu respondi: "Sim". Porque eles sempre fazem, de qualquer maneira. Então, ela disse: "Que tipo de sobrenome é o seu, que começa com X?". Eu disse: "É esse mesmo, X". E ela falou: "X?". "Sim." "Bem, qual o seu primeiro nome?" Eu respondi: "Malcolm". Ela esperou uns dez minutos e disse: "Você não é *Malcolm X*". E eu disse: "Sim, sou Malcolm X. Por quê? Qual é o problema?". E ela respondeu: "Bem, porque você não é o que eu imaginava".

O que ela imaginava era o que os jornais, a imprensa, criaram. Ela tinha em mente a imagem que a imprensa criou. Alguém com chifres, você sabe, prestes a matar todos os brancos – como se pudesse matar todos, ou como se não devesse. Ela tinha em mente um agitador que não conseguia nem conversar com pessoas de olhos azuis, alguém irracional ou coisa do tipo. Alonguei-me contando isso porque mostra o entendimento de uma pessoa que pega um jornal e constrói uma imagem de alguém para, antes mesmo de conhecê-lo, já sair correndo. A pessoa não quer nem ouvir o que esse alguém tem a dizer, não o conhece, tudo que sabe sobre ele é o que a *imprensa* tem a dizer, e a imprensa é branca. E quando digo que a imprensa é branca, quero dizer que é *branca*. E é perigosa.

O FBI pode fornecer informações à imprensa para fazer seu vizinho pensar que você é um subversivo. O FBI... eles fazem isso com muita habilidade, eles controlam a imprensa em escala nacional; e a CIA controla a imprensa em escala internacional. Eles praticam toda a sujeira deles com a imprensa. Vão aos jornais e fazem os jornais nos destruírem como se todos nós, você e eu, fôssemos criminosos, como se todos nós fôssemos racistas, como se todos nós fôssemos viciados em drogas, ou como se todos nós estivéssemos amotinados. É assim que eles fazem. Quando você explode legitimamente contra as injustiças que se amontoam sobre você, eles usam a imprensa para fazer você parecer um vândalo. Mas, se você agiu como um vândalo, é porque tinha o direito de agir como um vândalo.

Eles controlam esse imaginário, essa fabricação de imagens. Eles te retratam como um extremista, e, a partir daí, tudo o que você faz é extremo. Mesmo que você tire um bebê da água, salvando-o do afogamento – ainda assim você é um extremista, porque eles projetaram essa imagem de você. Eles fabricam uma imagem de você como subversivo, e, mesmo que você vá lutar e morrer pelos Estados Unidos, ainda assim será um subversivo, porque a imprensa transformou você em subversivo. Eles podem pintar sua imagem como a de alguém irresponsável, e você pode inventar o melhor programa para salvar o homem negro da opressão do homem branco, mas... E, quando eu falo em "opressão", é daí que a opressão vem, do homem branco. Existem alguns negros opressores, mas eles estão apenas fazendo o que o homem branco lhes ensinou.

Quando digo isso, não estou condenando abertamente todos os brancos. Nem todos eles oprimem. Nem todos estão na posição de fazer isso. Mas a maioria deles está, e a maioria deles oprime. A imprensa é tão poderosa em seu papel de criadora de imagens que pode fazer um criminoso parecer que é a vítima e fazer a vítima parecer que é o criminoso. Essa é a imprensa, uma imprensa irresponsável. Ela fará o criminoso parecer que é a vítima, e a vítima parecer o criminoso. Se você não tomar cuidado, os jornais farão você odiar as pessoas que estão sendo oprimidas e amar aquelas que estão oprimindo.

Se você não tomar cuidado – pois eu já vi alguns de vocês serem pegos nessa armadilha –, vai acabar fugindo, odiando você mesmo e amando o homem branco enquanto vive o inferno provocado pelo próprio homem branco. Você deixa o branco te manipular, ao ponto de você achar que é errado lutar contra ele quando ele está lutando contra você. Ele luta contra você de manhã, luta contra você ao meio-dia, luta contra você à noite e luta contra você nos intervalos, e você ainda acha que é errado lutar contra ele. Por quê? A imprensa. Os jornais fazem você achar que é errado. Contanto que te deem uma surra, está tudo bem. Contanto que estourem sua cabeça, está tudo bem. Contanto que você deixe os cães deles te atacarem, está tudo bem. Porque essa é a imprensa. Essa é a imprensa que fabrica imagens. Essa coisa é perigosa se você não se protege contra ela. Como eu já disse, ela vai fazer você amar o criminoso e odiar aquele que é vítima do criminoso.

Um bom exemplo do que a imprensa pode fazer com suas imagens é o Congo, a região da África sobre a qual nosso convidado, que está a caminho, vai nos falar esta noite. Agora mesmo, no Congo, aldeias indefesas estão sendo bombardeadas, mulheres, crianças e bebês negros estão sendo despedaçados por aviões. De onde vêm esses aviões? Dos Estados Unidos, dos Es-ta-dos U-ni-dos! Sim, e você não vai escrever isso. Você não vai escrever que os aviões americanos estão explodindo a carne dos corpos de mulheres negras e bebês negros e homens negros. Não. Por quê? Porque são aviões americanos. Como são aviões americanos, a ação é humanitária. E, contanto que estejam sendo pilotados por cubanos anticastristas, está tudo bem. Porque Castro é um vilão, e qualquer um que seja contra ele, seja lá o que faça, é humanitário. Você vê como eles são traiçoeiros? Aviões americanos e pilotos cubanos anticastristas lançando bombas em aldeias africanas que não têm nenhuma defesa contra bombas e explodindo mulheres negras em pedaços. Quando você solta uma bomba, não olha para ver onde ela explode.

Estão fazendo a mesma coisa que fizeram ao soltar bombas sobre os japoneses em Hiroshima. Mas nem mesmo *pensam* para jogar bombas nos congoleses. E vocês circulando por aqui chateados porque alguns reféns brancos morreram... Vocês estão loucos, loucos! Eles recorrem à imprensa com a habilidade que têm de te controlar com a fabricação de imagens e fazem o assassinato em massa, o assassinato a sangue-frio, parecer um projeto humanitário. Essas milhares de pessoas negras morrendo, massacradas, e vocês não têm nenhuma compaixão por elas, porque a vítima é tratada para parecer o criminoso; e o criminoso é tratado para parecer a vítima. Ora, vocês e eu deveríamos armar um escarcéu. Quer dizer, armar um escarcéu de forma inteligente.

Vamos dar um passo adiante antes que nosso convidado chegue, vamos mostrar como é usada essa fabricação de imagens por meio da imprensa. Não estou condenando toda a imprensa, porque parte dela é boa; mas a maioria não é. Vamos ao caso Tshombe – eis um homem que vocês nunca devem deixar pôr os pés na América. Esse homem é o pior africano que já nasceu. É um assassino a sangue-frio. Ele assassinou Patrice Lumumba, o legítimo primeiro-ministro do Congo. E o que aconteceu lá na ocasião? Usaram a imprensa para criar uma boa imagem de Tshombe. Sim, a imprensa americana. Pegam esse homem, que é um assassino, um assassino a sangue-frio – e que não matou um alguém qualquer, assassinou o primeiro-ministro – e usam a imprensa para torná-lo aceitável para o mundo.

Mas ele nunca será aceitável para o mundo. O mundo não é tão burro assim, nem tão facilmente enganável. Alguns de nós neste país podem até ser burros, mas não todos nós, apenas alguns de nós. E aqueles que não foram enganados farão o que for necessário para impedir que aquele homem ponha os pés neste continente. Ele deveria ter medo de vir aqui. Ele deve pensar muito antes de vir aqui. Por quê? Porque os brancos sempre nos disseram que viemos do Congo. Não foi isso que sempre te disseram? Quer dizer, não é isso que eles nos ensinaram na escola? Então viemos do Congo. Somos selvagens e canibais do Congo, esse tipo de coisa. Durante toda a minha vida eles me ensinaram que sou do Congo. Eu amo o Congo. Esse é o meu país. E é o meu povo que os aviões americanos estão matando lá.

Pegam o Tshombe e o bancam com dólares americanos. Glorificam sua imagem na imprensa americana. E qual é a primeira coisa que ele faz? Ora, Tshombe é um assassino, foi contratado pelos Estados Unidos para governar o Congo. Sim, tudo se resume a isso. Claro que pode ser dito numa linguagem toda floreada, mas nós não queremos linguagem floreada para uma situação sórdida. Ele é um assassino que foi contratado pelo governo dos Estados Unidos e está sendo pago com os dólares de seus impostos pelo governo dos Estados Unidos.

E, para mostrar o que ele pensa – um assassino contratado –, qual foi a primeira coisa que ele fez? Contratou mais assassinos. Saiu à caça e pegou os mercenários da África do Sul. E o que é um mercenário? Um assassino contratado. É isso que é um mercenário. Os pilotos cubanos anticastristas, o que são? Mercenários, assassinos contratados. Quem os contratou? Os Estados Unidos. Quem contratou os assassinos da África do Sul? Os Estados Unidos. Só que eles usaram Tshombe para fazer isso. Assim como eles fazem conosco neste país. Eles pegam um negro e o contratam, fazem dele um figurão – para que ele seja a voz da comunidade; e então esse negro chama todos os brancos para se juntarem à nossa organização; e então os brancos assumem o controle. Depois eles dão àquele negro prêmios da paz, medalhas e coisas do tipo. Eles provavelmente darão a Tshombe o prêmio da paz no próximo ano pelo trabalho que ele está fazendo. Eu imagino que sim, ele será o vencedor do Prêmio Nobel da Paz no próximo ano. Porque ele está fazendo um bom trabalho. Mas para quem? Para o homem branco.

Então, esses mercenários chegam e, repito, quem torna esses mercenários aceitáveis? A imprensa. A imprensa não se refere a eles como homicidas. A imprensa não se refere a eles como assassinos contratados. Mas a imprensa se refere aos nossos irmãos em Stanleyville,[9] no Congo, que estão defendendo seu país, como rebeldes, selvagens e canibais. Vocês sabem, irmãos, a imprensa tem uma grave responsabilidade, e por vezes tem também responsabilidade como cúmplice. Pois, se ela se permite ser usada para

---

9 Antigo nome da atual cidade de Kisangani, na República Democrática do Congo. Passou a chamar-se Kisangani em 1966, depois que o país se tornou independente da Bélgica, em 1960. Atualmente, é capital da província de Tshopo. [N.T.]

fazer criminosos parecerem vítimas e vítimas parecerem criminosos, então a imprensa é cúmplice do mesmo crime. Ela está se deixando usar como arma nas mãos dos que são realmente culpados.

Cito isso esta noite, antes que nosso convidado chegue – e me disseram há dez minutos que ele deveria estar aqui em dez minutos –, cito isso para mostrar a vocês que, assim como faz no exterior, internacionalmente, a imprensa age do mesmo modo conosco. Quando as pessoas negras neste país não podem ser controladas pelo homem branco, a imprensa imediatamente começa a rotulá-las de irresponsáveis ou extremistas. A imprensa coloca todos esses rótulos negativos nelas, e você e eu fazemos a mesma coisa – nos afastamos delas. Não porque saibamos algo sobre essas pessoas. Recuamos por causa da imagem delas que o homem branco criou. E, se você reparar bem, todos aqueles que assumem uma posição firme e intransigente contra o homem...

Quando digo "o homem", vocês sabem do que estou falando. Estou falando do homem que lincha, do homem que segrega, do homem que discrimina, do homem que oprime e explora, do homem que não permite que você e eu tenhamos escolas de qualidade aqui no Harlem. É desse homem, seja quem for, é dele que estou falando. Tenho que falar sobre ele assim, porque, se eu for mais específico, vão me chamar de racista. E eu não sou racista. Não sou contra ninguém por causa da raça, mas com certeza sou contra eles por causa do que estão fazendo; e, se estão agindo errado, devemos detê-los, por qualquer meio necessário.

Se você reparar bem, enquanto os negros no Congo estavam sendo massacrados em grande escala, ninguém berrou. Mas, assim que a vida de alguns brancos entrou em cena, o mundo inteiro armou um alvoroço. E quem foi que fez o mundo entrar em alvoroço? A imprensa. A imprensa divulgou que 2 mil brancos estão sendo mantidos como reféns. E começaram a gritar em grandes manchetes que seriam mortos. Mas os africanos não mataram nenhum deles; os irmãos lá em Stanleyville não mataram nenhum deles até os paraquedistas pousarem. Se os paraquedistas não

135

tivessem invadido a propriedade deles, ninguém teria morrido. Até aquele ponto, não tinham matado ninguém. E muita gente diz que não foram os irmãos em Stanleyville que os mataram; os paraquedistas e mercenários começaram a atirar em todo mundo.

Vocês acham que estou blefando? Estive em Londres no domingo passado, e no *Daily Express* [de 3 de dezembro] um escritor branco – devo frisar que é branco, porque, se eu não especificar que é um homem branco escrevendo, vocês podem pensar que eu que escrevi, ou que algum homem negro escreveu. Olha o que ele fala aqui no *Daily Express*, um jornal que está longe de ser esquerdista, longe de ser liberal. Foi escrito por Walter Partington, de Stanleyville. Logo depois que os paraquedistas desceram, ele diz, houve "um ataque noturno de tiros de canhão de T-28 disparados por mercenários cubanos" – são aviões pilotados por mercenários cubanos. Pensem nisso, assassinos cubanos contratados. Contratados por quem? Pelos americanos. Todos vocês que vivem em nosso país vão pagar pelos pecados cometidos pela América.

Eles "explodiram o armazém do quartel-general dos rebeldes e mataram a equipe do morteiro, e mais projéteis de morteiro de fabricação chinesa ainda estão chegando". Vejam, eles metem essa coisa chinesa lá para criar preconceito. Não sabem se os morteiros são chineses, mas é assim que a imprensa faz. Ela sempre tem palavras para justificar a destruição das pessoas que está destruindo. "Às 7 da manhã, tropas de blindados de mercenários belgas e os paraquedistas 'Diablos' (Demônios Negros) do Exército do Congo invadiram a cidade dos nativos, um barril de pólvora. As tropas avistaram rebeldes preparando-se para abrir fogo de dentro de uma casa" – prestem bem atenção agora – "e abriram caminho, derrubando portas e arrastando para fora homens, mulheres e crianças". Vejam, não havia rebeldes na casa, apenas congoleses negros lá dentro. E, para justificar entrar, arrastá-los para fora e assassiná-los ali mesmo, eles têm que chamá-los de rebeldes.

É esse o tipo de operação que está acontecendo no Congo, mas você não vê esses líderes negros dizerem nada sobre isso. Sei que vocês não gostam que eu use a palavra "negro", mas, quando eu a uso, estou falando de líderes que "crescem de joelhos"[10] – porque é isso que eles são. Eles não são líderes afro-americanos, são líderes negros que crescem de joelhos. N-E-G-R-O-S, em maiúsculas.

"Um coronel belga puxou a câmera do fotógrafo Reginald Lancaster, do *Express*, e disse: 'Vocês dois vão ficar em prisão domiciliar, e vamos deportá-los no próximo avião'". Por que não queriam que tirassem fotos? Não queriam fotos do que estavam fazendo. "A coluna avançou e, ao meio-dia, 10 mil homens, mulheres e crianças foram prensados um contra o outro sob um sol escaldante e cercados por tropas do exército franco-atirador do Congo. Para proteger-se do exército congolês, eles tinham faixas de pano brancas em volta de cada uma das 10 mil cabeças. Pois esta é uma cidade em preto e branco." Vejam só: "Qualquer pessoa sem a faixa na cabeça geralmente leva um tiro". A faixa distingue os já selecionados dos que estão prestes a receber aquele tratamento; e há montes de cadáveres em todos os lugares para mostrar aqueles que estavam sem a faixa. Ou seja, qualquer congolês sem a faixa na cabeça foi baleado logo de cara, indiscriminadamente. E isso está sendo escrito por um repórter branco, que não é nem um pouco pró-congoleses – ele está apenas contando a história como realmente é. Assassinato em massa, assassinato em massa de pessoas negras por brancos que estão fazendo uso de alguns mercenários negros.

"Eu vi um mercenário derrubar quatro congoleses que saíam do mato perto do aeroporto quando aterrissei. Não se sabe se eram ou não Simbas.[11] Todos morreram. Mesmo assim, homens

---

10 Tradução livre, por aproximação semântica. Malcolm X usa aqui a expressão "*knee-grow*", que se pronuncia exatamente como a palavra "*negro*" ['niːɡroʊ] em inglês e se traduz, literalmente, como "joelho--crescer". Trata-se de uma gíria depreciativa, uma ofensa racista como alternativa à palavra "*negro*". [N.T.]

11 Combatentes de um dos grupos que lutaram na guerra civil da República do Congo (atual República Democrática do Congo) após

como o tenente John Peters, de Wightman Road, Harringay, Londres, são capazes de forte compaixão. Hoje, dois cães famintos pegaram o *Nigger* de estimação do Sétimo Comando, um cabritinho preto."

Esse mercenário branco tinha um cabritinho preto que ele chamou de *"Nigger"*. É isso que eles fazem, qualquer coisa negra chamam de *nigger*. Eles apelidaram você de *nigger*, não foi? Estou vendo um vindo ali agora mesmo. Aí vem meu *nigger*, Dick Gregory. Diga aí, Dick, venha aqui. Vamos investigar o Dick. Eu vi o Dick no *Les Crane Show*[12] uma noite dessas falando sobre *niggers*. Veja só, Dick, olha o que diz aqui, olha o meu nome escrito aqui, olha só [segurando uma cópia do livro de Gregory, intitulado *Nigger*].[13] Vamos lá, vou mandar investigarem o Dick. Peguem ele, irmãos, não o deixem escapar. Ele vai perder todos os empregos dele agora. Você não vai ter mais contratos – vai ter que trabalhar no Harlem pelo resto da vida.

Veja o que diz: "Hoje, dois cães famintos pegaram o *Nigger* de estimação do Sétimo Comando, um cabritinho preto. Quando chegamos lá, *Nigger* estava morrendo, e John Peters atirou nele. Ele se virou e cobriu os olhos". Eis aí um mercenário branco que matou tantos congoleses que precisou ser detido; sem nenhuma compaixão, ele os abateu. Mas, quando seu cabritinho preto foi devorado pelos cachorros, ele chorou. Ele tinha mais sentimento – eis aí o que é um homem branco, um inglês –, tinha mais sen-

---

a declaração de independência em 1960. Em suaíli, "simba" significa "leão" e também "pessoa corajosa", "guerreiro invencível". [N.T.]

12 Programa televisivo de entrevistas estadunidense apresentado por Les Crane (Lesley Stein), na ABC, de 1964 a 1965. Entre diversos entrevistados, passaram por lá Dick Gregory, Martin Luther King e o próprio Malcolm X. [N.E.]

13 O livro referido é *Nigger: An Autobiography*, autobiografia de Dick Gregory escrita juntamente com Robert Lipsyte e publicada em 1964 pela editora E. P. Dutton. [N.T.]

timento em seu coração por uma cabra preta morta do que por todas aquelas pilhas e pilhas e mais pilhas de congoleses que se pareciam com você, comigo e com Dick Gregory.

Então, irmãos e irmãs, sei que não é o caso de nos preocuparmos com o que está acontecendo na África antes de acertarmos as coisas por aqui. É o caso de compreender que o problema afro-americano não é um problema do negro, ou um problema americano, mas um problema humano, um problema da humanidade. Quando vocês perceberem isso, quando olharem para o nosso problema no contexto do mundo inteiro e repararem que é um problema mundial, e que existem outras pessoas na Terra que se parecem conosco e que também têm o mesmo problema, então você e eu nos tornamos aliados e podemos juntar nossos esforços para obter os melhores resultados.

Como anunciei antes aqui, Dick, informei a eles que um amigo meu da África, um ser humano irredutivelmente revolucionário, estava a caminho para cá. Foi quando você entrou; eles pensaram que eu estava falando sobre você. Bem, não era sobre Dick que eu estava falando, mas Dick é um revolucionário.

E Dick é um africano irredutível; ele não quer ser, mas ele é. Africano, eu quis dizer, e não irredutível. Dick é um dos mais notáveis lutadores pela liberdade neste país. Eu digo isso com toda a sinceridade. Dick está na linha de frente da batalha e fez grandes sacrifícios para se manter firme na sua posição. Tenho certeza de que isso afastou muita gente que, antes de ele começar a assumir essa posição, era próxima dele. Quando você vê uma pessoa, uma celebridade, amplamente conhecida e tão habilidosa em sua profissão quanto Dick, e que, ao mesmo tempo, tem acesso a contratos quase ilimitados, que fornecem renda ilimitada, mas que resolve comprometer tudo isso para saltar para a linha de frente da batalha, então você e eu temos que apoiá-la. Quero que Dick também ouça nosso irmão que está vindo, mas, antes que ele chegue aqui, acho que seria ótimo Dick falar conosco. Vamos, Dick. Dick Gregory – mas sem o cigarro.

Dick Gregory fala; em seguida volta Malcolm X.

Estou muito grato por Dick ter vindo ao nosso encontro esta noite. Como eu disse, ele é um lutador pela liberdade, está sempre nas linhas de frente da luta. E neste país, onde quer haja um homem negro, existe uma frente de batalha. Seja no Norte, no Sul, no Leste ou no Oeste, você e eu vivemos em um país que é uma frente de luta para todos nós. E, esta noite, estou mais do que honrado com a presença de uma pessoa considerada responsável por corrigir o sistema governamental em uma área do planeta onde o sistema não era tão bom antes dos esforços empenhados por ele.

Muitos de vocês já ouviram falar da ilha de Zanzibar. Zanzibar ficou famosa como sede de um posto de comércio de escravos. Na verdade, muitos de nós provavelmente passamos por lá a caminho da América há quatrocentos anos. E foi nessa ilha, há algum tempo, no ano passado, creio, que o governo foi derrubado quando o indivíduo africano se cansou da situação então existente na ilha. Durante a noite, fizeram o que era necessário para provocar uma mudança. Por isso, hoje Zanzibar é livre. E, assim que conseguiu sua liberdade, juntou-se a Tanganica, onde está o presidente Nyerere. E a recente junção de Zanzibar com Tanganica ficou conhecida como República da Tanzânia: dois países que se uniram e são um dos mais militantes e intransigentes na luta pela liberdade de nosso povo no continente africano, bem como aqui e em qualquer outro lugar da Terra.

A maioria de vocês sabe que meu propósito ao ir ao Cairo para a conferência de cúpula foi tentar fazer os chefes dos Estados africanos compreenderem que eles têm 22 milhões de irmãos e irmãs que estão vivendo um inferno aqui na América. E que eles poderiam reunir esforços para nos dar um impulso, avisando ao mundo que estão do nosso lado na luta contra esse racismo de que temos sido vítimas neste país há tanto tempo. A imprensa tentou fazer parecer que os países africanos, os chefes de Estado africanos, não estavam preocupados de forma nenhuma com o drama dos

140

afro-americanos. Mas naquela conferência, no final dela, todos os chefes de Estado africanos se reuniram e aprovaram uma resolução condenando totalmente a prática contínua de racismo contra os afro-americanos neste país e apoiando totalmente a luta dos 22 milhões de afro-americanos por direitos humanos.

Tenho orgulho de afirmar que a pessoa responsável por apresentar essa resolução e conseguir chegar a um acordo sobre ela com os outros chefes de Estado africanos foi provavelmente a última pessoa que nós esperaríamos que fizesse isso, por causa da imagem que criaram dela neste país. Quem apresentou e sugeriu que a Cúpula Africana aprovasse uma resolução condenando totalmente os maus-tratos aos afro-americanos na América e também apoiando totalmente a luta por liberdade e pelos direitos humanos de nosso povo neste país foi o presidente Julius Nyerere.

Tive a honra de passar três horas com ele, quando estive por sete dias em Dar es Salaam e Tanganica, pouco antes de o país se tornar a Tanzânia. Pois o homem que possibilitou que eu me encontrasse com Nyerere está aqui conosco esta noite.

Quando a revolução ocorreu em Zanzibar, nós lemos sobre ela aqui neste país. Tentaram retratá-la como algo chinês ou soviético, ou qualquer outra coisa, menos como o que de fato era. Tentaram de novo construir uma imagem que nos fizesse reagir negativamente. Aquela pessoa que a imprensa ocidental disse ser a cabeça por trás dessa revolução bem-sucedida está conosco neste palco esta noite. Tenho a grande honra de apresentar a vocês neste momento o ministro das Cooperativas e do Comércio da Tanzânia, um homem que está intimamente ligado ao presidente Julius Nyerere, este que foi o responsável por levar a liberdade ao povo da ilha de Zanzibar, reunindo-a a Tanganica e criando a República da Tanzânia. Ele é chamado de xeque Abdul Rahman Muhammad Babu.

E, antes que ele entre – ele acabou de sair de um jantar com outro grande amigo nosso; e, repito, um grande amigo nosso –, quero frisar para vocês que eu não deixo ninguém escolher meus amigos. E vocês não devem deixar ninguém escolher os amigos de vocês. Nós devemos praticar o hábito de avaliar pessoas, situações, grupos e governos por nós mesmos. Não deixem ninguém mais nos dizer quem deve ser nosso inimigo e quem deve ser nosso amigo.

Eu amo os revolucionários. E um dos homens mais revolucionários que se encontra aqui neste país hoje viria para cá com nosso amigo xeque Babu, mas acabou ponderando e não vem. No entanto, ele enviou esta mensagem, que diz:

"Queridos irmãos e irmãs do Harlem, gostaria de ter estado com vocês e o irmão Babu, mas as condições não são boas para essa reunião. Recebam as calorosas saudações do povo cubano e especialmente de Fidel, que se lembra com entusiasmo de sua visita ao Harlem há alguns anos. Unidos venceremos." Essa mensagem é de Che Guevara.

Fico feliz em ouvir de vocês esta calorosa salva de palmas como resposta, porque isso deixa claro ao homem branco que hoje ele simplesmente não está em posição de nos dizer quem devemos aplaudir e quem não devemos aplaudir. E vocês não estão vendo nenhum cubano anticastrista por aqui – nós os comemos vivos.

Eles que vão lutar contra a Ku Klux Klan ou contra o Conselho dos Cidadãos Brancos. Eles que gastem parte da energia deles botando em ordem a própria casa. Não venham ao Harlem nos dizer quem devemos aplaudir e quem não devemos aplaudir. Ou vai haver alguns ex-cubanos anticastristas.

Então, irmãos e irmãs, de novo agora, um grande amigo meu. Tenho a honra de chamá-lo de meu amigo. Ele me tratou como um irmão quando estive em Dar es Salaam. Conheci sua família, conheci seus filhos – ele é um homem de família. A maioria das pessoas não pensa nos revolucionários como homens de família. Só veem neles sua imagem na linha de frente da batalha. Mas, quando os veem com seus filhos e esposa no ambiente do lar, compreendem que os revolucionários são seres humanos também. Portanto, eis aqui um homem que não é apenas um revolucionário, é também um marido – que poderia ser o seu marido –; é também um pai – que poderia ser o seu pai; é também um irmão – que poderia ser o seu irmão. E eu digo que ele é nosso irmão. Xeque Babu.

Babu fala; em seguida volta Malcolm X.

Irmãos e irmãs, vamos nos despedir em cinco minutos. Queremos agradecer a sua excelência Abdul Rahman Muhammad Babu por dedicar seu tempo para estar aqui esta noite e nos dar um bom retrato de como nosso povo em casa se sente a nosso respeito. É muito importante, como ele apontou – por favor, dê-nos cinco minutos antes de ir, nós o deixaremos ir em cinco minutos –, é muito importante compreendermos que nosso povo no continente africano está genuinamente interessado e preocupado com os problemas de nosso povo neste continente. É importante que saibamos disso, de modo que nossa estratégia de luta, nosso plano de luta, será muito diferente. Enquanto acharmos que estamos aqui na América como coitados, isolados e sozinhos, estaremos sempre naquele papel de quem implora, de chapéu na mão, que o homem branco adora nos ver desempenhar. Mas, quando sabemos que todo o nosso povo está na nossa retaguarda – como Babu disse, quase 500 milhões dos nossos –, não precisamos implorar a ninguém. Tudo o que precisamos fazer é lembrar os brancos do que fazem conosco; e de que é hora de pararem; e de que, se não pararem, nós os deteremos. Sim, nós vamos detê-los.

Vocês podem se perguntar: "Bem, como diabos vamos detê-los? Um homenzarrão desse tamanho?". Irmãos e irmãs, sempre se lembrem disto: quando vocês estão dentro da casa de um homem branco, onde os móveis são dele, as cortinas, toda aquela bela decoração da casa, não há muito o que se possa fazer lá a não ser bagunçar os móveis, as janelas, a casa. Mas com isso vocês mostram a esse homem branco que, quando ele bota as mãos em cima de você, não é só em você que ele está botando as mãos, é na casa inteira, porque você vai incendiar aquilo tudo. Você está num lugar em que... você não tem nada a perder. Só assim o homem branco vai agir direito. Ele não vai agir direito porque te ama ou porque acha que você vai reagir mal. Ele vai agir corretamente quando você fizer com que ele saiba que você sabe que ele tem mais a perder do que você. Você não tem nada a perder, exceto discriminação e segregação.

Malcolm então informa a hora e o local de duas reuniões em que Babu falaria e o convida a retornar ao próximo comício da OAAU; apresenta-o como "meu pai espiritual", xeque Ahmud Hassoum; anuncia uma dança de celebração da independência da África; anuncia uma manifestação de apoio à campanha do MFDP[14] para destituir congressistas racistas; pede a "dois irmãos da Tanzânia" que se levantem e façam uma saudação; promete em breve exibir filmes que fez na África; e conclui:

No próximo domingo à noite – vamos começar no horário e terminar no horário no próximo domingo à noite –, queremos que todos vocês estejam aqui e tenham certeza, pois iremos mais fundo na questão do Congo. A OAAU pretende definir seu próprio programa no que diz respeito a como podemos aproveitar melhor o potencial político do homem negro neste país, e também como podemos trabalhar com outros grupos para garantir que educação de qualidade chegue ao Harlem.

---

14 O MFDP foi criado em 1964 por afro-americanos e brancos do Mississippi para desafiar o poder estabelecido do Partido Democrata do Mississippi, que se opunha à aprovação dos direitos civis dos negros estadunidenses e proibia a participação destes em seus quadros. O MFDP apresentava-se como grupo alternativo que representaria os interesses dos afro-americanos na Convenção Nacional do Partido Democrata de 1964. [N.T.]

Além disso, acredito, irmãos e irmãs, e digo de todo o coração, que devemos começar um fundo de defesa do Harlem. Devemos começar um fundo no Harlem para podermos oferecer uma recompensa a quem conseguir a cabeça do xerife do Mississippi que assassinou a sangue-frio aqueles trabalhadores dos direitos civis.[15] Vocês devem achar que eu enlouqueci. Mas quando você tem um governo que permite que um xerife – não apenas um xerife, mas alguns xerifes e seus agentes – mate a sangue-frio homens que não estão fazendo nada senão tentando assegurar os direitos de pessoas que tiveram seus direitos negados; quando esses trabalhadores são assassinados e o FBI vem com toda aquela linguagem bonita, como se fosse prender os culpados, mas só para depois soltá-los... Ora, quando tudo isso acontece, é hora de você e eu dizermos a eles que, se o governo federal não consegue lidar com a Klan, você e eu conseguimos lidar com a Klan. É a única maneira de acabar com essa situação.

A única maneira de vocês pararem a Ku Klux Klan é pará-la vocês mesmos. Como disse Dick Gregory, o governo não pode pará-la porque o governo se infiltrou na Klan e ela se infiltrou no governo. Você e eu temos que pará-la nós mesmos. Então, vamos oferecer uma recompensa pela cabeça daquele xerife, uma recompensa, em dólar, para quem pegá-lo primeiro. Eu sei o que eles vão fazer – se algo acontecer, vão me culpar por isso. Pois eu assumo essa culpa.

---

15   Em 21 de junho de 1964, três militantes pelos direitos civis, um negro e dois brancos, foram dados como desaparecidos no Mississippi. Os cadáveres de James Chaney, Michael Schwerner e Andrew Goodman só foram encontrados em 4 de agosto. Entre os 21 homens presos pelo crime no dia 4 de dezembro daquele ano estavam os policiais Lawrence Rainey e Cecil Price, além do pastor batista Edgar Killen. Em 1967, sete homens foram declarados culpados e sentenciados a penas de três a dez anos de prisão pelas mortes. Somente em 2005 Edgar Killen foi condenado e sentenciado a sessenta anos de prisão. O crime inspirou o filme estadunidense *Mississipi em chamas*, de 1988, dirigido por Alan Parker. [N.T.]

Com a senhora Fannie Lou Hamer

MISSISSIPPI FREEDOM RALLY [NOVA YORK, 20 DEZ. 1964]

Em dezembro de 1964, representantes do MFDP percorreram cidades do norte do país em busca de apoio moral, político e financeiro para a campanha que tinha por objetivo impedir os cinco segregacionistas estadunidenses representantes do Mississippi de assumirem cadeiras no parlamento quando o Congresso se reunisse, em 4 de janeiro de 1965.

No Harlem, um comitê ad hoc de apoio à campanha do MFDP organizou um comício em 20 de dezembro de 1964. A oradora principal foi a senhora Fannie Lou Hamer, candidata do MFDP ao Congresso, cujo testemunho pessoal sobre a brutalidade racista atraiu grande atenção na Convenção Nacional do Partido Democrata em agosto de 1964. O comício foi realizado na Igreja Institucional Metodista Episcopal Cristã Williams, no Harlem, sendo um terço da plateia branca.

Malcolm X também falou, depois do discurso comovente da senhora Hamer e depois que os Freedom Singers[16] apresentaram várias canções, incluindo "Oginga Odinga of Kenya" [Oginga Odinga do Quênia].

▬▬▬▬▬ Reverendo Coles, senhora Hamer, convidados de honra, irmãos e irmãs, amigos e inimigos; e também ABC, CBS, FBI e CIA:

Fiquei realmente muito impressionado com o início deste evento, enquanto os Cantores da Liberdade cantavam a música "Oginga Odinga", porque Oginga Odinga é um dos principais lutadores pela liberdade do continente africano. Na época em que visitou Atlanta, na Geórgia, acho que era o ministro do Interior do Quênia. Mas desde que o Quênia se tornou uma república, na

---

16 Freedom Singers (Cantores da Liberdade) era o nome do coral do SNCC. [N.T.]

semana passada, e Jomo Kenyatta passou de primeiro-ministro para presidente da República, essa pessoa sobre quem vocês cantaram, Oginga Odinga, agora é vice-presidente. É o homem número dois no governo do Quênia.

O fato de vocês terem cantado sobre ele é bastante significativo para mim. Dois ou três anos atrás, isso não aconteceria. Dois ou três anos atrás, a maioria de nosso povo optava por cantar sobre alguém que era, como vocês sabem, passivo, submisso, humilde e clemente. Oginga Odinga não é passivo. Ele não é submisso. Ele não é humilde. Ele não é não violento. Mas ele está livre.

Oginga Odinga é o vice-presidente de Jomo Kenyatta, e Jomo Kenyatta foi quem organizou os Mau-Mau.[17] Acho que vocês mencionaram os Mau-Mau nessa música. E, se vocês repararem bem nessas palavras, acho que terão a chave para saber como resolver a situação no Mississippi. Quando as nações da África forem efetivamente independentes – e elas *serão* efetivamente independentes, porque estão agindo da maneira certa –, os historiadores darão ao primeiro-ministro, ou melhor, ao presidente Kenyatta e aos Mau-Mau, o papel que merecem na história da África. Eles serão considerados os maiores lutadores pela liberdade e os maiores patriotas africanos que aquele continente já conheceu; e receberão crédito por terem levado a independência a muitos dos Estados independentes que já existem naquele continente hoje. Houve uma época em que a imagem deles era negativa, mas hoje são vistos com respeito; e o comandante deles é o presidente, e o segundo comandante é o vice-presidente.

Alonguei-me aqui falando disso porque, na minha opinião, não apenas no Mississippi e no Alabama, mas bem aqui na cidade de Nova York, vocês e eu podemos aprender muito sobre como conseguir a verdadeira liberdade ao estudarmos como Kenyatta proporcionou liberdade a seu povo no Quênia, como Odinga o ajudou nisso, e o excelente trabalho feito pelos Mau-Mau, os combatentes pela

---

17 Ver nota 7, na p. 28. [N.E.]

liberdade. Na verdade, é disso que precisamos no Mississippi. No Mississippi, precisamos de um Mau-Mau. No Alabama, precisamos de um Mau-Mau. Na Geórgia, precisamos de um Mau-Mau. Bem aqui no Harlem, em Nova York, precisamos de um Mau-Mau.

Digo isso sem raiva. Digo isso com cuidadosa prudência. A linguagem com que você e eu falamos com o homem branco no passado não o afetou. E não se pode realmente transmitir um ponto de vista para uma pessoa sem que se aprenda como se comunicar com ela. Se ela fala francês, você não pode falar em alemão. Você tem que saber que língua ela fala e então falar nessa língua.

Quando escuto a senhora Hamer, uma mulher negra – que poderia ser minha mãe, minha irmã, minha filha – descrever o que fizeram com ela no Mississippi, eu me pergunto: como podemos esperar ser respeitados como *homens* no mundo quando permitimos que algo se passe com nossas mulheres sem que façamos nada a respeito disso? Como você e eu podemos ser vistos como homens enquanto mulheres negras são espancadas e nada fazemos a respeito, enquanto crianças negras e bebês negros são espancados e nada é feito a respeito disso? Não, não merecemos ser considerados e respeitados como homens enquanto nossas mulheres são brutalmente maltratadas da maneira como esta mulher descreveu, sem que nada seja feito e enquanto ficamos sentados cantando "We Shall Overcome".

Precisamos de um grupo Mau-Mau. Se eles se recusam a lidar com o Partido Democrático da Liberdade do Mississippi, então vamos dar a eles outra coisa com que lidar. Se eles não querem lidar com o SNCC, então precisamos dar a eles uma alternativa. Nunca devemos apresentar nada a eles sem uma alternativa. [Ou] desperdiçamos nosso tempo. Vamos sempre dar a eles uma coisa ou outra. Vamos dar a eles a escolha entre uma coisa ou outra.

Quando eu estava na África, notei que alguns dos africanos conseguiram sua liberdade mais rápido do que outros. Algumas áreas do continente africano tornaram-se independentes mais rapidamente do que outras áreas. Percebi que, nas áreas em que a independência foi conquistada, foi porque alguém sentiu raiva. E, nas áreas onde a independência ainda não havia sido conquistada, ninguém tinha sentido raiva. Estavam todos tristes ali – todos sentados e conversando sobre o drama que viviam, mas não estavam bravos. Geralmente, quando as pessoas estão tristes, não fazem nada. Apenas choram por causa de sua condição.

Mas, quando elas ficam com raiva, provocam uma mudança. Quando ficam com raiva, não se importam com a lógica, não se importam com as chances, não se importam com as consequências. Quando ficam com raiva, percebem a condição em que se encontram – percebem que seu sofrimento é injusto, imoral, ilegal, e que qualquer coisa que fizerem para corrigir isso ou acabar com isso será justa. Quando você e eu desenvolvermos esse tipo de raiva e falarmos nesse tom de voz, teremos algum tipo de respeito e reconhecimento e provocaremos algumas mudanças nessas pessoas que já vêm nos enganando há muito tempo.

Então, você tem que falar na língua deles. A língua com que eles falaram com a senhora Hamer é a língua da brutalidade. Bestas, os dois que bateram nela – os dois negros –, mas eles não são culpados. São apenas marionetes. Não se pode culpar a marionete, você deve culpar quem manipula as marionetes. Eles estavam apenas cumprindo ordens de outra pessoa. Estavam sob a jurisdição de outra pessoa. Não são culpados; de certa forma, são, mas eu *ainda* não vou culpá-los. Ponho a culpa naquele homem que deu as ordens. E, quando vocês e eu começarmos a prestar atenção nele e entender a língua que ele fala, a língua de um bruto, a língua de alguém que não tem nenhum senso de moralidade, que ignora totalmente a lei – quando vocês e eu aprendermos a falar a língua dele, só então poderemos nos comunicar com ele. Jamais conseguiremos nos comunicar falando um idioma enquanto ele fala outro. Ele está falando a língua da violência enquanto vocês e eu ficamos zanzando e piando por aí, achando que ele vai entender.

Vamos aprender o idioma dele. Se a língua dele for uma espingarda, vamos pegar uma espingarda. Sim, eu disse que, se ele só entende a língua do rifle, vamos pegar um rifle. Se ele só entende a língua da corda, vamos pegar uma corda. Não percam tempo falando a língua errada com um homem se vocês realmente querem se comunicar com ele. Falem a língua dele – não há nada de errado nisso. Se tivesse algo errado com a língua dele, o governo federal teria impedido o branquelo racista de falar com vocês e comigo nessa língua.

Agora, em segundo lugar, quero dizer que algumas pessoas se perguntam: bom, mas o que o Mississippi tem a ver com o Harlem? Na verdade, não é o Mississippi – é a América. A América é o Mississippi. Não existe esse negócio de Linha Mason-Dixon[18] – é a América. Não existe o Sul – é a América. Se um cômodo da sua casa está sujo, sua casa está suja. Se o armário está sujo, sua casa está suja. Não venha dizer que aquele quarto está sujo, mas que o resto da casa está limpo. Você controla toda a casa. Você tem autoridade sobre toda a casa; toda a casa está sob sua jurisdição. O erro que você e eu cometemos é deixar os branquelos racistas *do Norte* jogarem todo o ônus para os branquelos racistas do Sul.

O senador do Mississippi está no Comitê Judiciário. Ele está em Washington, como a senhora Hamer apontou, ilegalmente. Todos os senadores de estados onde nosso povo está privado do direito de votar estão em Washington ilegalmente. Este é um país cujo sistema de governo é dirigido por comitês – comitês da Câmara e comitês do Senado. O presidente do comitê ocupa essa

---

18 A Linha Mason-Dixon marca as fronteiras entre os estados norte--americanos Pensilvânia, Virgínia Ocidental, Delaware e Maryland, tendo sido traçada quando esses territórios eram ainda colônias inglesas. Quando a Pensilvânia começou a abolir a escravatura, em 1781, a parte oeste dessa linha e o rio Ohio tornaram-se a fronteira entre os estados escravagistas e os abolicionistas. A linha Mason-Dixon é tida simbolicamente como uma fronteira cultural que divide o Norte e o Sul dos Estados Unidos e tem esse nome em homenagem aos engenheiros ingleses que a demarcaram no século XVIII: Charles Mason e Jeremiah Dixon. [N.T.]

posição porque tem tempo de casa, senioridade. Eastland está no Comitê Judiciário porque tem mais senioridade do que qualquer outro senador naquele mesmo cargo ou naquele comitê; ele é o presidente do comitê. Fulbright, outro branquelo racista, do Arkansas, está no Comitê de Relações Exteriores. Ellender, da Louisiana, dirige o Comitê de Agricultura e Silvicultura. Russell, da Geórgia, está no Comitê das Forças Armadas.

E assim vai. De 16 comitês, 10 estão nas mãos de racistas sulistas. De 20 comissões parlamentares, 13 estão nas mãos – ou pelo menos estavam antes das recentes eleições –, nas mãos de racistas sulistas. Dos 46 comitês que dominam a governança interna e externa deste país, 23 estão nas mãos de racistas sulistas. E a razão pela qual estão nas mãos de racistas do Sul é porque, nas áreas de onde eles vêm, o homem negro é privado de seu direito de voto. Se tivéssemos voto nessa área, esses racistas não estariam em Washington. Haveria alguns rostos pretos lá, haveria alguns rostos marrons, alguns amarelos e alguns vermelhos por lá. Haveria outros rostos além daquelas caras branquelas que estão lá agora.

Portanto, o que acontece no Mississippi e no Sul tem relação direta com o que acontece comigo e com você aqui no Harlem. E também tem a ver com o Partido Democrata, o qual os negros apoiaram recentemente, algo em torno de 97%, eu acho.

Todos esses branquelos racistas – e é isto que eles são, branquelos racistas – pertencem ao Partido Democrata. Esse é o partido ao qual eles pertencem – o mesmo a que vocês pertencem, o mesmo que vocês apoiam, o mesmo que vocês dizem que vai conseguir isso e aquilo para vocês. Ora, a base do Partido Democrata está no Sul. Os *alicerces* de sua autoridade estão no Sul. O chefe do Partido Democrata está sentado na Casa Branca. Ele poderia ter levado a senhora Hamer a Atlantic City.[19] Ele poderia ter aberto a boca e

---

19 Referência à Convenção Nacional do Partido Democrata que ocorreu em agosto de 1964, em Atlantic City, e que não incluiu a participação de membros do MFDP, no âmbito do Verão da Liberdade, movimento que

permitido que ela participasse como representante. Hubert Humphrey poderia ter aberto a boca e ter permitido a representação dela. Wagner, o prefeito daqui, poderia ter aberto a boca, usado seu peso para incluí-la. Então, não venham me falar sobre alguns branquelos racistas do Mississippi, do Alabama e da Geórgia – todos eles estão jogando o mesmo jogo. Lyndon B. Johnson é o chefe do Partido Branquelo Racista.

Mas, vejam bem, eu não quero ficar aqui pisando no calo de ninguém nem dizendo coisas que vocês não imaginavam que eu diria. Só que nunca, jamais, nunca me chamem aqui para falar sobre o Mississippi. Pois ele é controlado bem aqui pelo Norte. O Mississippi é controlado pelo Norte. O Alabama é controlado pelo Norte. Esses branquelos racistas do Norte estão em conluio com os branquelos racistas do Sul, com a diferença de que os branquelos racistas do Norte sorriem na sua cara, arreganham os dentes, mas enfiam uma faca nas suas costas quando você se vira. Aquele pessoal de lá de baixo, do Sul, pelo menos sabemos o que eles estão fazendo e como lidar com eles.

Então, o que eu tenho a dizer é isto, isto é tudo que tenho a dizer: quando você começar a falar sobre um, fale sobre os outros. Quando você começar a se preocupar com uma parte ou um pedaço, preocupe-se com o todo. Se esse pedaço não está bom, a torta inteira não está boa, porque tudo sai do mesmo prato. É feito dos mesmos ingredientes. Wagner é um democrata. Ele pertence ao mesmo partido que Eastland. Johnson é um democrata. Ele pertence ao mesmo partido que Eastland. Wagner estava em Atlantic City, Ray Jones estava em Atlantic City, Lyndon B. Johnson estava em Atlantic City, Hubert Humphrey estava em Atlantic City – os

---

lutava pela inclusão de afro-americanos na política e pelo fim das leis segregacionistas chamadas Jim Crow. As leis Jim Crow foram promulgadas no final do século XIX e início do século XX pelas legislaturas estaduais dominadas pelos democratas e vigoraram entre os anos de 1876 e 1965. [N.T.]

branquelos racistas em quem vocês votaram estavam em Atlantic City. O que eles fizeram por você quando você quis entrar para o parlamento? Ficaram quietos. Ficaram em silêncio. Disseram: "Não piore as coisas, você pode acabar elegendo o Goldwater".

Eu tenho uma pequena sugestão. Descubram o que o Wagner vai fazer em nome dessa resolução que vocês estão tentando aprovar antes de 4 de janeiro. Descubram com antecedência qual é a posição dele em relação a esses congressistas do Mississippi que estão ilegalmente vindo do Sul para representar os democratas. Descubram como se posiciona o prefeito desta cidade e façam com que se apresente abertamente, sem lenga-lenga e sem concessões. Descubram qual é a posição dos amigos dele sobre as cadeiras daqueles que estão vindo ilegalmente do Mississippi. Descubram como Ray Jones, que é um dos democratas negros mais poderosos da cidade, descubram como ele se posiciona. Antes de 4 de janeiro. Vocês não podem falar de Rockefeller, porque ele é um republicano. Embora esteja no mesmo barco junto com o resto deles todos.

Portanto, repito aqui, como conclusão, e como a senhora Hamer mostrou, que os irmãos e irmãs no Mississippi estão sendo espancados e mortos por nenhuma outra razão senão a de quererem ser tratados como cidadãos de primeira classe. Só existe uma maneira de ser um cidadão de primeira classe. Só existe uma maneira de ser independente. Só existe uma maneira de ser livre. Não é algo que alguém vai dar a você. É algo que você agarra. Ninguém pode te dar independência. Ninguém pode te dar liberdade. Ninguém pode te dar igualdade, ou justiça, ou qualquer coisa. Se você é um homem, você agarra essas coisas. Se você não consegue agarrá-las, você não merece. Ninguém pode dar isso a você. Então, se você e eu queremos liberdade, se queremos independência, se queremos respeito, se queremos reconhecimento, nós obedecemos a lei, somos pacíficos... No entanto, se, ao mesmo tempo, quando você e eu estamos envolvidos em qualquer tipo de ação que é legal, que está de acordo com nossos direitos civis, de acordo com os tribunais deste país, de acordo com a Constituição... se todas essas coisas estão do nosso lado, mas ainda assim não conseguimos agarrar o que é nosso, é porque nem nós mesmos estamos do nosso lado.

Ainda não compreendemos o preço real a pagar para garantir que essas coisas sejam aplicadas no que diz respeito a nós. E, até que compreendamos isso, elas não serão aplicadas a nós. Precisamos fazer com que as pessoas no Mississippi, e também em Nova York e em outros lugares, saibam que a liberdade só chega até nós pelo voto ou pela bala. Essa é a única maneira de obter liberdade. Só se consegue a liberdade pelo voto ou pela bala. São essas as duas únicas avenidas, as duas únicas estradas, os dois únicos métodos, os dois únicos meios – o voto ou a bala. E, quando se sabe disso, então é preciso ser cuidadoso ao usar a palavra *liberdade*. A não ser que vocês achem que o remédio é cantar em voz alta... Então venham e cantem. Eu vou ficar vendo vocês cantarem... Ou vocês também estão querendo dançar?

Sempre dizem por aí que eu sou antibranco. Eu sou a favor de qualquer pessoa que defenda a liberdade. Sou a favor de qualquer pessoa que defenda a justiça. Sou a favor de qualquer pessoa que defenda a igualdade. Não sou a favor de ninguém que me diz para esperar sentado pelo que me cabe. Não sou a favor de ninguém que me diz para virar a outra face quando um branquelo racista está estourando meu maxilar. Não sou a favor de alguém que diz aos negros para não serem violentos quando ninguém diz aos brancos para não serem violentos. Eu sei que estou dentro de uma igreja neste momento, que provavelmente não deveria estar falando assim, mas o próprio Jesus estava disposto a virar a sinagoga do avesso e de ponta-cabeça quando as coisas não estavam indo bem. Na verdade, no livro do Apocalipse, aparece Jesus sentado em um cavalo com uma espada na mão, se preparando para entrar em ação. Mas ninguém te fala desse Jesus. Só falam para você e para mim sobre aquele Jesus pacífico. Nunca te deixam chegar ao final do livro. Prendem você ali onde tudo é, como você sabe, não violento. Nada disso! Vá e leia o livro inteiro e, quando chegar ao livro do Apocalipse, você vai ver que até mesmo a paciência de Jesus acabou. E, quando a paciência acabou, ele resolveu toda a situação. Ele pegou a espada.

Acredito que algumas pessoas brancas podem até ser sinceras. Mas acho que deveriam provar isso. E não dá para provarem isso cantando comigo. Não dá para provarem isso para mim sendo não violentos. Não. Podem provar reconhecendo a lei da justiça. E a lei da justiça é: "Colherás o que semeastes". A lei da justiça é: "Quem com ferro fere com ferro será ferido". Isso é justiça. Então, se vocês estão do nosso lado, o que tenho a dizer é: deem à nossa luta pela liberdade o mesmo tipo de contribuição que todos os brancos deram quando lutaram por sua própria liberdade. Vocês lutaram por liberdade na Guerra de Independência. O próprio Patrick Henry de vocês gritou "liberdade ou morte", e George Washington derrotou os canhões. E todos aqueles outros que vocês me ensinaram a adorar como meus heróis foram lutadores, foram guerreiros.

Mas, quando chega a hora de nossa liberdade, vocês querem ressuscitar alguém não violento, pacífico, clemente e sofredor. Não! Eu não sou a favor disso. O que eu sei é que a liberdade de um homem negro é tão valiosa quanto a liberdade de um homem branco. O que eu sei é que um homem negro tem o direito de fazer o que for necessário para obter sua liberdade, tanto quanto outros seres humanos fizeram para obter a liberdade deles. O que eu sei é que você e eu nunca conseguiremos nossa liberdade de modo não violento, de modo paciente e amoroso. Nós nunca conseguiremos até fazermos o mundo saber que, como outros seres humanos que deram a vida pela liberdade – e que também tiraram vidas pela liberdade –, nós estamos prontos, desejosos, equipados e qualificados para fazer a mesma coisa.

É uma pena que a senhora Hamer tenha vindo aqui esta tarde em que tão poucas pessoas estão presentes. É uma pena. Todo o nosso pessoal do Harlem deveria tê-la ouvido descrever o que foi feito com ela. Porque acho que o povo do Harlem tem mais capacidade de acertar as contas do que qualquer outro, em qualquer lugar deste país. Sim, tem mais capacidade e precisa ouvir a história da senhora Hamer. Precisa saber mais, em primeira mão, sobre o que está acontecendo lá, especialmente com nossas mulheres. Precisa de algumas lições de tática e estratégia para se vingar. Eu, por exemplo, serei o primeiro a contribuir para qualquer fundo levantado com o objetivo de acertar as contas. Quando alguém comete um assassinato, o que você faz? Você oferece uma recompensa pelo assassino: "Procurado – vivo ou morto". É assim que é – aprendam como fazer. Tivemos três dos nossos assassinados. Nenhuma recompensa foi oferecida pela cabeça do assassino. Não basta oferecer uma recompensa – escreva: "Vivo ou morto, vivo ou morto". E que aquela Klan saiba que podemos agir no olho por olho, no olho por olho. É olho por olho e dente por dente.

E, mesmo que vocês não queiram ajudar, nós vamos agir assim. Nós vamos agir.

Temos irmãos equipados, qualificados e dispostos a... como disse Jesus: "Filhos, ide-vos para onde eu vos mandar". Temos irmãos que podem agir, e que vão agir, e que estão prontos para isso. E digo que, se o governo dos Estados Unidos não pode levar à justiça pessoas que assassinam negros, ou pessoas que assassinam aqueles que estão na linha de frente lutando em nome dos negros, então é hora de você e eu nos retirarmos silenciosamente para nossos aposentos e inventarmos meios e métodos para garantir que a justiça seja feita contra assassinos lá onde a justiça não existia no passado.

O que tenho a dizer agora, para concluir, é que, se você e eu, aqui no Harlem, muitas vezes temos o hábito de lutar uns contra os outros, de ficar espionando, esperando uma oportunidade de jogar ácido ou soda cáustica uns nos outros, ou encher de areia os degraus das portas uns dos outros – se você e eu fôssemos real e verdadeiramente a favor da liberdade de nosso povo, não desperdiçaríamos toda essa energia pensando em como fazer mal uns aos outros. Se você tiver toda essa engenhosidade, se souber como fazer, me avise. Eu te dou um dinheiro, te mostro aonde ir e contra quem você deve agir. E então você entrará para a história como tendo feito uma coisa digna de honra.

Então, senhora Hamer, temos outro comício no Audubon esta noite, às oito horas, onde haverá muita gente negra. Eu gostaria muito que você dissesse a essas pessoas o que nos disse aqui esta tarde. Então você é bem-vinda como minha convidada esta noite, se quiser, no Audubon. E vocês, cantores que cantam sobre Oginga Odinga, se não tiverem mais nada para fazer, precisam vir ao Harlem para mais pessoas ouvirem vocês cantando sobre Oginga Odinga, Kenyatta e Lumumba. E, da próxima vez que vierem ao Harlem, haverá uma multidão aqui para ouvir vocês. Obrigado.

No Audubon

[NOVA YORK, 20 DEZ. 1964]

Malcolm X tinha convidado Fannie Lou Hamer e os Freedom Singers para comparecerem à reunião da Organização da Unidade Afro-Americana que seria realizada no Salão Audubon na noite de 20 de dezembro de 1964. Antes de tomarem a palavra, Malcolm cumpriu com uma de suas principais atribuições na organização – ensinar, educar, explicar pacientemente as coisas a seu povo na linguagem e no estilo que eles entendiam.

■■■■■■■ *As-salamu alaikum*. Acho que devo explicar o que quero dizer quando falo *"as-salamu alaikum"*. Na verdade, é uma expressão que significa "paz" e que é sempre dirigida a um irmão ou irmã. Significa apenas "que a paz esteja convosco". Então, quando eu falo *"salaam alaikum"* ou *"as-salamu alaikum"* e a pessoa responde *"alaikum as-salam"*, ela está apenas retribuindo a paz. Significa que estamos todos em paz uns com os outros, como irmãos e irmãs.

Agora, irmãos e irmãs, primeiro quero agradecer a todos que se deram ao trabalho de atravessar a neve – que fez com que eu mesmo quase desistisse de sair – e vir até aqui, para podermos pensar juntos e tentar entender melhor o que está acontecendo, o que estamos passando e com o que estamos todos preocupados. Como a irmã Sharon já destacou, e acho que ela o fez de maneira linda, durante os últimos anos nosso povo tem lutado por algum alívio das condições que enfrentamos.

Quando analisamos o último período de luta, acho que todos concordamos que experimentamos diferentes padrões de luta, que lutamos de diferentes maneiras. Nenhuma das maneiras que tentamos produziu o resultado que procurávamos. Se alguma tivesse sido produtiva, teríamos continuado nesse caminho. Provavelmente tentamos mais métodos diferentes do que qualquer outro povo. Mas, ao mesmo tempo, acho que tentamos mais métodos errados do que qualquer outro povo, porque a maioria deles conseguiu mais liberdade do que nós. Para onde quer que se olhe, as pessoas obtêm liberdade mais rápido do que nós. Obtêm mais respeito e reconhecimento mais rápido do que nós. Nós recebemos promessas, mas nunca recebemos o que de fato precisamos. E a principal razão para isso é que ainda precisamos aprender qual a tática, a estratégia ou o método mais apropriado para conseguirmos nossa liberdade.

Acho que uma das coisas que têm levado nosso povo neste país a tentar tantos métodos diferentes é que os tempos mudaram muito rapidamente. O que seria adequado há dez anos já não seria adequado há sete anos, há cinco ou há três anos. Os tempos mudam tão rapidamente que, se você e eu não acompanharmos as mudanças, estaremos com um guarda-chuva nas mãos, cobrindo nossa cabeça, em dia de sol. Ou vamos perceber que estamos na chuva e deixamos o guarda-chuva em casa. Se não acompanharmos o que está acontecendo, não seremos capazes de demonstrar a inteligência necessária para sinalizar ao mundo que sabemos que horas são e que sabemos o que está acontecendo ao nosso redor.

Várias pessoas me perguntaram recentemente, desde que voltei: "Qual é o seu programa?". Até hoje, propositalmente, não mencionei de forma nenhuma qual é o nosso programa, porque chegará o momento em que vamos revelá-lo para que todos o entendam. As políticas mudam, e os programas mudam, de acordo com o tempo. Mas o objetivo nunca muda. Você pode mudar seu método de atingir o objetivo, mas o objetivo nunca muda. Nosso objetivo é liberdade completa, justiça completa, igualdade completa, por todos os meios necessários. Isso nunca muda. Reconhecimento e respeito completos e imediatos como seres humanos, isso não muda, é isso que todos nós queremos. Não importa a que organização você pertença – você vai continuar querendo isto, reconhecimento e respeito como ser humano. Mas de tempos em tempos mudam-se os métodos para conseguir atingir o objetivo. A razão para isso é que é necessário mudar os métodos de acordo com o tempo e as condições que prevalecem. E uma das condições que prevalecem neste mundo atualmente, sobre a qual sabemos muito pouco, é a nossa relação com a luta pela liberdade dos povos em todo o mundo.

Aqui na América, sempre achamos que estamos lutando sozinhos, e a maioria dos afro-americanos dirão isto: somos uma minoria. Ao pensar que somos uma minoria, lutamos como uma minoria. Lutamos como perdedores. Lutamos como se estivéssemos em desvantagem. Essa atitude na luta ocorre apenas porque ainda não sabemos onde nos encaixamos no esquema deste mundo. Fomos manipulados para não saber nem entender corretamente onde nos encaixamos no esquema deste mundo. É impossível sabermos, você e eu, onde estamos até olharmos em volta para este mundo todo. Olhar em volta não apenas para o Harlem ou para Nova York, para o Mississippi ou para a América – temos que olhar para o mundo inteiro. Não saberemos que posição ocupamos até sabermos que posição a América ocupa. Você não saberá que posição ocupa na América até saber em que posição está a América no mundo. Não saberemos que posição você e eu ocupamos neste contexto, que conhecemos como América, até que saibamos que posição a América ocupa no contexto mundial.

Quando você e eu estamos dentro da América, vemos a América como enorme, má e invencível. Claro que, se a enfrentamos nessas condições, é como mendigos, de chapéu na mão, que a enfrentamos. Como Pais Tomás, na verdade, só que no século XX, mas ainda como Pais Tomás. Por outro lado, se entendermos o que está acontecendo nesta Terra e no mundo hoje, e se encaixarmos a América nesse contexto, descobriremos que ela não é tão ruim, afinal; ela não é tão invencível. E, quando você descobre que ela não é invencível, para de enfrentá-la como se estivesse lidando com alguém invencível.

A regra geral, a estratégia da América, até agora, tem sido enfiar todos os nossos líderes embaixo das asas e enchê-los de dinheiro, prestígio, elogios, fazendo-os pular miudinho e dizendo a eles o que é que eles devem nos dizer. E eles sempre nos dizem que somos uns coitados, que não temos chance, e que devemos agir de forma não violenta e cuidadosa; caso contrário, vamos nos machucar ou perder tempo. Nós não acreditamos nisso.

Em primeiro lugar, queremos saber: o que somos? Como chegamos a ser o que somos? De onde viemos? Como viemos de lá? Quem deixamos para trás? Onde foi que deixamos essas pessoas para trás e o que elas estão fazendo agora lá onde nós vivíamos? Isso é algo que não nos foi dito. Fomos trazidos para cá e isolados. E sabem o que há de mais engraçado nisso? Eles *nos* acusam de introduzir a "separação" e o "isolamento" aqui. Ninguém está mais isolado do que você e eu. Não há sistema no mundo tão capaz de separar e isolar completamente um povo do que este sistema que eles chamam de sistema democrático; e você e eu somos a melhor prova disso, o melhor exemplo. Fomos separados de nosso povo e estamos isolados aqui há muito tempo.

Esse processo foi tão devastador que agora nem sequer sabemos que existe gente parecida conosco. Quando os vemos, é como se olhássemos para estranhos. E, quando olhamos para pessoas que não se parecem em nada conosco, nós as chamamos de "amigos". Isso é uma vergonha. Mostra o que fizeram conosco. Sim, refiro-me à nossa própria gente – vemos chegarem aqui pessoas que se parecem exatamente com a gente, nossos gêmeos, e, sem conseguirmos diferenciá-las, dizemos: "São estrangeiros". Ora, estamos acabados quando tentamos nos aninhar junto de alguém que não só não se parece conosco como nem sequer cheira como nós.

Daí, vejam vocês, a importância dessas reuniões que estamos realizando nas noites de domingo, durante as últimas duas ou três semanas, e que vamos continuar por mais algumas semanas. Não se trata de formular um programa; não se pode apresentar um programa a um povo até que ele perceba que precisa de um; e até que perceba que todos os programas existentes até agora não vão dar resultados produtivos. Então, o que gostaríamos de fazer nas noites de domingo é abordar nosso problema e não fazer nada além de analisá-lo, analisá-lo e analisá-lo; e levantar as questões que vocês não tiverem entendido para que possamos pelo menos tentar compreender o que estamos enfrentamos.

Eu mesmo acredito que é o povo que cria seu próprio programa quando tem acesso à compreensão completa do que tem a enfrentar e das causas básicas que dão origem ao problema; e, quando o povo cria um programa, passa a existir ação. Mas, quando esses "líderes" criam programas, não existe ação. A gente só vê a cara deles quando o povo está explodindo. Em seguida, os líderes são metidos na situação para controlarem as coisas. Ora, me mostrem um único líder que detonou uma explosão. Não, eles chegam e contêm a explosão. Eles dizem: "Olhem, não sejam rudes, façam a coisa direito". Esse é o papel deles – estão lá apenas para nos reprimir, para reprimir a luta, para mantê-la numa certa rotina e não deixar que saia do controle. Mas você e eu não queremos que ninguém nos impeça de perder o controle. Queremos perder o controle! Queremos destruir qualquer coisa que se coloque em nosso caminho se for algo que não deveria estar ali.

Ouçam bem a última parte do que eu disse: eu não disse que queremos destruir qualquer coisa que se coloque em nosso caminho. Eu disse que queremos destruir qualquer coisa que se coloque em nosso caminho se for algo que não deveria estar ali. Entendem? Eu preciso ser bem claro com vocês, porque depois vocês vão ler, vocês vão ouvir dizer que vamos massacrar todo mundo. Não, eu não disse isso. Eu disse que vamos destruir qualquer coisa que se coloque em nosso caminho se for algo que não deveria estar naquele lugar. Eu quero frisar isso. Se não pertence àquele lugar, vale a pena ser destruída. Essa é a prática do poder aqui. Este país massacra qualquer coisa que se ponha em seu caminho. Ele massacra qualquer coisa que se ponha em seu caminho. E, já que somos americanos, como eles nos dizem, bem, faremos do jeito americano. Vamos massacrar qualquer coisa que se coloque em nosso caminho.

Esse é o tipo de filosofia que queremos difundir entre nosso povo. Não precisamos oferecer um programa a ele, ainda não. Primeiro, é preciso dar a ele algo em que pensar. Mas, quando lhe damos algo em que pensar e queremos que pense do modo como deveria pensar, ele só consegue pensar por meio de toda essa camuflagem que se vê hoje. Trata-se apenas de um show – o resultado de um roteiro escrito por outra pessoa. O povo vai pegar esse roteiro, rasgar e escrever o seu próprio. E você pode apostar que, quando escreve seu próprio roteiro, você está sempre fazendo algo diferente do que faria se seguisse o roteiro de outra pessoa.

Portanto, irmãos e irmãs, o que você e eu devemos compreender, em primeiro lugar, é qual o papel desempenhado pelo continente africano nos assuntos mundiais atualmente; em segundo lugar, qual o papel desempenhado pelos povos daquele continente; em terceiro lugar, qual o papel desempenhado por nós, que somos parentes do povo daquele continente, mas que, por um acidente em nossa história, nos encontramos hoje aqui, no hemisfério ocidental. Sempre tenha em mente que nossa permanência no hemisfério ocidental é diferente de qualquer outra, porque todos os outros povos vieram para cá voluntariamente. Todos os que você encontra nesta parte do mundo pegaram um barco e vieram para cá voluntariamente; seja como imigrantes, seja como o que quer que fossem, vieram voluntariamente. Então, eles não têm nenhuma reclamação real a fazer, porque conseguiram o que estavam procurando. Mas você e eu podemos reclamar, sim, porque não viemos para cá voluntariamente. Não pedimos para ser trazidos para cá. Fomos trazidos aqui à força, contra nossa vontade e acorrentados. E em nenhum momento, desde que chegamos, eles demonstraram que nos queriam aqui. Em nenhum momento. Em nenhum momento tentaram sequer fingir que fomos trazidos para cá para sermos cidadãos. Ora, nem sequer *fingem*. Então, por que devemos fingir?

Olhe para o continente da África hoje e veja que posição ocupa neste mundo; então você vai perceber que há uma disputa acontecendo entre o Oriente e o Ocidente. Costumava ser entre a América e o Ocidente contra a Rússia, mas eles não estão mais brigando. Kennedy transformou a Rússia num satélite. Botou o Khruschov no bolso; sim, ele fez isso mesmo – e Khruschov perdeu o emprego por causa disso. A disputa agora é entre os Estados Unidos e a China. No campo do Ocidente, a América está em primeiro lugar. A maioria das outras nações ocidentais são satélites da América. A Inglaterra é um satélite americano. Todas são satélites, talvez com exceção da França. A França quer que a América seja seu satélite. Nunca se pode dizer o que o futuro vai trazer. Nações melhores do que esta caíram, se você ler a história. A maioria das nações comunistas europeias ainda está girando como satélites em torno da Rússia. Mas, na Ásia, a China é o centro do poder.

Entre os países asiáticos, sejam comunistas ou socialistas, já não há muitos países capitalistas hoje em dia. Quase todos os países que conquistaram a independência constituíram algum tipo de sistema socialista, e isso não é por acaso. Essa é outra razão pela qual eu digo que você e eu aqui na América – nós, que estamos procurando um emprego, que procuramos uma moradia melhor, que procuramos uma educação melhor –, antes de tentarmos nos incorporar, integrar ou desintegrar neste sistema capitalista, deveríamos olhar para lá e descobrir como esses povos que obtiveram a liberdade conseguiram melhor moradia, melhor educação, melhor comida e melhores roupas.

Nenhum deles adota o sistema capitalista, porque perceberam que não funciona. Só se pode operar um sistema capitalista como um vampiro; um capitalista precisa ter o sangue de alguém para sugar. Mostrem-me um capitalista, e eu mostrarei a vocês um sanguessuga. Só se pode ser um capitalista quando se é sanguessuga. Tem que conseguir sangue em algum lugar que não dele mesmo, e é assim que ele consegue – sangue de algum lugar ou de alguém que não dele mesmo. Por isso, quando reparamos no continente africano, quando vemos os problemas que estão

164

acontecendo entre o Oriente e o Ocidente, descobrimos que as nações da África estão desenvolvendo sistemas socialistas para resolver seus problemas.

Uma noite dessas, no Armory, Martin Luther King disse algo que achei bastante significativo. Espero que ele realmente tenha entendido o que disse. Ele comentou que, quando esteve em alguns países escandinavos, não viu pobreza. Não havia desemprego nem pobreza. Todo mundo recebia educação, todo mundo tinha moradia decente, todo o necessário para uma vida digna. Mas por que ele mencionou esses países em sua lista como sendo diferentes?

Este aqui é o país mais rico do mundo e tem pobreza, tem moradias ruins, tem favelas, tem educação inferior. E este é o país mais rico do planeta. Agora, veja bem, se aqueles países que são pobres conseguem criar uma solução para seus problemas de forma a não haver desemprego, então, em vez de você correr para fazer piquetes na porta da prefeitura, pare e repare no que esses países fazem para resolver seus problemas. É por isso que o homem branco não quer que você e eu olhemos para além do Harlem ou para além da costa da América. Enquanto você não souber o que se passa lá fora, continuará confuso ao lidar com o homem branco aqui. O que quero dizer é que eles não empregam o capitalismo para resolver o problema. O que eles estão implementando para resolver os problemas na África e na Ásia não é capitalismo. Portanto, o que você e eu devemos fazer é descobrir o que eles estão implementando para se livrar da pobreza e de todas as outras características negativas de uma sociedade em ruínas.

A África está geográfica e estrategicamente localizada entre o Oriente e o Ocidente; é o pedaço de terra mais valioso envolvido na luta entre o Oriente e o Ocidente. Não se pode ir ao Oriente sem passar por ela, e não se pode ir do Oriente para o Ocidente sem passar por ela. Está bem no meio dos dois. Está aconchegada ali em um ninho entre a Ásia e a Europa; pode alcançar qualquer um dos dois. Nenhum recurso natural de que a Europa necessita e que é obtido na Ásia consegue chegar à Europa sem passar em volta da África, através da África ou pelo Canal de Suez, que se encontra no extremo norte da África. Ela pode interceptar o pão da Europa. Pode nocautear a Europa de uma hora para a outra, simplesmente assim. Porque está em uma posição que permite isso; o continente africano está em tal posição que pode fazer isso. Mas eles querem que você e eu pensemos que a África é uma selva, sem valor, sem importância. Porque também sabem que, se você descobrir o quanto a África é valiosa, você vai entender por que estão lá matando nosso povo. E você vai entender que não é por nenhum propósito ou motivo humanitário.

Além disso, a África é importante como continente por causa de seu clima tropical. A vegetação é tão densa que é possível pegar qualquer pedaço de terra da África, empregar métodos agrícolas modernos e transformar aquele único terreno no celeiro do mundo. Quase todos os países ali poderiam alimentar o continente inteiro, se tivessem o mínimo acesso a pessoas com conhecimento técnico para levar àquela área métodos modernos de agricultura. É fértil. A selva nada mais é do que um lugar de vegetação densa – onde o solo é tão fértil e o clima é tão bom que ali tudo cresce; e não somente na estação certa, cresce o tempo todo. O tempo todo é a estação certa. Isso significa que ali se pode cultivar qualquer coisa, produzir qualquer coisa.

Soma-se à sua riqueza e à sua posição geográfica estratégica a existência do Canal de Suez e do Estreito de Gibraltar. Esses dois canais tão estreitos podem interceptar qualquer coisa, tudo de que a Europa necessite. Todo o petróleo que faz a Europa funcionar atravessa o Canal de Suez até o Mar Mediterrâneo, até lugares como Grécia, Itália, o sul da Espanha e o da França e toda aquela região; ou passa pelo estreito de Gibraltar, rumo à Inglaterra. E eles precisam disso. Precisam de acesso através de Suez. Quando Nasser se apoderou de Suez, eles quase morreram de medo na Europa. Ficaram apavorados – por quê? Porque o Egito está na África, ou melhor, o Egito está tanto na África como na Ásia.

166

Antes da construção do Canal de Suez, era tudo uma coisa só, realmente não era possível distinguir a África da Ásia. Era tudo uma coisa só. Quando o Presidente Nasser tomou o Canal de Suez, pela primeira vez o Canal de Suez ficou sob a total jurisdição de uma nação africana, e isso significava que as outras nações tinham que se curvar a essa nação africana se quisessem sobreviver, se não quisessem que seu petróleo e outras fontes de abastecimento fossem cortados. Isso teve um efeito imediato sobre as atitudes europeias e as medidas econômicas europeias. Eles começaram a pensar em novos meios, novas rotas, para conseguir as coisas de que precisavam.

Outra razão pela qual o continente é tão importante é por causa de seu ouro. Possui alguns dos maiores depósitos de ouro da Terra, assim como de diamantes. Não apenas os diamantes que você coloca no dedo e na orelha, mas diamantes industriais, diamantes que são necessários para fazer máquinas – máquinas que não vão funcionar ou não vão se mexer se não tiverem esses diamantes. Esses diamantes industriais desempenham um papel fundamental em toda a industrialização das nações europeias, e sem eles a indústria delas para.

Geralmente, você e eu só conhecemos diamantes para anéis – porque são os únicos diamantes que já vimos, ou os únicos diamantes que imaginamos. Não imaginamos diamantes para outros usos. Ou pensamos no diamante do campo de beisebol – alguns de nós só chegam até esse ponto.

Mas não há somente diamantes, há também cobalto. O cobalto é um dos minerais mais valiosos da Terra atualmente, e acho que a África é um dos únicos lugares onde é encontrado. É usado no tratamento do câncer e é usado para a energia nuclear, da qual vocês já ouviram tanto falar. Cobalto e urânio – os maiores depósitos estão bem ali no continente africano. E é isso que o homem branco procura. Tudo o que o homem branco quer é manter vocês aqui, preocupados com uma xícara de café, enquanto ele está lá na terra natal de vocês, apoderando-se de minerais tão valiosos que fazem o mundo girar. Pois é, enquanto você e eu continuamos aqui andando em círculos e tentando tomar um café ao lado de um branquelo racista.[20]

É uma das maiores fontes de ferro, bauxita, madeira e até mesmo petróleo, e a indústria ocidental precisa de tudo isso para sobreviver. Esses minerais naturais são necessários aos industriais ocidentais para que sua indústria continue funcionando no ritmo que está acostumada. Podemos provar isso? Sim. Vocês sabem que a França perdeu suas possessões na África Ocidental, a Bélgica perdeu o Congo, a Inglaterra perdeu a Nigéria, Gana e algumas das outras áreas de língua inglesa; e a França perdeu também a Argélia, ou os argelinos retomaram a Argélia.

Assim que essas potências europeias perderam suas possessões africanas, a Bélgica passou por uma crise econômica, no mesmo ano em que libertou o Congo. Teve que reorganizar toda a sua economia e alterar seus métodos econômicos, porque havia perdido a posse da fonte da maioria de suas matérias-primas – matérias-primas que obtinha quase de graça, quase sem preço e sem esforço. Quando chegou a essa situação em que não tinha mais acesso a essas matérias-primas gratuitas, viu sua economia afetada. A economia francesa também foi afetada. E a economia britânica foi afetada. Isso levou todos esses países europeus a tal ponto que tiveram que se unir e formar o que é conhecido como Mercado Comum Europeu. Antes disso, não se ouvia falar em Mercado Comum Europeu.

O Congo, como porta de entrada para o Sudoeste Africano, para a Rodésia do Sul, para a Basutolândia, para a Suazilândia e para a África do Sul, é um país do continente africano que está tão estrategicamente localizado, do ponto de vista geográfico, que, se estivesse nas mãos de um nacionalista africano irredutível, este poderia per-

---

20 Ao usar o termo "*cracker*" (ver nota 17, na p. 49), Malcolm faz aqui um trocadilho, pois a frase também pode ser lida como "um café com biscoito". [N.T.]

mitir o treinamento de soldados africanos no Congo, com o objetivo de invadir Angola. Se eles invadissem Angola, Angola cairia, porque há mais africanos do que portugueses lá, e os portugueses simplesmente não conseguiriam mais controlar Angola. E, se o Congo caísse em boas mãos, que não nas mãos de Tshombe, Angola cairia, a Rodésia do Sul cairia, o Sudoeste Africano cairia e a África do Sul cairia. E essa é a única maneira de caírem.

Se esses países caíssem, a fonte de matéria-prima, de recursos naturais, de alguns dos mais ricos depósitos minerais do planeta seria tirada da economia europeia. E, sem acesso gratuito a isso, a economia da Europa não valeria dois centavos. Todos os países europeus não teriam mais nenhuma importância, não mais do que uma Noruega, que é um bom país para os noruegueses, mas que não tem maior influência. É apenas mais um país plantado em algum lugar do hemisfério norte, como a Suécia e outros. Se perdessem o resto da África, todos os países europeus seriam tão insignificantes quanto o menor e mais insignificante dos países da Europa hoje. Porque o resto da África que permanece colonizada é a parte do continente africano que ainda sustenta a economia europeia. E, se a economia da Europa afundasse ainda mais, realmente arrastaria a economia americana. A economia americana não pode ser mais forte do que a economia europeia, porque ambas são uma só. É a mesma economia. Elas são irmãs.

Digo isso porque é necessário que você e eu entendamos o que está em jogo. Você não vai entender o que está acontecendo no Mississippi se não entender o que está acontecendo no Congo. E não pode estar realmente interessado no que está acontecendo no Mississippi se não estiver interessado também no que está acontecendo no Congo. É tudo igual. Os mesmos interesses estão em jogo. Os mesmos planos estão sendo traçados, os mesmos esquemas estão em funcionamento no Congo e no Mississippi. O mesmo jogo, sem diferença nenhuma.

Outra coisa assustadora para este continente e para o continente europeu é o fato de os africanos estarem tentando se industrializar.

Uma das nações africanas mais industrializadas é o Egito. A fonte de energia do país é limitada, mas eles estão construindo uma represa no Alto Egito, onde vivem os egípcios negros. Eu estive lá, tirei algumas fotos – vou mostrar alguns filmes, provavelmente no primeiro domingo de janeiro, uma semana depois do próximo domingo. Todos deveriam conhecer a represa de Assuã. Ela está sendo construída no Nilo, no coração do deserto, cercada por montanhas. Uma das coisas mais marcantes sobre essa barragem não são tanto seus aspectos técnicos milagrosos, mas os aspectos humanos.

Quando se constrói uma barragem em uma área onde já existe vegetação, isso é uma coisa. Mas essa barragem está sendo construída em uma área onde não há vegetação. Uma vez represado, o rio formará um lago no meio do deserto, que estabelecerá um ciclo de água – chuva, nuvens, vocês sabem, todas essas coisas – e vai transformar o deserto em uma civilização, em um vale muito fértil. Para que esse lago artificial fosse construído dessa forma, a partir daquela represa, foi preciso alagar as casas dos núbios[21] – pessoas que se parecem com você e comigo, que vivem lá há milhares de anos. Foi preciso realocá-los, transplantá-los de onde eles viviam havia milhares de anos para outra área.

Isso em si era uma operação que deixaria vocês fascinados se pudessem acompanhá-la em todos os seus aspectos. Significava tirar um povo de um lugar e colocá-lo em outro. O lugar onde viviam tornou-se obsoleto. Seus métodos, seus costumes, suas casas tinham milhares de anos. Mas da noite para o dia essas pessoas, que viviam num passado tão longínquo, foram levadas para novas cidades construídas pelo governo. Cidades modernas, com escolas modernas, casas modernas para morar e hospitais modernos. Quando você vai a essas novas cidades, que são aldeias núbias, a primeira coisa que vê é uma mesquita. A religião deles é o Islã, eles são muçulmanos.

---

21 Habitantes da região localizada no vale do rio Nilo, nos atuais limites do Egito e do Sudão, que abrigou a antiga civilização Núbia. [N.T.]

O governo egípcio, o governo revolucionário, difere daqueles que resultaram da maioria das revoluções, por se tratar de uma das poucas revoluções em que não se minimizou a religião. Na maioria das revoluções, a religião é imediatamente minimizada. Consequentemente, essa revolução perde algo. Sempre. Mas, no caso da revolução egípcia, nunca se minimizou a importância da religião. Nessas novas cidades, a primeira coisa que constroem é uma mesquita, para que as pessoas possam praticar sua religião. Em seguida, constroem escolas, para que as pessoas possam ser educadas gratuitamente; e depois constroem hospitais. Eles acreditam que o fator religioso mantém as pessoas espiritual e moralmente equilibradas, que todos devem ter a melhor educação e hospitalização gratuita.

Essas novas aldeias refletem, na verdade, todo o motivo por trás da revolução egípcia. Achei isso muito interessante. Eu estive lá e pude estudar a situação por dois meses. É uma revolução equilibrada. Eu sou pela revolução, mas a revolução deve sempre fazer algo pelo povo e deve sempre mantê-lo equilibrado. Não há ninguém mais revolucionário do que aquele povo lá do Egito; eles são revolucionários, estão envolvidos em todas as revoluções que estão acontecendo no continente africano agora.

Portanto, a represa de Assuã cria energia adicional o bastante para tornar possível adiantar ou acelerar a industrialização dessa nação africana em particular. E, à medida que sua industrialização é intensificada, podem produzir seus próprios carros, seus próprios tratores, suas próprias ferramentas, suas próprias máquinas e muitas outras coisas. Não apenas no Egito, mas em Gana também. Gana também está construindo uma represa, está represando o rio Volta. É a represa do Alto Volta, e ela está sendo construída com o objetivo de aumentar o potencial energético de Gana, para que o país também possa aumentar sua produção industrial.

O que significa essas nações africanas conseguirem aumentar seu próprio poder e se industrializar? Significa que, em vez de serem um mercado para bens de consumo americanos e produtos acabados da América, como acontece hoje, e de serem um mercado para produtos acabados europeus, quando forem capazes de fabricar seus próprios produtos, poderão obtê-los mais barato porque estarão usando suas próprias matérias-primas nos produtos acabados. Hoje as matérias-primas são extraídas da África, transportadas para a Europa, empregadas para alimentar as máquinas dos europeus e criar empregos para eles, depois retornam e são vendidas de volta aos africanos como produtos acabados. Mas, quando as nações africanas se industrializarem, poderão pegar seus próprios produtos, colocá-los nas máquinas e transformá-los no que quiserem. Poderão ter um custo de vida menor. Todo o sistema será um sistema de alto padrão de vida, mas um padrão de vida mais barato.

Esse padrão de vida automaticamente ameaçará o padrão de vida na Europa, porque vai acabar com o mercado europeu. As fábricas europeias não conseguem produzir se não têm algum lugar onde comercializar seus produtos. As fábricas americanas não conseguem produzir se não têm algum lugar onde comercializar seus produtos. É por essa razão que, no passado, as nações europeias impediram as nações da América Latina, da África e da Ásia de se tornarem potências industriais. Elas mantêm o maquinário e a capacidade de produzir e fabricar limitados à Europa e à América. Então, isso coloca a América e os europeus no controle da economia de todas as outras nações, mantendo-as em um padrão de vida baixo.

Esses povos estão começando a compreender isso. Os africanos, os latino-americanos, os asiáticos começam a compreender. Então, quando você os ouve falar sobre liberdade, eles não estão falando sobre uma xícara de café ao lado de um branquelo racista. Não, estão falando sobre conseguirem se alimentar, se vestir e fazer as outras coisas com as quais a vida vale a pena. Portanto, é assim que você e eu precisamos entender a revolução mundial que está ocorrendo agora.

Quando entendemos a motivação que impulsiona a revolução mundial, que impulsiona o africano e que impulsiona o asiático, então nós mesmos adquirimos um pouco dessa motivação. Você fica realmente motivado. O homem branco no poder sabe a diferença entre a motivação que é verdadeira e a que não é. Enquanto você continua pedindo café, ele não tem por que se preocupar com você; ele pode muito bem te mandar para o Brasil. Portanto, essas barragens sendo instaladas em diferentes partes do continente estão gerando mais poder para as nações africanas, permitindo que se tornem mais industrializadas, autossustentáveis e autossuficientes.

Do mesmo modo, no passado era o Banco Mundial, controlado também por europeus e na Europa, que subsidiava a maior parte do esforço que vinha sendo feito por nações africanas e asiáticas para desenvolver áreas subdesenvolvidas. Mas as nações africanas agora estão se juntando e formando seu próprio banco, o banco africano. Não tenho de cabeça tantos detalhes quanto gostaria, mas, quando estive em Lagos, na Nigéria, estava acontecendo uma reunião lá sobre isso. Era uma reunião entre banqueiros africanos e nações africanas, e a Organização da Unidade Africana, que é a melhor coisa que já aconteceu no continente africano, assumiu como parte de seu programa a tarefa de fazer com que todas as nações africanas juntassem esforços na criação de um banco africano, para que haja um banco interno, na estrutura africana interna, ao qual as nações africanas subdesenvolvidas possam recorrer para obter assistência financeira em projetos que estão tentando empreender e que seriam benéficos para o todo continente.

Politicamente, a África e o povo africano têm maior representação do que qualquer dos demais continentes nas Nações Unidas. Politicamente, os africanos ocupam posição mais estratégica e mais fortalecida em conferências no plano internacional. Hoje o poder é internacional, o verdadeiro poder é internacional; hoje o verdadeiro poder não é local. O único tipo de poder que pode nos ajudar é o poder internacional, não o poder local. Qualquer poder que seja local, se for um poder verdadeiro, é apenas um reflexo ou parte do poder internacional. Se você acha que tem poder, mas não está de alguma forma ligado a esse panorama internacional, eu não me arriscaria não, irmão.

Se sua base de poder está apenas aqui, pode esquecê-la. Não é possível construir uma base de poder aqui. Você precisa ter uma base de poder entre nossos irmãos e irmãs. Você precisa de uma base de poder entre as pessoas que têm algo em comum com você. É preciso que tenham algum tipo de identidade cultural com você, ou que haja algum relacionamento entre você e sua base de poder. Quando você constrói uma base de poder neste país, está construindo onde você não se relaciona com o que construiu. Não, você precisa ter essa base em outro lugar. Você pode até trabalhar aqui, mas é melhor colocar sua base em outro lugar. Não a coloque nas mãos dos homens daqui. Nenhuma organização baseada aqui pode ser efetiva. Seja lá o que você tenha a seu favor, se a base for aqui, não será efetiva. Nossa base deve estar em casa, e esta não é nossa casa.

Quando você compreende que as nações africanas formam, no plano internacional, o maior órgão representativo e a maior força de qualquer continente, ora, você e eu estaremos loucos se não nos identificarmos com esse bloco de poder. Estaremos loucos, seremos na verdade traidores de nós mesmos; significaria relutar ou ter medo de nos identificarmos com pessoas com quem temos tanto em comum. Se fosse um povo que não tivesse nada a oferecer, nada a contribuir para o nosso bem-estar, isso até poderia servir de justificativa, ainda que se parecessem conosco; se não houvesse nenhuma contribuição a ser dada, serviria como justificativa. Mas, quando há pessoas que se parecem exatamente com você e, ainda por cima, você está vivendo num inferno, mas ainda reluta, hesita ou demora para se identificar com elas, então você tem que viver no inferno, sim. Você merece todo o inferno que está vivendo.

Os representantes africanos, juntamente com os asiáticos e árabes, formam um bloco quase impossível de ser combatido. O bloco afro-asiático-árabe foi o bloco que deu início ao verdadeiro movimento de independência entre os povos oprimidos do mundo. A primeira reunião desse bloco foi na Conferência de Bandung.

Para mostrar a vocês a força desse bloco, os resultados que tem obtido e o quão bem os europeus sabem disso, vou contar uma coisa: uma coisa que eu notei quando estava no continente africano foi o esforço diuturno que se fazia na África Oriental para colocar o africano contra o asiático; e, na África Ocidental, para colocar o africano contra o árabe; e, em partes da África onde não há asiáticos nem árabes, para colocar o africano muçulmano contra o africano cristão. Quando se está lá e se analisa isso, é possível perceber que não se trata de algo nativo, não se trata de uma característica inerente ao próprio africano. Trata-se de que alguém percebeu que o poder dos povos oprimidos negros, marrons, vermelhos e amarelos teve início na Conferência de Bandung, que foi uma coalizão entre árabes, asiáticos e africanos, e percebeu quanta pressão eles passaram a poder exercer sobre o opressor desde então.

Então, muito astutamente, o opressor adiantou-se. Agora, quando você viaja pelo continente, vê que o africano da África Oriental está farto do asiático – há uma divisão ocorrendo. Na África Ocidental, ele está farto do árabe – há uma divisão ocorrendo. E onde o opressor – esse opressor engenhoso, diabolicamente engenhoso – não encontrou um asiático para se aborrecer com o africano, ou um árabe para se aborrecer com o africano, ele usa o africano muçulmano contra o africano cristão. Ou aquele que acredita na religião contra aquele que não acredita na religião. Mas a principal coisa que ele está fazendo é causar essa divisão, divisão, divisão para de alguma forma impedir que o africano, o árabe e o asiático o ataquem.

O opressor está fazendo a mesma coisa na Guiana Britânica. Ele mantém os guianenses negros de lá lutando contra os chamados "índios". Ele mantém os dois lutando um contra o outro. Eles não lutavam um contra o outro quando os britânicos estavam lá, controlando tudo. Se você reparar bem, quando o lugar era uma colônia à moda antiga, nada de briga. Mas, assim que os britânicos estavam supostamente indo embora, o preto começava a lutar contra o vermelho. Por quê? Isso não é por acaso. Se eles não lutavam antes, não precisam lutar agora. Não há razão para isso. Mas a luta entre eles mantém o opressor em vantagem. O fato de poder jogar um contra o outro o mantém em vantagem.

Ele faz a mesma coisa com você e comigo aqui no Harlem. O dia inteiro. Liguei o rádio ontem à noite. Ouvi dizerem, de hora em hora, que James Farmer, o chefe do Core, estava indo para a África, para o Egito e para Israel. E eles disseram que a razão pela qual ele estava indo era porque queria corrigir as falsas declarações feitas pelo líder nacionalista negro Malcolm X quando estava lá. Se eu já não tivesse tido essa experiência antes, começaria a detonar o Farmer imediatamente. Mas eu liguei para ele hoje. Ele disse que não sabia do que estavam falando. Mas por que fazem isso? Fazem isso para nos jogar uns contra os outros. Enquanto estivermos lutando uns contra os outros, não poderemos chegar ao homem contra o qual deveríamos estar lutando desde o início. Vocês entendem? Depois de compreender a estratégia que eles usam no plano internacional, podemos entender melhor a estratégia que usam no plano nacional e local.

Por último, gostaria de salientar o meu entendimento sobre a posição que a política africana tem assumido. A política africana, em poucas palavras, tem sido a da neutralidade positiva, a do não alinhamento. Eles não se alinham com nenhum dos dois lados. A África é para os africanos. E os africanos são para os africanos. A política dos Estados africanos independentes, em geral, é de neutralidade positiva, de não alinhamento. O Egito é um bom exemplo. Eles tiram o que é possível tanto do Oriente quanto do Ocidente, mas não tomam partido de nenhum deles. Nasser pegou tudo o que a Rússia podia lhe dar e, em seguida, colocou todos os comunistas na prisão. Não que eu queira dizer que os comunistas deviam necessariamente ter sido presos. Pois o comunista é um homem, um capitalista é um homem e um socialista é um homem. Bem, se todos eles são homens, por que deveriam ser presos, a menos que um deles estivesse cometendo um crime? E se ser comunista, capitalista ou socialista é crime, é preciso primeiro verificar qual desses sistemas é o mais criminoso. Então ainda vai demorar para vocês conseguirem responder qual deles deveria estar na prisão.

Cito isso como um exemplo apenas para mostrar o que neutralidade positiva significa: se querem nos ajudar, ajudem-nos; mas não estamos do lado de vocês. Se você tem uma contribuição a dar ao nosso desenvolvimento, faça-o. Mas isso não significa que estejamos do seu lado ou contra você. Somos neutros. Nós estamos do nosso próprio lado. Estamos interessados em tudo que seja bom para nós. Isso não significa que estejamos contra vocês. Significa que estamos do nosso próprio lado.

É isso que você e eu precisamos aprender. Você e eu precisamos aprender a manter neutralidade positiva. Você e eu precisamos aprender a não nos alinharmos. Basta você e eu estudarmos a ciência do não alinhamento para descobrirmos que há mais poder no não alinhamento do que no alinhamento. Neste país, é impossível estar alinhado com qualquer um dos dois partidos. É suicídio alinhar-se com qualquer um dos dois. Porque ambos os partidos são criminosos. Ambos os partidos são responsáveis pela situação criminosa que existe. Então você não pode se aliar a um partido.

O que você pode fazer é inscrever-se para votar, de modo a ter poder – potencial político. Quando você inscreve seu potencial político, significa que sua arma está carregada. Mas estar com a arma carregada não significa que você deva atirar sem ter um alvo que traga real benefício para você. Se você quer um pato, não atire quando vir um urso; espere até ver um pato. E, se você quer um urso, não atire ao ver um pato; espere até ver um urso. Espere até enxergar o que você deseja – só então mire e atire!

O que eles fazem com você e comigo é nos dizer: "Inscreva-se e vote". Nada disso! Nada de "inscreva-se e vote"! Inscreva-se! Simplesmente se inscreva. Isso é inteligente. Nada de inscreva-se e vote – você pode acabar votando em um idiota, pode acabar votando em um vigarista, pode acabar votando em um qualquer que só queira explorar você. "Inscrever-se" significa estar no controle das ações políticas que você queira implementar a qualquer momento, em qualquer lugar e de qualquer maneira que seja benéfica para você e para mim; significa nos posicionarmos de modo a tirar vantagem de nossa posição. Só assim seremos respeitados e reconhecidos. Mas, quando você se inscreve para ser democrata ou republicano, você está se alinhando. E, uma vez que você esteja alinhado, não tem mais poder de barganha – absolutamente nenhum. Nós vamos lançar um programa para inscrever o máximo possível de pessoas do nosso povo. Mas elas serão inscritas como independentes. E, por estarem inscritas como independentes, quer dizer que podemos fazer o que for necessário, onde for necessário e quando chegar a hora. Vocês entendem?

Agora, para concluir, quero apresentar a vocês uma senhora que considero uma das melhores lutadoras pela liberdade na América hoje. Ela é do Mississippi, e quando você vive no Mississippi precisa lutar pela liberdade. Você tem que lutar pela liberdade quando vive em qualquer lugar deste país, mas especialmente no Mississippi. Essa mulher está na vanguarda da luta no Mississippi. Eu estive em um evento com ela esta tarde.

Como mencionei hoje – e provavelmente vocês vão ler amanhã nos jornais, tudo distorcido e fora de contexto –, o que precisamos neste país (e eu acredito nisto de todo o coração, mente e alma) é do mesmo tipo de Mau-Mau lá do Quênia. Não tenham vergonha dos Mau-Mau, nunca! Eles não devem ser motivo de vergonha. Eles devem ser motivo de orgulho. Esses irmãos eram lutadores pela liberdade. Não apenas irmãos, havia irmãs ali também. Conheci muitos deles. São corajosos. Eles abraçam e beijam você: "Fico feliz em vê-lo", dizem. Na verdade, se estivessem aqui, resolveriam esse problema num piscar de olhos.

Certa vez li uma pequena história, e os Mau-Mau são a prova dela. Li uma história em que alguém perguntava a um grupo de pessoas quantas delas queriam liberdade. Todas levantaram as mãos. Devia haver umas 300 pessoas. Em seguida, perguntou-se a elas: "Bem, quantos de vocês estão dispostos a matar qualquer um que esteja impedindo seu caminho para a liberdade?". Cerca de 50 levantaram as mãos. E então foi dito aos 50: "Vocês, venham ficar aqui deste lado". De modo que permaneceram sentados os 250 que queriam liberdade, mas não estavam dispostos a matar por ela. Então foi dito aos 50: "Pois bem, vocês queriam liberdade e disseram que matariam qualquer um que entrasse no caminho vocês. Estão vendo aquelas 250 pessoas sentadas? Comecem por elas. Algumas delas são seus próprios irmãos, irmãs, mães e pais. Mas são elas que atrapalham seu caminho para a liberdade. Elas têm medo de fazer o que quer que seja necessário para alcançar a liberdade e vão impedir vocês de conseguir também. Livrem-se delas, e a liberdade virá naturalmente".

Eu penso assim. É isso que os Mau-Mau aprenderam. Os Mau-Mau perceberam que a única coisa que impedia a independência do africano no Quênia era outro africano. Então eles começaram a pegá-los um por um, todos aqueles Pais Tomás. Um após o outro, eles iam pegando esses Pai Tomás africanos na beira da estrada. Hoje eles estão livres. O homem branco nem sequer se envolveu – ele saiu do caminho. É isso que vai acontecer aqui também. Muita gente de nosso próprio povo se coloca no caminho. Eles são muito melindrosos. Querem ser vistos como respeitáveis Pais Tomás. Querem ser vistos pelo homem branco como responsáveis. Não querem ser classificados por ele como extremistas, violentos ou, você sabe, irresponsáveis. Querem passar essa boa imagem. Quem vive procurando passar uma boa imagem jamais será livre. Não, esse tipo de imagem não te liberta. O que você tem que fazer é pegar algo na mão e dizer: "Olha, é você ou eu". E eu garanto que o branco vai te dar liberdade. Ele vai pensar: "É, esse homem está disposto a qualquer coisa". Eu disse para vocês pegarem algo na mão – não vou definir o que quero dizer com "algo na mão". Só sei que não são bananas.

Então, estamos honrados em ter conosco esta noite não apenas uma lutadora pela liberdade, mas também alguns cantores... Acho que estão todos aqui. Eu pedi a eles que viessem hoje à noite porque eles cantaram uma música que simplesmente me nocauteou. Não sou do tipo "We Shall Overcome". Eu simplesmente não acredito que, cantando, vamos vencer. Se você adquirir uma .45 e começar a cantar "We Shall Overcome", aí sim estou do seu lado. Mas não sou a favor do canto que, ao mesmo tempo, não te diga como conseguir algo para usar depois que você terminar de cantar. Sei que estou dizendo algumas coisas que vocês acham que podem me trazer problemas, mas, irmãos, eu nasci no meio de problemas. Eu nem me importo com problemas. A única coisa que me interessa é a liberdade – por qualquer meio necessário. Então, agora, apresento a vocês a lutadora número um pela liberdade neste país.

Sra. Hamer fala, em seguida volta Malcolm X.

Agora vocês sabem por que o Mississippi está em apuros. E espero que nossos irmãos, especialmente nossos irmãos aqui no Harlem, tenham ouvido muito bem, muito atentamente, essa que eu chamo de uma das principais lutadoras pela liberdade deste país. Você não precisa ser homem para lutar pela liberdade. Você só precisa ser uma pessoa inteligente. Automaticamente, a inteligência te fará desejar tanto a liberdade que você vai fazer qualquer coisa, por qualquer meio necessário, para obter essa liberdade. E quero que a senhora Hamer saiba que estamos à disposição para fazer tudo o que pudermos para ajudá-los lá no Mississippi. Uma das coisas que com certeza oferecemos – e acho que é a única ajuda verdadeira de que vocês precisam lá – é fazer aquelas pessoas encapuzadas saberem que, a partir de agora, quando começarem a tirar a vida de negros inocentes, nós acreditamos no olho por olho.

Se eu fosse para casa e encontrasse um pouco de sangue na perna de uma das minhas filhas, e minha esposa me dissesse que uma cobra mordeu a criança, eu procuraria a cobra. E, se eu encontrasse a cobra, eu não necessariamente perderia tempo vendo se ela tem sangue nas mandíbulas. Que eu saiba, cobra é cobra. Então, se as cobras não querem gente caçando-as indiscriminadamente, elas que se reúnam e limpem suas casas cheias de víboras. Se as cobras não querem gente correndo atrás delas e cortando indiscriminadamente sua cabeça, meu conselho para as cobras seria manter a casa limpa. Acho que vocês entendem bem o que estou dizendo. Vejam só: foram 21 cobras que mataram aqueles 3 irmãos lá. Todas cobras: 21 cobras. E não há lei alguma, em nenhuma sociedade do mundo, que se oponha a alguém arrancar a cabeça daquelas cobras. Acredite, o mundo inteiro honraria você ou qualquer um que fizesse o que o governo federal se recusou a fazer.

Importante que eles saibam que nós acreditamos em dar o troco, em dar o que eles merecem. Há muitos irmãos nossos por todo o país agora que se sentem como eu... Muitos deles se sentem como eu me sinto. Conheci até estudantes brancos que se sentem assim. Quando me contam que são liberais, eu digo a eles: "Ótimo, me traga uma daquelas cabeças de cobra". Eu sou sincero sobre isso. Acredito que há muitos brancos sinceros, principalmente entre os estudantes. Mas simplesmente não sabem como demonstrar sua sinceridade. Acham que estão demonstrando sinceridade indo lá e encorajando nosso pessoal a ser não violento. Não é assim que se faz. Por serem brancos, podem chegar mais perto dos brancos do que nós. Eles podem colocar um lençol branco na cabeça, entrar no acampamento e se juntar ao resto deles.

Vou lhe dizer o que fazer: se você é liberal, pegue um lençol branco. Coloque alguma coisa por baixo do lençol, algo que você saiba como usar, e siga em frente, entre naquele acampamento de pessoas cobertas por lençóis brancos e se junte a elas. E então mostre como você é liberal. Vou ficar parabenizando você o dia inteiro. Vou te acompanhar pelo Harlem e dizer a todo mundo que você é uma boa pessoa branca. Porque você provou isso. Mas não aceito nenhum liberal não violento. Isso não significa que você precise ser violento; mas significa que você não pode ser não violento.

Apresenta os Freedom Singers.

Para a juventude do Mississippi

[NOVA YORK, 1º JAN. 1965]

No final de 1964, uma delegação de 37 adolescentes veio de McComb, Mississippi, para Nova York, nas férias de Natal. A viagem de oito dias foi patrocinada pelo Comitê Não Violento de Coordenação Estudantil e oferecida a jovens que tinham se destacado na luta pelos direitos civis em sua cidade natal.

Os jovens de McComb participaram de várias reuniões e discussões no Harlem. Perto do final da estadia, em 1º de janeiro de 1965, eles visitaram o Hotel Theresa para ouvir Malcolm X. O que se segue é uma pequena parte do que ele lhes disse.

Acho que uma das primeiras coisas que os jovens, especialmente hoje em dia, devem aprender é como ver por si mesmos, ouvir por si mesmos e pensar por si mesmos. Só assim você vai poder tomar uma decisão inteligente por si mesmo. Se você criar o hábito de se guiar pelo que ouve os outros dizerem sobre alguém, ou de se guiar pelo que os outros pensam sobre alguém, em vez de procurar por si mesmo e verificar por si mesmo, você vai andar para o oeste quando acha que está indo para o leste e vai andar para o leste quando acha que está indo para o oeste. A sua geração, especialmente em nosso povo, tem um pesado fardo para carregar, maior do que em qualquer outro momento da história. A coisa mais importante que podemos aprender a fazer hoje é pensar por nós mesmos.

É bom manter os ouvidos bem abertos e escutar o que todo mundo tem a dizer, mas, quando for a hora de tomar uma decisão, você precisa, por conta própria, pesar cada coisa que ouviu e dar a ela o lugar devido, para tomar uma decisão por si mesmo. Você nunca vai se arrepender. Porém, se criar o hábito de acei-

183

tar o que outra pessoa diz sobre algo sem verificar por si mesmo, vai ver que outras pessoas te levarão a odiar seus amigos e amar seus inimigos. Esta é uma das coisas que nosso pessoal está começando a aprender hoje – que é muito importante analisar uma situação por conta própria. Se você não fizer isso, acabará sempre lutando não contra seus inimigos reais, mas contra você mesmo.

Acho que o melhor exemplo disso é o nosso povo neste país. Muitos de nós queremos ser não violentos e falamos em alto e bom som, vocês sabem, sobre sermos não violentos. Também aqui no Harlem, onde provavelmente há maior concentração de negros do que em qualquer lugar do mundo, alguns vêm com essa conversa de não violência. Mas nós sabemos que eles não usam a não violência uns com os outros. Veja só o Hospital do Harlem, onde há mais pacientes negros do que em qualquer outro hospital do mundo, você vai reparar em negros entrando lá esfaqueados, baleados e dilacerados como resultado de terem sido violentos uns com os outros.

A experiência que tenho é que, em muitas ocasiões, quando você vê negros falando sobre não violência, eles não agem de forma não violenta entre si, não amam nem perdoam uns aos outros. Normalmente, quando eles dizem que são não violentos, isso significa que são não violentos com outras pessoas. Acho que vocês entendem o que quero dizer. São não violentos com o inimigo. Para eles, alguém pode ir entrando na sua casa e, se for branco e quiser partir para a brutalidade para cima de você, você deve ser não violento; ou ele pode colocar uma corda no pescoço do seu pai, e você deve continuar não violento. Mas basta outro negro pisar sem querer no pé de um deles para você engrossar com ele no minuto seguinte. Então, há uma incoerência nisso.

Eu mesmo adotaria a não violência se houvesse coerência, se todos fossem não violentos o tempo todo. Eu diria, está bem, então vamos, seremos todos não violentos. Mas eu não concordo com nenhum tipo de não violência, a menos que todos sejam não violentos. Se eles tornarem a Ku Klux Klan não violenta, eu serei não violento.

Se eles tornarem o Conselho dos Cidadãos Brancos não violento, eu serei não violento. Mas, enquanto houver qualquer pessoa violenta, que ninguém venha me falar em não violência. Eu acho que não é justo dizer ao nosso povo para ser não violento, a menos que haja alguém por aí convencendo a Klan, o Conselho dos Cidadãos e esses outros grupos a serem não violentos também.

Vejam, eu não estou aqui criticando quem é não violento. Acho que cada um age da maneira que achar melhor e parabenizo qualquer um que consiga ser não violento diante de todos esses casos que vêm acontecendo nesta parte do mundo. Acho que, em 1965, não veremos a próxima geração de nosso povo, especialmente aqueles que têm refletido, adotar nenhuma forma de não violência, a menos que a não violência seja praticada em todo canto.

Se os líderes do movimento pela não violência conseguirem entrar na comunidade branca e ensinar a não violência, ótimo. Eu concordaria com isso. Mas, enquanto eu os encontrar pregando a não violência apenas na comunidade negra, não podemos concordar com isso. Acreditamos na igualdade, e igualdade significa que você tem que adotar aqui a mesma coisa que adotou ali. E, se é para somente os negros serem não violentos, isso não é justo. Estaríamos baixando a guarda. Na verdade, ficaríamos desarmados e indefesos.

A Organização da Unidade Afro-Americana é um grupo não religioso de pessoas negras que acreditam que os problemas enfrentados por nosso povo neste país precisam ser reanalisados e que uma nova abordagem deve ser desenvolvida para podermos chegar a uma solução. Estudando o problema, lembramos que, antes de 1939, todo o nosso povo, no Norte, no Sul, no Leste e no Oeste, era segregado, por mais educação que tivesse. Éramos segregados no Norte tanto quanto éramos segregados no Sul. Mesmo agora, há tanta segregação no Norte quanto no Sul. A segregação aqui na cidade de Nova York é pior do que em McComb, no Mississippi; mas aqui no Norte eles são muito sutis, trapaceiros e fingidos; fazem você pensar que conseguiu alguma coisa, quando ainda nem saiu do lugar.

Antes de 1939, nosso povo vivia em posição ou condição muito servil. A maioria de nós éramos garçons, carregadores, entregadores, porteiros, garçonetes e coisas desse tipo. Só depois que se declarou guerra à Alemanha, e que na América passou a haver escassez de mão de obra nas fábricas e no exército, é que o homem negro deste país teve permissão para galgar alguns postos. Nunca foi por nenhum tipo de iluminação moral ou consciência moral por parte do Tio Sam. O Tio Sam só abriu um pouco de espaço para o negro quando ele próprio estava, Tio Sam, de costas para a parede.

Naquela época, em Michigan, onde fui criado, lembro que os melhores empregos para negros na cidade eram os de garçom no clube de campo. Naquela época, se você tinha um emprego servindo mesas no clube de campo, você estava com tudo. Ou se tivesse um emprego na Câmara Estadual. Mas ter um emprego na Câmara não significava que você trabalhava como escriturário ou coisa assim. Você só tinha mesmo era uma banca de engraxate na Câmara. Mas só o fato de você estar ali, perto de todos aqueles figurões da política, já tornava você um figurão negro. Você vivia engraxando sapatos, mas era um figurão negro porque estava perto de figurões brancos, podia chamar a atenção deles e talvez subir na vida graças a eles. E muitas vezes você seria escolhido por eles para ser a voz da comunidade negra.

Naquela época, 1939, ou 1940, ou 1941, não recrutavam negros para o Exército nem para a Marinha. Um negro não podia entrar para a marinha em 1940 ou 1941. Não aceitariam um homem negro na Marinha, exceto se fosse como cozinheiro. Um negro simplesmente não poderia escolher ingressar na Marinha, e acho que também não poderia escolher ingressar no Exército. Não estavam recrutando negros logo que a guerra começou. Era assim que eles nos viam naquela época. Por uma razão: não confiavam em nós. Temiam que, se nos colocassem no Exército e nos treinassem no uso de rifles e outras coisas, poderíamos atirar em alguns alvos não escolhidos por eles. E é claro que atiraríamos. Qualquer homem pensante sabe em que alvo atirar. Se um homem precisa de outra pessoa para escolher seu alvo, então ele não está pensando por conta própria – estão pensando por ele.

Os líderes negros naquela época eram do mesmo tipo dos que temos hoje. Quando viram todos os companheiros brancos sendo convocados, levados para o Exército e morrendo no campo de batalha, sem que nenhum negro estivesse morrendo, porque não estava sendo convocado, os líderes negros apareceram e disseram: "Nós temos que morrer também. Queremos ser convocados também e exigimos que vocês nos levem para a guerra e nos deixem morrer por nosso país também". Foi isso que os líderes negros fizeram em 1940, eu me lembro. A. Philip Randolph foi um dos líderes negros daquela época que disse isso, e ele é um dos Seis Grandes agora; e é por isso que ele é um dos Seis Grandes.

Então eles começaram a recrutar soldados negros e a permitir que os negros entrassem na Marinha. Mas foi só quando Hitler, Tojo e as potências estrangeiras estavam bastante fortes e começaram a pressionar este país, a colocá-lo contra a parede, que ele precisou de nós e nos deixou trabalhar nas fábricas. Até aquele momento, não podíamos trabalhar nas fábricas. E isso tanto no Norte quanto no Sul. Mas, quando nos permitiram trabalhar nas fábricas, a princípio era somente como zeladores. Depois de um ano ou mais, nos deixaram trabalhar em máquinas. Tornamo-nos maquinistas, ganhamos um pouco mais de habilidade. Com um pouco mais de habilidade, ganhamos um pouco mais de dinheiro, o que nos permitiu morar em um bairro um pouco melhor. Quando nos mudamos para um bairro um pouco melhor, fomos para uma escola um pouco melhor, tivemos uma educação um pouco melhor e pudemos sair e conseguir um emprego um pouco melhor. Portanto, o ciclo foi interrompido, de certo modo.

Mas o ciclo não foi interrompido por senso de responsabilidade moral por parte do governo. Não, a única vez em que esse ciclo foi interrompido até certo ponto foi quando houve uma pressão mundial sobre o governo dos Estados Unidos. Eles nunca nos viram como seres humanos – apenas nos meteram no sistema deles e nos permitiram avançar um pouquinho, porque isso servia aos interesses deles. Não nos deixaram avançar esse pouquinho mais porque estivessem interessados em nós como seres humanos. Quem de vocês tiver conhecimento de história, de sociologia, de ciência política ou do desenvolvimento econômico deste país e suas relações raciais, pesquise um pouco sobre isso quando voltar para casa e vai ver que é verdade.

Na época em que Hitler e Tojo entraram em guerra com este país e o pressionaram, os negros avançaram um pouco. No final da guerra contra a Alemanha e o Japão, Joe [Josef] Stálin e a Rússia comunista eram uma ameaça. Naquele período, avançamos um pouco mais. O que eu quero dizer é o seguinte: nunca, em nenhum momento da história de nosso povo neste país, fizemos avanços ou tivemos progresso com base na boa vontade interna do país. Só tivemos avanços quando ele estava sob pressão de forças acima e para além de seu controle. A consciência moral interna do país está falida. Não existe desde que nos trouxeram para cá e nos escravizaram. Querem aparentar que têm os nossos interesses em mente, mas, quando você analisa bem, todas as vezes, não importa quantos passos eles nos deixem dar adiante, é como se estivéssemos em uma... como se diz?... em uma esteira. Uma esteira que está se movendo para trás mais rápido do que somos capazes de avançar para a frente. Nem mesmo parados nós estamos – estamos é indo para trás.

Ao analisarmos o processo desse assim chamado "progresso" durante os últimos vinte anos, nós da Organização da Unidade Afro-Americana percebemos que a única vez em que o homem negro recebeu qualquer tipo de reconhecimento neste país, ou mesmo foi ouvido, foi quando a América teve medo da pressão externa, quando ela teve medo de sua imagem no exterior. Por isso achamos que é necessário expandir o problema e a luta do homem negro deste país para além da jurisdição dos Estados Unidos.

Tive a sorte de poder fazer um *tour* pelo continente africano durante o verão. Fui ao Egito, depois Arábia, Kuwait, Líbano, Sudão, Etiópia, Quênia, Tanganica, Zanzibar, Nigéria, Gana, Guiné, Libéria e Argélia. Descobri, enquanto estava viajando pelo continente africano, e já tinha notado isso em maio, que alguém muito astutamente plantou a semente da discórdia naquele continente para fazer com que os africanos não demonstrassem preocupação genuína com o nosso problema, assim como eles plantam sementes na sua mente e na minha para que não nos preocupemos com o problema africano.

Também descobri que em muitos desses países africanos o chefe de Estado está genuinamente preocupado com o problema do homem negro neste país; mas muitos deles pensam que, se abrirem a boca e expressarem sua preocupação, serão insultados pelos líderes negros americanos. Isso porque um chefe de Estado na Ásia expressou seu apoio à luta pelos direitos civis [em 1963] e alguns dos Seis Grandes tiveram a audácia de dar um tapa na cara dele e dizer que não estavam interessados nesse tipo de ajuda – uma estupidez, na minha opinião. Portanto, os líderes africanos só precisam ser convencidos de que, se assumirem uma postura política aberta e mostrarem interesse no problema dos negros neste país, eles não serão rejeitados.

Então hoje vocês vão ver que, nas Nações Unidas, e não é por acaso, toda vez que a questão do Congo ou qualquer coisa sobre o continente africano está sendo debatida, eles associam a questão com o que está se passando, com o que está acontecendo comigo e com você, no Mississippi, no Alabama e em outros lugares. Em minha opinião, a maior conquista alcançada na luta do homem negro na América em 1964, com algum progresso real, foi a conexão bem-sucedida de nosso problema com o problema africano, ou a transformação de nosso problema em um problema mundial. Porque agora, quando acontecer algo com você no Mississippi, isso não vai indignar alguém apenas no Alabama ou em Nova York. Hoje em dia, quando algo acontece aos negros no Mississippi, vemos em todo o mundo as mesmas repercussões que ocorrem quando uma potência imperialista ou estrangeira interfere em al-

189

guma parte da África – vocês conhecem as repercussões, veem as embaixadas sendo bombardeadas, queimadas e derrubadas.

Quis ressaltar isso para vocês porque é importante que saibam que, quando estão no Mississippi, vocês não estão sozinhos. Se pensarem que estão sozinhos, vão agir como se fossem uma minoria, ou como se estivessem em desvantagem numérica, e esse tipo de postura nunca vai ajudar vocês a ganharem uma batalha. Vocês precisam saber que têm tanto poder do seu lado quanto a Ku Klux Klan tem do lado dela. E, quando entenderem que têm tanto poder do lado de vocês quanto a Klan tem do lado dela, aí vocês vão falar com essa Klan na mesma linguagem com que a Klan fala com vocês.

Acho que em 1965, quer vocês gostem ou não, quer eu goste ou não, quer eles gostem ou não, vocês verão uma geração de negros amadurecendo a ponto de sentir que com eles não tem mais esse negócio de virem pedir para que adotem uma abordagem pacífica se ninguém mais adota; a não ser que todos adotem uma abordagem pacífica.

Portanto, nós, aqui da Organização da Unidade Afro-Americana, estamos mil por cento ao lado da luta no Mississippi. Estamos fazendo um esforço de mil por cento para inscrever nosso povo no Mississippi para votar. Mas não aceitamos que nos digam para colaborar de forma não violenta. Achamos que, se o governo disser que os negros têm direito de votar, e então alguns negros saírem para votar, mas um tipo desses da Ku Klux Klan quiser afogá-los no rio, sem que o governo faça nada a respeito, então é hora de nos organizarmos e nos unirmos e nos equiparmos e nos qualificarmos para nos proteger. Quando você consegue se proteger, não precisa se preocupar se vai se machucar.

Se vocês não tiverem gente o bastante lá para fazer isso, iremos até lá e ajudaremos vocês. Porque estamos cansados dessa enrolação que nosso povo vem sofrendo há tanto tempo neste país. Por muito tempo me acusaram de não me envolver com política. Pois eles deviam ficar felizes de eu não ter me envolvido com política, porque em qualquer coisa que eu me envolva mergulho de cabeça. Se eles disserem que não fazemos parte da luta do Mississippi, organizaremos irmãos aqui em Nova York que saibam como lidar com esse tipo de assunto, e então eles vão entrar sorrateiramente no Mississippi, como Jesus entrou em Jerusalém.

Isso não significa que somos contra gente branca, mas com certeza somos contra a Ku Klux Klan e os Conselhos de Cidadãos Brancos; somos contra qualquer coisa que pareça estar contra nós. Peço desculpas por levantar a voz, mas, vocês sabem, tudo isso me deixa muito chateado. Imaginem só... um país que supostamente é uma democracia, que supostamente é a favor da liberdade e todo esse tipo de coisa quando querem te recrutar, te levar para o exército e te mandar para Saigon para lutar por eles... Mas um país em que é preciso se virar e ficar a noite toda discutindo como você vai fazer para ter o direito de se inscrever e votar sem ser assassinado. Ora, esse é o governo mais hipócrita desde o início dos tempos!

Espero que vocês não pensem que estou tentando incitá-los. Olhem bem aqui: olhem para vocês. Alguns de vocês são estudantes adolescentes. Como acham que eu me sinto, eu que pertenço a uma geração anterior à de vocês, ao ter que dizer: "Nós, minha geração, ficamos aqui parados, pregados como uma saliência da parede, enquanto o mundo inteiro lutava por direitos humanos – e vocês tiveram que nascer em uma sociedade que continua nessa mesma luta"? O que fizemos nós, que viemos antes de vocês? Vou dizer a vocês o que fizemos: nada. Não cometam o mesmo erro que cometemos.

Vocês terão liberdade quando fizerem o inimigo entender que são capazes de qualquer coisa para obtê-la; aí vocês a terão. É a única maneira. Quando você adotar essa atitude, eles vão te rotular de "negro maluco", ou de "*nigger* maluco" – eles não dizem "negro", eles dizem "*nigger*". Ou vão te chamar de extremista, subversivo, rebelde, vermelho ou radical. Mas, se você permanecer radical pelo tempo que for preciso e juntar bastante gente, vai conseguir sua liberdade.

Então, não saia por aí tentando fazer amizade com alguém que está privando você de seus direitos. Eles não são seus amigos, não, eles são seus inimigos. Trate-os assim e lute contra eles, assim você vai conseguir sua liberdade; e, depois que você conseguir sua liberdade, seu inimigo vai te respeitar. E nós vamos respeitar você. E digo isso sem ódio. Não tenho ódio em mim. Não tenho ódio nenhum. Não tenho nenhum ódio. Só tenho um pouco de bom senso. Não permito que alguém que me odeia me diga para amá-lo. Não sou assim. E vocês, jovens como são, e porque começam a pensar, também não vão fazer isso. Vocês só vão entrar nessa armadilha se alguém colocá-los lá. Outra pessoa, que não se preocupa com o seu bem-estar.

Quero agradecer a todos por dedicarem seu tempo para vir ao Harlem, especialmente aqui. Espero que vocês tenham me compreendido melhor. Falei com vocês da maneira mais franca que conheço; não há necessidade de interpretação. E eu quero que vocês saibam que não estamos, de forma alguma, tentando incentivar nenhum tipo de ação indiscriminada e estúpida. Estamos mil por cento ao lado de vocês para qualquer tipo de ação em que se envolvam e que tenha como objetivo proteger a vida e a propriedade de nosso povo tão maltratado neste país. E, se vocês não se sentirem qualificados para isso, temos alguns irmãos que vão entrar, como eu disse antes, e ajudar a treiná-los e mostrar a vocês como se prepararem para lidar com aquele homem que lida com vocês.

Perspectivas de liberdade em 1965

PROSPECTS FOR FREEDOM IN 1965 [NOVA YORK, 7 JAN. 1965]

Para uma audiência mista, mas predominantemente branca, em 7 de janeiro de 1965, Malcolm X deu a palestra "Perspectivas de liberdade em 1965", organizada pelo Fórum Trabalhista Militante e realizada no anfiteatro Palm Gardens, em Nova York. Trechos da longa sessão de perguntas e respostas que se seguiu ao discurso constam na parte final deste livro.

━━━━━━━ Senhor presidente – que é um dos meus irmãos –, senhoras e senhores, irmãos e irmãs: É uma honra para mim voltar ao Fórum Trabalhista Militante esta noite. É minha terceira vez aqui. Eu estava dizendo ao meu irmão aqui que provavelmente amanhã de manhã a imprensa vai tentar fazer parecer que este bate-papo que estamos tendo aqui esta noite aconteceu em Pequim ou em qualquer outro lugar. Eles tendem a deturpar as coisas dessa maneira, tentam fazer com que as pessoas não deem a devida importância ao que ouvem, especialmente quando estão ouvindo de pessoas que eles não podem controlar ou, como meu irmão acabou de destacar, pessoas que eles consideram "irresponsáveis".

É a terceira vez que tenho a oportunidade de ser convidado ao Fórum Trabalhista Militante. Para mim, é sempre uma honra, e toda vez que me abrirem as portas eu estarei bem aqui. O jornal *The Militant* é um dos melhores da cidade de Nova York. Na verdade, é um dos melhores de qualquer lugar hoje, porque em todos os lugares aonde vou eu encontro o jornal. Eu o encontrei até em Paris, cerca de um mês atrás; ele estava sendo lido ali. E também o encontrei em algumas partes da África onde estive durante o verão. Não sei como o jornal chega lá. Mas, quando você põe o conteúdo correto num jornal, é uma garantia de que ele vai se difundir.

Esta noite, durante o pouco tempo que temos, vamos bater um papo, como irmãos, irmãs e amigos, e provavelmente como inimigos também, sobre as perspectivas de paz... ou melhor, as perspectivas de liberdade em 1965. Como vocês perceberam, quase cometi um lapso e disse "paz". Na verdade, não se pode separar a paz da liberdade, porque ninguém pode estar em paz se não tiver liberdade. Não se pode separar os dois – e é isso que torna 1965 tão explosivo e perigoso.

Neste país, as pessoas que estavam em paz no passado, que sempre estiveram em paz, estavam assim apenas porque não sabiam o que era liberdade. Deixavam que outra pessoa definisse isso por elas, mas hoje, em 1965, vemos que aqueles que não tinham liberdade nem conseguiam definir o que é liberdade estão começando a defini-la por si mesmos. E, à medida que conseguem definir intelectualmente liberdade para si mesmos, concluem que não têm liberdade, o que os torna menos pacíficos, ou menos inclinados à paz.

Em 1964, os oprimidos de todo o mundo, da África, da Ásia, da América Latina e do Caribe, fizeram algum progresso. A Rodésia do Norte se livrou do jugo do colonialismo e se tornou a Zâmbia, sendo aceita nas Nações Unidas, que é a sociedade dos governos independentes. A Niassalândia tornou-se o Maláui, que também foi aceito na ONU, na família dos governos independentes. Zanzibar fez uma revolução, expulsou os colonialistas e seus lacaios e depois se uniu a Tanganica no que hoje é conhecido como República da Tanzânia – o que é um progresso e tanto.

Também em 1964, o povo oprimido do Vietnã do Sul, e de toda aquela região do Sudeste Asiático, foi bem-sucedido na luta contra os agentes do imperialismo. Nem todos os cavalos do rei e todos os peões do rei conseguiram unir de novo o Vietnã do Norte ao Vietnã do Sul. Pequenos plantadores de arroz, camponeses, armados apenas com um rifle, enfrentaram todo o poderio bélico altamente mecanizado: aviões a jato, napalm, navios de guerra e tudo o mais... E eles não conseguiram fazer com que aqueles plantadores de arroz recuassem. Alguém está despertando.

O Congo, a República Popular do Congo, com quartel-general em Stanleyville, travou uma guerra pela liberdade contra Tshombe, que é um agente do imperialismo ocidental – e por "imperialismo ocidental" quero dizer aquele governo cujo quartel-general é nos Estados Unidos, no Departamento de Estado.

Em 1964, este governo subsidiou Tshombe, o assassino de Lumumba, e os mercenários de Tshombe; contratou assassinos da África do Sul, junto com a antiga potência colonial, a Bélgica, lançou paraquedistas sobre o povo do Congo, usando cubanos que eles haviam treinado para lançar bombas sobre o povo do Congo, com aviões de fabricação americana – mas em vão. A luta continua, e o homem da América, Tshombe, continua perdendo.

Tudo isso aconteceu em 1964. Agora, falando assim, não significa que eu seja antiamericano. Eu não sou. Não sou antiamericano nem contra-americano. E não estou dizendo isso para me defender. Porque, se eu fosse antiamericano, teria o direito de ser, depois de tudo o que a América fez conosco.

Esse governo devia se considerar sortudo por nosso povo não ser antiamericano. Devia se ajoelhar todas as manhãs e agradecer a Deus por 22 milhões de negros não terem se tornado antiamericanos. Porque teríamos todo o direito de ser antiamericanos. O mundo inteiro ficaria do nosso lado se nos tornássemos antiamericanos. Veja bem, isso é algo para se pensar.

Mas não somos antiamericanos. Somos anti ou contra o que a América está fazendo de errado em outras partes do mundo, e também aqui. O que ela fez no Congo em 1964 está errado. É criminoso, criminoso. E o que ela fez com a opinião pública americana, para que o público americano concordasse com aquilo, é criminoso. O que ela está fazendo no Vietnã do Sul é um crime. Ela faz com que soldados americanos sejam assassinados todos os dias, abatidos todos os dias, mortos todos os dias, sem motivo algum. Isso é errado. Ora, ninguém deve se deixar cegar por tanto patriotismo a ponto de não conseguir enfrentar a realidade. Errado é errado, não importa quem o faça ou quem o diga.

Também em 1964, a China explodiu sua bomba, o que foi um avanço científico para o povo oprimido da China, que padece há muito tempo. Eu, de minha parte, fiquei muito feliz em saber que o grande povo da China foi capaz de mostrar seu desenvolvimento científico, seu conhecimento avançado da ciência, a ponto de poder criar uma bomba atômica. A China, um país que – segundo *os Estados Unidos* insistem em dizer – é tão pobre, tão atrasado, tão inferior a todo mundo. Pois eu fiquei maravilhado com esse fato. Isso me fez concluir que os povos pobres conseguem fazer uma bomba tão bem quanto os ricos.

Portanto, todos esses pequenos avanços foram feitos por povos oprimidos em outras partes do mundo durante o ano de 1964. Foram ganhos tangíveis, e a razão pela qual eles foram capazes de conseguir esses ganhos foi que perceberam que a palavra mágica era "poder" – poder contra poder. O poder em defesa da liberdade é maior do que o poder em nome da tirania e da opressão, porque o poder, o poder real, vem da convicção que produz a ação, a ação intransigente. Também produz insurreição contra a opressão. Esta é a única maneira de acabar com a opressão – com poder.

O poder nunca dá um passo atrás – somente quando está diante de mais poder. O poder não recua diante de um sorriso, ou diante de uma ameaça, ou diante de algum tipo de ação amorosa não violenta. Não é da natureza do poder recuar diante de qualquer outra coisa, a não ser diante de mais poder. E é isso que as pessoas perceberam no Sudeste Asiático, no Congo, em Cuba, em outras partes do mundo. O poder reconhece apenas o poder, e todos aqueles que compreenderam isso tiveram ganhos.

Mas aqui na América é diferente. Quando comparamos nosso progresso em 1964 com o progresso obtido por povos de todo o mundo, só então conseguimos avaliar a grande traição vivida pelos negros aqui na América em 1964. A estrutura de poder começou o ano novo da mesma forma que em Washington outro dia. Só que agora o *slogan* deles é – como é mesmo? – "A Grande Sociedade".[22] O ano passado, 1964, supostamente foi o "Ano da Promessa". Eles começaram o ano novo de 1964 em Washington, na prefeitura e em Albany falando sobre o "Ano da Promessa".

Mas, no final de 1964, tivemos de admitir que, em vez do "Ano da Promessa", em vez de aquelas promessas se materializarem, eles inventaram artifícios, para criar a ilusão de progresso; 1964 foi o "Ano da Ilusão e da Desilusão". Não recebemos nada além de uma promessa. Em 1963, um dos artifícios para suavizar nossa frustração foi a marcha sobre Washington. Eles usaram a marcha para que pensássemos que estávamos progredindo. Imagine, marchar para Washington e não receber absolutamente nada por isso.

Em 63, foi a marcha sobre Washington. Em 64, o que foi? O Projeto de Lei dos Direitos Civis. Logo depois de aprovarem o Projeto de Lei dos Direitos Civis, um negro foi assassinado na Geórgia e não se fez nada contra isso; dois brancos e um negro foram assassinados no Mississippi e não se fez nada contra isso. De forma que, no que diz respeito a nós, o Projeto de Lei dos Direitos Civis não resultou em nada. Era apenas uma válvula de escape, um respiradouro, pensado para que extravasássemos nossas frustrações. Mas o projeto de lei em si não foi planejado para resolver nossos problemas.

Já vimos o que eles fizeram em 1963 e vimos o que eles fizeram em 1964. Mas o que farão agora, em 1965? Se a marcha sobre Washington era para conter a explosão, e o Projeto de Lei dos Direitos Civis também foi planejado para conter a explosão... E ele foi planejado somente para isso; não foi para resolver os problemas, foi para conter a explosão. Todo mundo em sã consciência sabe que deveria ter havido uma explosão. Não é possível que todos aqueles ingredientes, aqueles ingredientes explosivos que existem no Harlem e em outros lugares onde nosso povo sofre, não resultassem em uma explosão. Portanto, são artifícios para

---

22 "A Grande Sociedade" foi tema do discurso de Lyndon B. Johnson ao Congresso dos Estados Unidos em 4 de janeiro de 1965. [N.T.]

conter o perigo de explosão, mas não foram planejados para remover o material que vai explodir.

O que vão nos dar em 1965? Acabei de ler que eles planejavam escolher um negro para membro do gabinete presidencial. Sim, todo ano eles inventam um novo truque. Vão pegar um daqueles garotos negros deles e colocá-lo no gabinete, para que ele fique ali circulando por Washington fumando um charuto, soprando fumaça numa ponta e idiotices na outra.

E, como o problema pessoal imediato daquele negro terá sido resolvido, ele vai dizer ao nosso povo: "Vejam quanto progresso estamos fazendo: eu estou em Washington e tomo chá na Casa Branca. Sou o porta-voz de vocês, eu sou... sou seu líder". Mas será que isso vai funcionar? Será que esse homem que vão colocar lá em cima será capaz de entrar no incêndio e apagá-lo quando as labaredas começarem a subir?

Quando as pessoas saírem para as ruas com sua raiva explosiva, será que aquele homem que vão colocar no gabinete conseguirá entrar no meio dessas pessoas? Ora, elas vão queimá-lo mais rápido do que queimarão aqueles que o enviaram.

No plano internacional, em 1964, eles usaram o artifício de selecionar muito bem os representantes negros que enviaram ao continente africano, com a missão de fazer os povos daquele continente pensarem que todos os nossos problemas estavam resolvidos. Foram enviados como apologistas. Encontrei alguns deles lá, segui o trajeto que fizeram e constatei os resultados de sua passagem por lá. A principal missão deles era a de estar na África pelos interesses vitais dos Estados Unidos no continente. Aqueles Pais Tomás – e não se pode nem chamar essa gente de Pais Tomás hoje em dia, porque te processam –, então, aqueles "Pais" foram enviados para lá. [*Agitação na plateia*.] Não incomode o homem, não. Ele está fazendo o trabalho dele. Ele vai botar sua cara na TV, para te investigarem depois.

Aqueles Pais Tomás não vão para a África porque querem explorar, aprender algo por si mesmos, ampliar seu escopo ou a co-

198

municação entre seu povo e nosso povo de lá. Vão principalmente para representar o governo dos Estados Unidos. E, quando vão, encobrem as coisas, contam que estamos indo muito bem aqui, que a Lei dos Direitos Civis resolveu tudo e que o Prêmio Nobel da Paz[23] foi entregue. Ah, sim, é assim que eles contam. Na verdade, conseguiram ampliar o abismo entre os afro-americanos e os africanos. A imagem do afro-americano que eles deixam lá é tão detestável que o africano acaba não querendo se identificar nem se relacionar conosco.

É somente quando um afro-americano de pensamento nacionalista, ou de pensamento negro, vai ao exterior, ao continente africano, e estabelece linhas diretas de comunicação, informando de verdade os irmãos africanos sobre o que está acontecendo aqui – e dizendo a eles que nós não somos tão burros assim nem estamos cegos para nossa verdadeira condição e posição nesta estrutura –, é somente assim que os africanos começam a nos compreender, a se identificar conosco e a simpatizar com os nossos problemas, a ponto de estarem dispostos a fazer todos os sacrifícios necessários para que seus irmãos há muito perdidos consigam uma melhora nas condições em que têm vivido até agora.

Em escala nacional, durante 1964, como acabei de mencionar, no plano político, o Partido Democrático da Liberdade do Mississippi levou um tapa na cara em Atlantic City, em uma convenção da qual Lyndon B. Johnson era o chefe, Hubert Humphrey era o próximo chefe e sobre a qual o próprio prefeito, Wagner, tinha muita influência. Mas essa influência não servia para nada, de forma nenhuma, quando as esperanças e as aspirações do povo, o povo negro do Mississippi, estavam em jogo.

Embora no início de 64 nos dissessem que nossos direitos políticos seriam ampliados, foi em 1964 que dois homens brancos e um homem negro, que trabalhavam juntos pelos direitos civis, fo-

---

23 Referência a Martin Luther King Jr., laureado com o Prêmio Nobel da Paz em 1964. [N.T.]

ram assassinados. Eles estavam tentando mostrar ao nosso povo no Mississippi como se inscrever para votar. Esse foi o crime deles. Esse foi o motivo pelo qual foram assassinados.

E o que há de mais lamentável no assassinato deles é o fato de as próprias organizações de direitos civis terem sido tão covardes e não reagirem como deveriam ao assassinato desses três trabalhadores dos direitos civis. Os grupos de direitos civis venderam aqueles três irmãos. Venderam! Deixaram os três à deriva, rio abaixo. Porque eles morreram, mas o que foi feito a respeito? E que vozes se levantam hoje, todos os dias, para falar do assassinato daqueles três trabalhadores dos direitos civis?

É por isso que digo que, se *nós* nos envolvermos com o Movimento pelos Direitos Civis e se formos ao Mississippi, ou a qualquer outro lugar, ajudar nosso povo a se inscrever para votar, *pretendemos ir preparados*. Não temos a intenção de infringir a lei; afinal, quando você tenta se inscrever para votar, está cumprindo a lei. Aquele que tenta impedir você de se inscrever para votar é que está infringindo a lei, e você tem o direito de se proteger por todos os meios necessários. E, se o governo não quer que grupos de direitos civis estejam preparados para se defender, o governo que faça o trabalho dele.

A respeito do incidente no Harlem, que ocorreu durante o verão, quando os cidadãos do Harlem foram atacados em um pogrom... (Não consigo nem pronunciar essa palavra, porque não faz parte do meu vocabulário...) Muito antes de acontecer, já tínhamos ouvido falar que aconteceria.[24] Recebemos a notícia de que

---

24 Referência ao assassinato de James Powell, jovem negro de quinze anos morto a tiros por um policial de Nova York em julho de 1964. O fato motivou, dois dias depois, uma manifestação popular diante de uma delegacia de polícia, exigindo a prisão do assassino. As forças policiais, no entanto, dispersaram os manifestantes com violência, batendo e atirando nas pessoas. Os organizadores do protesto foram presos, mas as manifestações e a brutalidade policial prosseguiram por cinco

havia elementos no governo que incitariam algo no Harlem para poderem dizer que havia uma insurreição – para depois poderem intervir e justificar o uso de qualquer medida que julgassem necessária para reprimir os grupos militantes, considerados em estágio embrionário ainda.

Sabedores de que havia um plano em andamento para instigar algo no Harlem, de modo que depois houvesse intervenção e repressão, alguns indivíduos do Harlem que já estavam preparados, qualificados e equipados para retaliar em situações como aquela preferiram propositalmente não se envolver. O verdadeiro milagre da explosão do Harlem foi a moderação adotada pelo povo do bairro. O milagre de 1964, digo aqui francamente, o milagre de 1964, durante os incidentes ocorridos no Harlem, foi a contenção adotada pelos moradores do Harlem qualificados e equipados com tudo o que fosse necessário para se protegerem quando estivessem sendo atacados ilegal, imoral e injustamente.

Qualquer um pode desferir um ataque ilegal, um ataque injusto, um ataque imoral contra você. O fato de uma pessoa estar vestindo um uniforme não dá a ela o direito de entrar atirando onde você mora. Não, isso não está certo. O que eu proporia é que, como o departamento de polícia não usa esses métodos em bairros brancos, que não venha usá-los no Harlem.

Eu não estava aqui. E fico feliz por não ter estado aqui. Porque eu estaria morto, eles teriam que me matar. Prefiro morrer a deixar alguém andar pela minha casa ou pelo meu bairro atirando, com meus filhos na linha de fogo. Ou morreriam todos eles, ou morreria eu.

Não é uma atitude inteligente. E tudo começou quando um garoto foi baleado por um policial e soltaram o policial da mesma forma que soltaram o xerife que matou os três trabalhadores dos direitos civis no Mississippi.

---

dias pelas ruas do Harlem e do distrito do Brooklyn. O episódio foi chamado de *Harlem riots* [insurreições do Harlem]. [N.T.]

Estou quase terminando. Estou aproveitando meu tempo esta noite porque estou sobrecarregado de trabalho... Estou aproveitando meu tempo, quer dizer, para falar sem pressa. Em 1964, ainda tínhamos aqui os donos de favelas, pessoas que são donas das casas, mas não moram nelas. Geralmente moram perto da Grand Concourse ou em algum outro lugar. Elas ajudam financeiramente a NAACP, o Core e todas as organizações de direitos civis; te dão dinheiro para você ir aos piquetes, mas são os donos das casas pelas quais você está fazendo piquete.

As condições de habitação persistentemente insalubres deixam nossa comunidade vulnerável a problemas de saúde, a altas taxas de mortalidade infantil e adulta, maiores no Harlem do que em qualquer outra parte da cidade. Eles nos prometeram empregos e, em vez disso, nos deram vales da assistência social; ainda estamos sem trabalho, desempregados; a assistência social está cuidando de nós, sim, transformando-nos em mendigos, roubando nossa dignidade, nossa masculinidade.

Portanto, repito que 1964 não foi o quimérico "Ano da Promessa", como se prometeu em janeiro daquele ano. Sangue foi derramado nas ruas do Harlem, da Filadélfia, de Rochester, em algumas partes de Nova Jersey e em outros lugares. Em 1965, ainda mais sangue vai ser derramado. Mais do que você jamais sonhou. Sangue vai ser derramado tanto no centro quanto na parte alta da cidade. Por quê? Por que vai correr sangue? As causas que levaram ao derramamento de sangue em 1964 foram eliminadas? As causas que levaram ao derramamento de sangue em 1963 foram eliminadas? As causas ainda estão aí.

Em 1964, 97% dos eleitores negros americanos apoiavam Lyndon B. Johnson, Hubert Humphrey e o Partido Democrata. Noventa e sete por cento! Nenhum grupo minoritário na história do mundo deu tanto apoio incondicional a um candidato e a um partido. Nenhum povo, nenhum grupo jamais se empenhou tanto em apoiar um partido e seu candidato como fizeram os negros na América em 1964.

E qual foi o primeiro ato do Partido Democrata, Lyndon B. Johnson incluído, em 1965? Chegaram a Washington os representantes brancos do estado do Mississippi que se *recusaram* a apoiar Johnson; e os negros do Mississippi enviaram também seus representantes lá para questionar a legalidade da participação daqueles brancos como representantes. E o que foi que Johnson disse? Nada! O que foi que Humphrey disse? Nada! O que foi que o bonitão do Robert Kennedy disse? Nada! Nada! Nem uma única palavra! São essas as pessoas que os negros apoiaram. É esse o partido que eles apoiaram. Onde estavam eles quando o homem negro precisou deles alguns dias atrás em Washington? Estavam onde sempre estão – de braços cruzados por lá, na sala de bilhar ou na galeria.

Os negros em 1965 não vão ser controlados por esses líderes negros Pais Tomás, podem acreditar no que digo; eles não serão detidos, não serão contidos na plantação por esses capatazes, não serão mantidos no curral, não serão retidos de forma nenhuma.

A frustração desses representantes negros do Mississippi, quando chegaram a Washington pensando – não é? – que a "Grande Sociedade" os incluiria e viram a porta bater na cara deles, a frustração é que os levou a refletir. Só assim puderam perceber o que estão enfrentando. É esse tipo de frustração que gerou os Mau-Mau. Eles chegaram a tal ponto que viram que é preciso ter poder para falar com o poder. É preciso ter poder para fazer com que o poder respeite você. É quase uma loucura lidar com uma estrutura de poder que é tão corrupta, tão corrupta.

Portanto, em 1965, devemos ver muita ação. Como os métodos antigos não funcionaram, será necessário tentar métodos novos.

Depois do atentado a bomba

THE LAST SPEECH AFTER THE FIREBOMBING [DETROIT, 14 FEV. 1965]

Em 13 de fevereiro de 1965, Malcolm X voltou de uma viagem ao continente europeu, onde, entre outras coisas, o governo francês, sem explicação, o impediu de entrar no país. Poucas horas depois, às 2h30 de 14 de fevereiro, coquetéis molotov foram arremessados contra sua casa em East Elmhurst, no Queens, onde Malcolm, sua esposa e quatro filhas pequenas dormiam. A casa foi seriamente danificada, mas a família conseguiu escapar sem ferimentos. Na semana seguinte, Malcolm teve de se defender de insinuações e acusações divulgadas pela polícia, pela imprensa e pelos Muçulmanos Negros de que ele mesmo havia planejado o incêndio criminoso.

No dia do atentado a bomba, Malcolm tinha uma fala agendada num comício em Detroit organizado pela Companhia Afro-Americana de Radiodifusão. Embora estivesse cansado e angustiado, achou importante comparecer a essa reunião, que a imprensa local tinha se recusado terminantemente a divulgar.

▬▬▬▬▬ Advogado Milton Henry, distintos convidados, irmãos e irmãs, senhoras e senhores, amigos e inimigos: quero destacar em primeiro lugar que fico muito feliz por estar aqui esta noite e agradeço à Companhia Afro-Americana de Radiodifusão pelo convite. Como relatou o advogado Milton Henry – melhor dizendo, irmão Milton Henry, porque é isso que ele é, nosso irmão –, ontem à noite eu estava em uma casa que sofreu um atentado a bomba, a minha casa. Não destruiu todas as minhas roupas, mas vocês sabem o que o fogo e a fumaça fazem com as coisas. A única peça que consegui pegar em minhas mãos antes de sair é esta que estou vestindo agora.

Não é algo que tire minha confiança no que estou fazendo, porque minha esposa entende e eu tenho filhas pequenas, deste tamanhinho, e mesmo nessa tenra idade elas entendem. Acho que elas preferem ter um pai ou irmão, ou seja o que for, que resista firmemente diante da reação de pessoas de mente estreita, em vez de ceder e, mais tarde, ter de vê-las crescer em meio à vergonha e à desgraça.

Então, peço desculpas pela minha aparência hoje. Normalmente só me apresento em público de camisa e gravata. Acho que isso é resquício do movimento Muçulmano Negro, do qual participei. É um dos aspectos bons desse movimento. Eles ensinam você a ser muito cuidadoso e consciente de sua aparência, o que é uma contribuição positiva da parte deles. Mas essa contribuição positiva é amplamente anulada por muita sujeição.

Mas como eu dizia, na noite passada, quando a temperatura estava cerca de sete graus abaixo de zero, quando a explosão aconteceu, fui pego com o que estava vestindo – um pijama. Na tentativa de tirar minha família da casa, nenhum de nós parou para pegar roupas naquele momento, então ficamos lá fora, no frio de sete graus negativos. Eu as coloquei na casa do vizinho ao lado. Achei que, por ter ficado exposto naquela condição por tanto tempo, talvez eu pegasse uma pneumonia ou um resfriado, algo assim. Então um médico me atendeu hoje, um bom médico, e injetou algo no meu braço que naturalmente me fez dormir. Fiquei dormindo aí atrás desde que o evento começou, para conseguir entrar em forma de novo. Portanto, se eu por acaso gaguejar ou desacelerar na fala aqui, ainda é o efeito daquela droga. Não sei de que tipo era, mas foi bom; faz a pessoa dormir, e não há nada como dormir depois de passar por um grande abalo.

Esta noite, uma das coisas que preciso sublinhar, e que tem preocupado bastante não só os Estados Unidos como também a França, a Grã-Bretanha e a maioria das potências antes conhecidas como potências coloniais, é a revolução africana. Eles estão mais preocupados com a revolução que está ocorrendo no continente africano do que com a revolução na Ásia e na América Latina. Isso porque há tanta gente de ascendência africana dentro das fronteiras domésticas ou das jurisdições desses vários governos. Há um número crescente de pessoas de pele escura na Inglaterra e também na França.

Quando estive na África, em maio, notei uma tendência dos afro-americanos para o que chamo de "vadiagem". Todas as outras pessoas lá estavam agindo, fazendo alguma coisa, algo construtivo. Tomemos Gana como exemplo. Havia muitos refugiados da África do Sul em Gana. Alguns estavam sendo treinados para soldados, mas outros atuavam como um grupo de pressão, ou grupo de *lobby*, para que o povo de Gana nunca se esqueça do que aconteceu com seus irmãos na África do Sul. Também estavam lá irmãos de Angola e de Moçambique. Todos os africanos exilados, vindo de vários países, estavam em lugares como Gana ou Tanganica, agora Tanzânia, e estavam em treinamento. Cada movimento deles era planejado para, quando voltassem para casa, acabar com o que estava acontecendo com seu povo no país de onde tinham saído. Quando fugiram de seus respectivos países, que ainda eram colônias, não é que tenham fugido de suas famílias. Assim que chegaram aos seus destinos, começaram a se organizar em grupos de pressão para obter apoio no plano internacional contra as injustiças que estavam enfrentando em casa.

Mas os negros americanos ou os afro-americanos que encontrei nesses vários países, alguns trabalhando para o governo daqui, outros trabalhando para outros governos, alguns a negócios, estavam só passando o tempo lá, dando as costas a nossa causa aqui, fazendo festinhas, entendem? Quando passei por um país em particular, ouvi muitas reclamações de afro-americanos e não fiz nada. Mas, quando cheguei a outro país, descobri que os afro-americanos de lá estavam fazendo as mesmas reclamações. Então, sentei com eles, conversamos e organizamos naquele país específico uma filial da Organização da Unidade Afro-Americana. Aquela filial era a única que existia à época. Depois, durante o verão, quando voltei para a África, em cada país que visitei consegui reunir a comunidade afro-americana, organizá-la e torná-la consciente de sua responsabilidade para com aqueles de nós que ainda estamos aqui, na toca do leão.

Eles começaram a se organizar muito bem, e, quando cheguei a Paris e Londres em novembro – há muitos afro-americanos em Paris e muitos em Londres –, organizamos um grupo em Paris; e em muito pouco tempo se transformaram em uma unidade muito bem organizada. Em conjunto com a comunidade africana, me convidaram para ir a Paris na terça-feira, falar em um grande encontro de parisienses, afro-americanos, gente do Caribe e também da África que estavam interessados em nossa luta aqui neste país e no ritmo dos avanços que estamos fazendo. Mas o governo francês e o governo britânico, além do governo dos Estados Unidos, sabem que venho enfatizando quase fanaticamente a importância de os afro-americanos se unirem aos africanos e trabalharem como uma coalizão, especialmente em áreas que são de benefício mútuo para todos nós. E os governos desses diferentes lugares estão assustados com isso.

Devo ressaltar aqui que o colonialismo ou imperialismo, como é chamado o sistema escravista do Ocidente, não é algo que se limita à Inglaterra, à França ou aos Estados Unidos. Os interesses dos Estados Unidos formam um conluio com os interesses da França e os interesses da Grã-Bretanha. É um enorme complexo, ou combinado, que forma o que se conhece não como a estrutura de poder americana ou francesa, mas como uma estrutura internacional de poder. Essa estrutura internacional de poder é usada para reprimir as massas de pessoas de pele escura em todo o mundo e tirar partido de seus recursos naturais, de modo que esta época em que você e eu vivemos, mais especificamente nos últimos dez anos, testemunhou o levante do homem negro na África contra essa estrutura de poder.

Ele quer sua liberdade agora. Veja bem, a estrutura de poder é internacional, e sua base doméstica é em Londres, em Paris, em Washington e assim por diante. A fase exterior ou externa da revolução, que se manifesta na atitude e na ação dos africanos, gera muitos problemas. A revolução que ocorre para além das fronteiras dos imperialistas, ou para além da estrutura, causa muitos problemas a eles. Mas agora os poderes instituídos estão começando a ver que a luta do negro para além de suas fronteiras está afetando, e infectando, o homem negro que está no interior dessa estrutura... Espero que vocês estejam entendendo o que digo. Os povos recém-despertados em todo o mundo representam um problema para o que se conhece como "os interesses ocidentais", que são o imperialismo, o colonialismo, o racismo e todos os outros "ismos" nocivos ou "ismos" rapineiros. Desse modo, como as forças externas representam uma ameaça grave, a estrutura de poder agora se deu conta de que as forças internas representam uma ameaça ainda maior. Mas as forças internas representam uma ameaça ainda maior somente quando analisam adequadamente a situação e conhecem o que realmente está em jogo.

A simples defesa de uma coalizão de africanos, afro-americanos, árabes e asiáticos que vivem dentro da estrutura incomodou imediatamente a França, que supostamente é um dos países mais liberais do planeta, e obrigou-a a mostrar suas cartas. Com a Inglaterra, foi a mesma coisa. Sem falar deste país em que vivemos. Quando você conta o número de pessoas de pele escura no hemisfério ocidental, pode ver que há provavelmente mais de 100 milhões. Quando você considera o Brasil, que tem dois terços disso que chamamos de gente de cor ou não branca, e coloca também na conta Venezuela, Honduras e outros países da América Central, Cuba, Jamaica, os Estados Unidos e até o Canadá... quando você soma toda essa gente, chega provavelmente a mais de 100 milhões. E esses 100 milhões dentro da estrutura de poder hoje estão causando uma grande preocupação à própria estrutura de poder.

Concluímos que a primeira coisa a fazer era unir nosso povo, não só internamente, mas com nossos irmãos e irmãs no exterior. Foi para isso que passei cinco meses no Oriente Médio e na África durante o verão. A viagem foi muito esclarecedora, inspiradora e frutífera. Em nenhum país africano ou do Oriente Médio em que estive me deparei com alguma porta fechada, mente fechada ou coração fechado. Tive uma recepção calorosa, e eles demonstraram interesse e simpatia incrivelmente profundos pelo homem negro deste país no que diz respeito à nossa luta por direitos humanos.

Espero que vocês me perdoem por falar sem formalidades esta noite, mas, francamente, acho que é sempre melhor ser informal. Eu mesmo consigo falar melhor com as pessoas de modo informal, sem toda a rígida formalidade que acaba não significando nada. Além disso, quando as pessoas são informais, elas ficam relaxadas. Quando estamos relaxados, nossa mente fica mais aberta e conseguimos pesar as coisas de maneira mais objetiva. Quando estamos discutindo nossos problemas, precisamos ser muito objetivos, muito frios, calmos e serenos. Isso não significa que devemos ser sempre calmos. Há o tempo de ficar calmo e o tempo de ficar nervoso. Vejam, vocês se confundem achando que há uma única hora para tudo. Há um tempo para amar e um tempo para odiar. Até mesmo Salomão disse isso, e ele também está naquele livro de vocês. Mas vocês escolhem um versículo daquele livro que se encaixe na natureza dos covardes que não querem lutar e então dizem: "Bem, Jesus disse 'não lutarás'". Mas eu não acredito que Jesus disse isso mesmo.

Antes de me envolver em qualquer coisa hoje em dia, tenho que afirmar minha própria posição, a qual é bastante evidente. Não sou racista de forma nenhuma. Não acredito em nenhuma forma de racismo. Não acredito em nenhuma forma de discriminação ou segregação. Eu acredito no Islã. Sou muçulmano e não há nada de errado em ser muçulmano, nada de errado com a religião do Islã. Ela apenas nos ensina a acreditar em Alá como o Deus. Aqueles de vocês que são cristãos provavelmente acreditam no mesmo Deus, pois acho que vocês acreditam no Deus que criou o universo. É aquele em quem acreditamos, aquele que criou o universo – a única diferença é que vocês o chamam de Deus e nós o chamamos de Alá. Os judeus o chamam de Jeová. Se vocês entendessem hebraico, provavelmente também o cha-

209

mariam de Jeová. Se vocês entendessem árabe, provavelmente o chamariam de Alá. Mas, desde que o homem branco, amigo de vocês, tirou-lhes a língua materna durante a escravidão, a única língua que vocês conhecem é a dele. Vocês só conhecem a língua desse amigo... Então, quando ele coloca a corda no pescoço de vocês, vocês clamam por Deus e ele clama por Deus. E vocês se perguntam por que aquele pelo qual clamam nunca atende.

Elijah Muhammad nos ensinou que o homem branco não podia entrar em Meca, na Arábia, e todos nós que o seguíamos acreditávamos nisso. Quando cheguei lá na Arábia e fui a Meca, e vi pessoas que eram loiras, de olhos azuis, pele clara e tudo o mais, eu disse: "Veja só!". Mas eu as observei de perto. E notei que, embora fossem brancas, e se considerassem brancas, havia uma diferença entre elas e os brancos daqui. E essa diferença básica era a seguinte: que na Ásia, no mundo árabe ou na África, onde os muçulmanos estão, quando você encontra alguém que diz que é branco, tudo o que ele está fazendo é usar um adjetivo para descrever algo acidental sobre si mesmo, uma de suas características acidentais; nada além disso, ele apenas é branco.

Mas quando você pega o homem branco aqui na América e ele diz que é branco, ele quer dizer outra coisa. Você pode ouvir no tom de voz dele – quando ele diz que é branco, quer dizer que é o patrão. Isso mesmo. É isso que "branco" significa nesta língua. Você conhece a expressão "livre, branco, 21 anos".[25] Ele inventou isso. Ele quer mostrar que branco significa livre, patrão. Ele fala lá de cima; quando diz que é branco, tem um tom diferente na voz. E eu sei que você sabe do que estou falando.

Apesar de ter compreendido que o Islã era uma religião de fraternidade, também precisei enfrentar a realidade. Ao voltar para

---

25 Expressão que surgiu nos Estados Unidos na época da escravidão e implicava que ser branco e ter 21 anos (a maioridade) dava ao indivíduo a condição de cidadão livre e, portanto, "pleno", em comparação com os negros escravizados, que não tinham direito à cidadania. [N.T.]

esta sociedade americana, não estou em uma sociedade que pratica a fraternidade. Estou em uma sociedade que até prega isso aos domingos, mas que não pratica fraternidade em nenhum dia da semana. A América é uma sociedade onde não há irmandade. Esta sociedade é controlada principalmente por racistas e segregacionistas que estão em Washington, em cargos de poder. E, de Washington, eles exercem as mesmas formas de opressão brutal contra pessoas de pele escura no Vietnã do Norte, no Vietnã do Sul, no Congo, em Cuba ou em qualquer outro lugar do mundo onde estão tentando explorar e oprimir. Esta é uma sociedade cujo governo não hesita em infligir a forma mais brutal de punição e opressão às pessoas de pele escura de todo o mundo.

Veja agora o que está acontecendo dentro e ao redor de Saigon e Hanói, no Congo e em outros lugares. São violentos quando seus interesses estão em jogo. Mas, apesar de toda a violência que demonstram no plano internacional, quando você e eu queremos um pouco de liberdade, devemos ser não violentos. Eles são violentos na Coreia, são violentos na Alemanha, são violentos no Pacífico Sul, são violentos em Cuba, são violentos aonde quer que vão. Mas, quando chega a hora de você e eu nos protegermos contra linchamentos, nos dizem para sermos não violentos.

Isso é uma vergonha. Porque somos enganados com a tal não violência, mas, quando alguém se levanta e diz o que eu acabei de dizer, eles respondem: "Ora, ele está defendendo a violência". Não é isso que dizem? Toda vez que você pega seu jornal, vê lá escrito que estou defendendo a violência. Nunca defendi nenhuma violência. Eu apenas disse que os negros, que são vítimas da violência organizada, perpetrada contra nós pela Klan, pelos Conselhos de Cidadãos e de muitas outras formas, devem se defender. E, quando digo que devemos nos defender contra a violência dos outros, eles usam habilmente a imprensa para fazer o mundo pensar que estou clamando por violência, ponto-final. Eu não diria a ninguém para ser violento sem uma causa. Mas acho que o homem negro deste país terá mais justificativa do que qualquer pessoa em todo o mundo quando ele se revoltar e começar a se proteger, não importa quantos pescoços tenha que quebrar e quantas cabeças tenha que esmagar.

A Klan é uma organização covarde. Aperfeiçoou a arte de amedrontar os negros. Enquanto o negro estiver com medo, a Klan está segura. Mas a Klan mesmo é covarde. Eles nunca vêm sozinhos te pegar. Vêm todos juntos. Eles têm medo de você. Mas, enquanto estão colocando a corda no seu pescoço, você fica parado dizendo: "Perdoa-os, Senhor, eles não sabem o que fazem". Estão fazendo isso há tanto tempo que são especialistas, eles sabem o que estão fazendo. Já que o governo federal tem mostrado que não vai fazer nada contra eles, a não ser *conversar*, então é um dever, é seu e meu dever como homens, como seres humanos, é nosso dever para com o nosso povo, organizarmo-nos por nossa conta e mostrar ao governo que, se não parar a Klan, nós mesmos pararemos. *Só assim* veremos o governo começar a fazer algo a respeito. Mas não pense que vão fazer isso com base em alguma moralidade. Não. Então, eu não acredito em violência – é por isso que quero dar um fim a ela. Mas não se pode dar um fim a ela com amor, não com o amor por esse tipo de coisa. Não! Portanto, só insistimos em uma ação vigorosa como autodefesa – e sentimos que temos justificativa para iniciar uma ação vigorosa por qualquer meio necessário.

Agora, por falar algo assim, a imprensa nos chama de racistas, de pessoas que fazem "violência reversa". E assim eles te tratam como psicopata. Querem que vocês pensem que tentar impedir a Klan de linchar vocês é praticar violência reversa. Veja só isto: ouço muitos de vocês repetirem como papagaios o que o homem branco diz. Vocês falam: "Não quero ser uma Ku Klux Klan reversa". Ora, mas só porque um criminoso chegou na sua casa com uma arma, irmão, e se ele tiver uma arma e estiver roubando sua casa – e ele for um ladrão – e você pegar sua arma para expulsá-lo de lá, isso não vai te transformar num ladrão. Não! O homem branco está usando uma lógica trapaceira com você. Por isso digo que é hora de os negros implementarem o tipo de ação e de unidade necessárias para puxar o lençol dos Klan para que não assustem mais os negros.

Isso é tudo. E, quando afirmamos isso, a imprensa nos chama de "racistas reversos". "Lute apenas dentro das regras básicas que seus inimigos estabelecerem." Ora, isso é loucura, mas mostra como eles conseguem agir. Com a manipulação habilidosa da imprensa, são capazes de fazer a vítima parecer o criminoso e o criminoso parecer a vítima.

Agora mesmo, em Nova York, temos alguns casos em que a polícia agarrou um irmão e o espancou impiedosamente – e depois acusou o rapaz de agredir a polícia. Usaram a imprensa para fazer parecer que o criminoso é ele e que os policiais são as vítimas. É assim que fazem; analise como fazem aqui e saberá como fazem lá. É o mesmo jogo acontecendo o tempo todo, e, se vocês e eu não acordarmos para ver o que o homem branco está fazendo conosco, então será tarde demais. Eles já terão construído os fornos a gás muito antes de vocês se darem conta de que está quente.

Uma das maneiras bem astuciosas de projetarem sobre nós a imagem de criminosos é pegar estatísticas e, por meio da imprensa, transmitir essas estatísticas ao público, principalmente ao público branco. Porque há pessoas bem-intencionadas no público branco, assim como pessoas mal-intencionadas. E, seja lá o que o governo vá fazer, sempre quer o público do seu lado, seja o governo local, estadual ou federal. Em nível local, criam uma imagem fornecendo estatísticas ao público por meio da imprensa, mostrando o alto índice de criminalidade na comunidade negra. Quando esse alto índice de criminalidade é enfatizado pela imprensa, as pessoas começam a ver a comunidade negra como uma comunidade de criminosos.

E então qualquer negro da comunidade pode ser parado na rua. "Mãos para cima!", e te revistam. Tanto faz que você seja um médico, um advogado, um pastor ou qualquer outro tipo de Pai Tomás. Apesar de sua posição profissional, você descobre que é tão vítima quanto o homem que vive no beco. Só porque você é negro e mora em uma comunidade negra que foi divulgada como uma comunidade de criminosos. E, uma vez que o público aceite essa imagem, isso também abre caminho para que o Estado policial aja na comunidade negra com todo tipo de brutalidade para reprimir os negros, já que são mesmo criminosos. Mas quem nos atribuiu essa imagem? A imprensa, novamente, ao se permitir ser usada dessa forma pela estrutura de poder ou pelo elemento racista na estrutura de poder.

Um bom exemplo foram as insurreições que ocorreram durante o verão. Eu estava na África, li sobre elas lá. Se você notou, eles se referiam aos revoltosos como vândalos, bandidos, ladrões, e habilmente tiravam das costas da sociedade o fardo de sua falha na correção das condições precárias de vida na comunidade negra. Tiravam completamente o fardo das costas da sociedade e culpavam diretamente a comunidade por meio da imprensa, dando a entender que os saques e tudo o mais eram a prova de que o ato inteiro não passava de coisa de vândalos, bandidos e ladrões, que não estavam realmente interessados em nada que não fosse negativo. E vejo muitos negros idiotas, vítimas de lavagem cerebral, que repetem feito papagaios o mesmo velho discurso, alinhado com o que o homem branco escreveu no jornal dele.

Não se tratava ali de revoltosos simplesmente derrubando vitrines por ignorância. No Harlem, por exemplo, todas as lojas são de propriedade de brancos, todos os prédios são de propriedade de brancos. Os negros estão lá pagando aluguel, comprando mantimentos; mas não são donos das lojas, lojas de roupas, lojas de alimentos, todo tipo de loja; nem mesmo são donos das casas em que moram. Todas são propriedade de estranhos, e o homem negro do Harlem paga mais caro por esses apartamentos degradados do que o homem dos ricos quarteirões da Park Avenue. Custa mais caro morar nas favelas do que morar na Park Avenue. Os negros no Harlem sabem disso, assim como que os comerciantes brancos cobram mais caro pela comida no Harlem – e é comida barata, comida péssima; pagamos mais caro por isso do que o homem branco paga no centro da cidade. Então, os negros sabem que estão sendo explorados e que seu sangue está sendo sugado, mas não veem saída.

Quando a coisa finalmente explode, o homem branco não está lá – foi embora. O comerciante não está lá, o proprietário não está lá, aquele que é considerado o inimigo não está lá. Então, atacam a propriedade do branco. Por isso derrubam as vitrines, ateiam fogo nas coisas e tudo o mais. Não é que sejam ladrões. Mas [os jornais] tentam passar para o público a imagem de que isso é coisa de ladrões, e só de ladrões. Omitem o fato de que não se trata de roubo. Trata-se de um sistema corrupto, viciado e hipócrita que castrou o homem negro, e a única maneira de o homem negro se vingar é atacando o sistema da única maneira que conhece.

[Quando digo] "eles usam a imprensa", isso não significa que todos os repórteres sejam ruins. Alguns deles são bons, suponho. Mas você pode observar o conjunto, a abordagem coletiva deles sobre qualquer problema, e ver que sempre concordam quando se trata de nós. Eles sabiam que a Companhia Afro-Americana de Radiodifusão estava promovendo este evento – que foi criado para homenagear negros americanos notáveis, não é? Mas você não encontra nada nos jornais, nenhuma única dica de que este evento aconteceria – nenhuma dica, embora devesse haver muitas fontes de informação de notícias. Se você ainda acha que não estão em conluio, observe. Ou bem estão todos interessados, ou nenhum deles está interessado. Mas isso não é surpreendente. Eles não vão antecipar nada sobre um evento que esteja sendo oferecido por qualquer pessoa negra que acredite em atuar para além do escopo das regras básicas estabelecidas pelos elementos liberais da estrutura de poder.

Quando você começa a pensar por si mesmo, você os assusta, e tentam impedir que você chegue ao público, por medo de que, se o público nos ouvir, não os ouvirá mais. E tem certos negros que eles precisam ficar inflando nos jornais para que pareçam líderes.

Para que as pessoas continuem a segui-los, não importa quantas pancadas recebam na cabeça seguindo esses líderes. É assim que o homem branco faz, e, se vocês não acordarem para entender como ele faz isso, estou avisando, vão construir câmaras de gás e fornos a gás em breve – não estou me referindo ao tipo de forno que vocês têm na cozinha de casa... [E] vocês acabarão dentro de um deles, assim como os judeus acabaram em fornos a gás lá na Alemanha. Vocês estão em uma sociedade que é tão capaz de construir fornos a gás para os negros quanto a sociedade de Hitler.

Mas que efeito tem sobre nós a luta pela África? Por que o homem negro da América deveria se preocupar com isso, se já está distante do continente africano há trezentos ou quatrocentos anos? Por que devemos nos preocupar? Que impacto tem sobre nós o que acontece lá com eles? Em primeiro lugar, vocês precisam entender que até 1959 a África estava sob domínio das potências coloniais. Com total controle sobre a África, as potências coloniais da Europa criaram uma imagem negativa da África. Sempre divulgam a África sob uma perspectiva negativa: selvagens da floresta, canibais incivilizados. Então, naturalmente, era uma imagem tão negativa que se tornou negativa para você e para mim também, e assim passamos a odiar a África. Não queríamos ninguém nos falando sobre a África, muito menos nos chamando de africanos. Ao odiar a África e os africanos, acabamos odiando a nós mesmos, sem nem mesmo perceber. Porque não se pode odiar as raízes de uma árvore sem odiar a árvore. Você não pode odiar sua origem sem acabar odiando a si próprio. Você não pode odiar a África sem odiar a si próprio.

Vocês podem me trazer aqui qualquer pessoa que tenha sofrido uma lavagem cerebral completa e que faça uma ideia negativa da África, que vou provar a vocês que essa pessoa tem uma ideia negativa de si mesma. Não se pode ter uma ideia positiva de si mesmo e uma ideia negativa da África ao mesmo tempo. Na mesma medida em que sua compreensão e sua atitude no que diz respeito à África se tornam positivas, você descobre que sua compreensão e sua atitude no que diz respeito a você mesmo também se tornam positivas. E disso o homem branco sabe. Por isso que habilmente nos fazem odiar nossa identidade africana, nossas características africanas.

Vocês sabem muito bem que nosso povo odiava nossas características africanas. Odiávamos nosso cabelo, odiávamos o formato do nosso nariz, queríamos um daqueles narizes compridos de cão, não é? Odiávamos a cor de nossa pele, odiávamos o sangue da África que corre em nossas veias. E, odiando nossas feições, nossa pele e nosso sangue, ora, acabamos odiando a nós mesmos. E nós nos odiávamos. Nossa cor tornou-se para nós um grilhão – sentíamos que ela nos aprisionava; nossa cor tornou-se para nós uma prisão que nos mantinha confinados, que não nos deixava ir para lado nenhum. Sentíamos que todas essas restrições eram baseadas exclusivamente em nossa cor; e a reação psicológica a isso teria que ser que, enquanto nos sentíssemos aprisionados, acorrentados ou presos em uma pele preta, em feições pretas e no sangue preto, essa pele, essas feições e esse sangue que nos prendiam se tornariam automaticamente odiosos para nós. E tornaram-se odiosos para nós.

Nós nos sentíamos inferiores; nos sentíamos inadequados; nos sentíamos desamparados. E, quando nos vimos vítimas desse sentimento de inadequação, inferioridade ou desamparo, recorremos a pessoas diferentes de nós para nos mostrar o caminho. Não confiávamos em que outro homem negro nos mostrasse o caminho, ou em que outros povos negros nos mostrassem o caminho. Naquela época, não. Não acreditávamos que um homem negro conseguisse fazer qualquer coisa além de tocar trompete... Entendem? Fazer algum som e te alegrar com algumas músicas, esse tipo de coisa... Mas nas coisas sérias, no que diz respeito a nossa comida, nossa vestimenta, nossa moradia e nossa educação, recorríamos ao homem branco. Nunca pensamos em obter essas coisas por nós mesmos, nunca pensamos em fazer coisas para nós mesmos. Porque nos sentíamos desamparados. O que nos fazia sentir desampara-

217

dos era nosso ódio por nós mesmos. E nosso ódio por nós mesmos derivava de nosso ódio pelas coisas africanas.

Depois de 1959, o espírito do nacionalismo africano inflamou-se como uma chama bem alta. Foi quando começamos a testemunhar o colapso total do colonialismo. A França começou a sair da África Ocidental Francesa, a Bélgica começou a se movimentar para sair do Congo, a Grã-Bretanha começou a se movimentar para sair do Quênia, de Tanganica, Uganda, Nigéria e outros lugares. E, embora parecesse que estavam se retirando, aplicaram um truque colossal.

Quando você está jogando bola e percebe que está cercado, você não joga a bola fora – você passa a bola para um de seus companheiros de equipe que esteja livre. E foi isso que as potências europeias fizeram. Elas ficaram cercadas no continente africano, não podiam mais permanecer lá – eram vistas como coloniais e imperialistas. Tiveram que passar a bola para alguém cuja imagem era diferente, e então passaram a bola para o Tio Sam, que pegou a bola e, desde então, está correndo para marcar um gol. Ele estava livre, não era visto como alguém que colonizou o continente africano. Naquela época, os africanos não conseguiam perceber que, embora os Estados Unidos não tivessem colonizado o continente africano, haviam colonizado 22 milhões de negros aqui neste continente. Porque somos tão colonizados como quaisquer outros.

A bola foi passada para os Estados Unidos no momento em que John Kennedy assumiu o poder. Ele pegou o lance e ajudou a concluir. Ele foi um dos zagueiros mais espertos que a história já registrou. Ele se cercou de intelectuais, pessoas altamente educadas, instruídas e bem-informadas. Elas analisaram a situação e disseram a Kennedy que o governo da América se defrontava com um novo problema. E esse novo problema advinha do fato de que os africanos tinham despertado, estavam esclarecidos, não tinham medo e iriam lutar. Isso significava que as potências ocidentais não podiam permanecer lá pela força. Como a economia europeia e a economia americana baseavam-se na influência contínua que tinham sobre o continente africano, tiveram que encontrar meios de permanecer lá. Então passaram a adotar uma abordagem amigável.

Mudaram da antiga abordagem imperialista, abertamente colonial, para a abordagem beneficente. Criaram esse colonialismo beneficente, colonialismo ou humanitarismo ou dolarismo filantrópico. De imediato, tudo virou Corpo da Paz e Operação Crossroads:[26] "Temos que ajudar nossos irmãos africanos". Vejam só: não nos ajudam no Mississippi. Não nos ajudam no Alabama, nem em Detroit, nem aqui em Dearborn, onde vive a verdadeira Ku Klux Klan. Mas vão mandar gente para bem longe, para a África, para ajudar! Eu conheço Dearborn. Vocês sabem que sou de Detroit, mas eu morava aqui em Inkster. E tinha que passar por Dearborn para chegar a Inkster. Era como passar pelo Mississippi quando se chegava a Dearborn. Ainda é assim? Bem, isso precisa mudar.

Então, ao perceber que precisava inventar novas abordagens, Kennedy fez isso. Criou uma imagem de si mesmo que foi habilmente difundida para levar os povos do continente africano a pensarem que ele era Jesus, o grande pai branco, que veio para resolver todos os problemas. E vou dizer uma coisa a vocês, alguns negros choraram mais quando Kennedy morreu do que por Jesus ter sido crucificado. De 1954 a 1964, testemunhamos o ressurgi-

---

26 Peace Corps (Corpo da Paz): agência federal estadunidense criada em 1961 pelo presidente John F. Kennedy em resposta às revoluções anticoloniais, para ajudar os países em desenvolvimento e melhorar a imagem internacional dos EUA. O programa consistia no envio de voluntários para África, Ásia e América Latina a fim de prestar serviços sociais em diversos setores, como agricultura e saúde. A Operação Crossroads, criada em 1957 pelo pastor negro estadunidense James Robinson (1907–72), da Igreja do Senhor (Church of the Master), no Harlem, também consistia em enviar voluntários dos Estados Unidos e do Canadá para trabalhar em obras de desenvolvimento econômico na África. [N.T.]

mento da África. O impacto que isso teve na luta pelos direitos civis na América nunca foi totalmente relatado.

Por um lado, um dos principais elementos da luta global pelos direitos civis foi o movimento Muçulmano Negro. O movimento Muçulmano Negro não participou de atividades políticas ou cívicas – não participou de nada além de proibir as pessoas de beber, fumar e assim por diante. Fez uma reforma moral, mas, para além disso, não fez nada. Só que tinha um discurso tão poderoso que abalou todas as outras organizações negras. Antes do surgimento do movimento Muçulmano Negro, a NAACP era considerada radical. As autoridades estavam se preparando para investigá-la. E então veio o movimento Muçulmano Negro e assustou tanto os brancos que eles começaram a dizer: "Graças, meu Deus, pelo velho pai Roy, e pelo pai Whitney, e pelo pai A. Philip, e pelo pai...". Eles têm tantos pais lá que eu não consigo lembrar os nomes. São todos mais velhos do que eu, então eu os chamo de "pai". Além disso, vocês sabem, se alguém usa a expressão "Pai Tomás" hoje em dia, pode ser processado por difamação. Então não chamo mais nenhum deles de "Pai Tomás". Chamo de pai Roy.

Uma das coisas que fez o movimento Muçulmano Negro crescer foi sua ênfase nas coisas africanas. Esse foi o segredo do crescimento do movimento Muçulmano Negro. O sangue africano, a origem africana, a cultura africana, os laços africanos. E, para surpresa de vocês, descobrimos que, no subconsciente profundo do homem negro neste país, ele se sente mais africano do que americano. Ele *pensa* que é mais americano do que africano porque os brancos o enrolam, os brancos fazem uma lavagem cerebral diária nele. Dizem-lhe: "Você é americano, você é americano". Amigo, como você pode pensar que é americano se nunca teve direito ao benefício de ser americano aqui? Nunca, nunca teve. Ora, pode haver dez homens sentados a uma mesa comendo, jantando, aí eu entro e me sento com eles para jantar. Eles estão jantando. Eu tenho um prato na minha frente, só que não há nada nele. Só porque estamos sentados à mesma mesa, somos todos comensais? Eu não sou um comensal, a não ser que você me deixe jantar. Estar à mesa com outras pessoas que estão jantando não me torna um comensal, e é isso que você tem que enfiar na sua cabeça aqui neste país.

O simples fato de você estar neste país não torna você um americano. Não, você precisa ir muito mais longe para se tornar um americano. Você precisa usufruir dos frutos do americanismo. Você não usufruiu desses frutos. Só usufruiu dos espinhos. Só usufruiu das cascas. Não desfrutou de nada; não, senhor. Você lutou mais pelos frutos do que o homem branco, trabalhou mais pelos frutos do que o homem branco, mas desfrutou menos. Quando o branco vestiu um uniforme em você e te mandou para o exterior, você lutou mais do que eles. Sim, eu conheço você – quando você está lutando por eles, você consegue lutar bem.

A contribuição do movimento Muçulmano Negro foi a seguinte: fez todo o Movimento pelos Direitos Civis se tornar mais militante e mais aceitável para a estrutura do poder branco. Os brancos preferiram o Movimento pelos Direitos Civis a nós. Na verdade, acho que forçamos muitos dos líderes dos direitos civis a serem ainda mais militantes do que pretendiam. Eu conheço alguns deles que chegam ameaçando com explosões – "bum, bum, bum!" e coisa e tal –, mas no fundo não é verdade. Porque, assim que a ação começa, se recolhem lá no canto deles.

John F. Kennedy também percebeu que era necessária uma nova abordagem para com os negros americanos. E, durante todo o seu mandato, se especializou em enganar o negro americano. Muitos de vocês não gostam que eu diga isso, mas eu nunca me posicionaria desta forma se não soubesse do que estou falando. Ao viver neste tipo de sociedade, praticamente em volta deles, e vocês sabem o que quero dizer quando falo "eles", aprendi a estudá-los. Vocês podem até achar que alguns deles têm boa vontade em relação a nós, mas, se olharem um pouco mais de perto, verão que não têm boa vontade nenhuma. O que não significa que não haja alguns deles com boa vontade. Significa, sim, que a maioria não tem boa vontade.

221

A nova abordagem de Kennedy consistia em fingir estar do nosso lado na luta pelos direitos civis e por outras diferentes formas de direitos. Mas eu me lembro da denúncia que a revista *Look* fez sobre o caso Meredith no Mississippi. A revista *Look* fez uma reportagem mostrando que Robert Kennedy e o governador Barnett haviam feito um pacto pelo qual o procurador-geral [Robert Kennedy] iria até lá para tentar forçar Meredith a entrar na universidade, e Barnett ficaria na porta, barrando a entrada e dizendo: "Não, você não pode entrar". Meredith ia entrar de qualquer maneira, mas estava tudo combinado com antecedência. Assim, Barnett manteria o apoio dos racistas brancos, porque era a eles que Barnett representava, e Kennedy manteria o apoio dos negros, porque eram quem ele estaria defendendo. Foi um negócio arranjado de antemão. E não é segredo para ninguém; foi escrito, escrevem sobre isso direto. Mas, se fizeram esse tipo de acordo, quantos outros não terão orquestrado? Aquilo que vocês acham que anda na linha, irmãos e irmãs, é mais torto do que caminho de bêbado.

Portanto, para concluir, gostaria de salientar que a estratégia utilizada pelo governo até hoje foi planejada habilmente para fazer crer que estão tentando resolver o problema, quando na verdade não estão. Eles lidam com os sintomas, mas nunca com a causa. Deram-nos apenas medidas simbólicas, tokenismo. O tokenismo beneficia apenas uma minoria. Nunca beneficia as massas, e são as massas que têm o problema, não a minoria. Quem se beneficia do tokenismo não quer saber de nós de forma alguma, por isso aceita medidas simbólicas.

As massas de nosso povo ainda têm moradias ruins, educação ruim e empregos inferiores, empregos que não lhes oferecem um salário suficiente para tocarem a vida com dignidade neste mundo. De modo que o problema para as massas continua absolutamente sem solução. As únicas pessoas para quem o problema foi resolvido são aquelas como Whitney Young, que, segundo boatos, vai ser indicado para o gabinete presidencial. Ele será o primeiro homem negro no gabinete. E isso já diz como as coisas vão bem para ele. E também para outros que conseguiram empregos, como Carl Rowan, indicado para a USIA e que vem tentando habilmente fazer os africanos pensarem que o problema dos homens negros neste país está totalmente resolvido.

A pior coisa que o homem branco pode fazer a si mesmo é pegar um desses tipos de negro e perguntar a ele: "Como está o seu povo, garoto?". E ele vai dizer ao homem branco que estamos satisfeitos. Isso é o que eles fazem, irmãos e irmãs. Eles se metem atrás da porta e dizem ao homem branco que estamos satisfeitos. "É só me manter aqui, na frente deles, chefe, que eu vou mantê-los longe de você". É isso que falam quando estão a portas fechadas. Porque, veja bem, o homem branco não concorda com ninguém que não seja a favor dele. Ele não se importa se você está certo ou errado, quer saber se você está do lado dele. E, se você estiver do lado dele, pouco importa a ele com quem mais você está. Contanto que você esteja com ele, ele te coloca acima da comunidade negra. Você vira um porta-voz.

Nesta luta, é como se você estivesse em uma roda giratória; você corre e corre, mas não vai a lugar nenhum. Você corre cada vez mais rápido, e a roda fica cada vez mais rápida. Você nunca sai do lugar onde está parado. Então, é muito importante para você e para mim entendermos que nosso problema precisa de uma solução que beneficie as massas, não a classe alta – a chamada "classe alta". Na verdade, não existe nenhum negro de classe alta, porque ele vive no mesmo inferno que o negro das outras classes. Todos vivemos no mesmo inferno, o que é uma das coisas boas deste sistema racista – transformar todos nós em um só.

Se disséssemos agora aos brancos o que está reservado para 1965, eles certamente pensariam que somos loucos. Mas 1965 será o ano mais longo, mais quente e mais sangrento de todos. Tem que ser, não porque você quer que seja, ou eu quero que seja, ou nós queremos que seja, mas porque as condições que levaram às revoltas em 1963 ainda estão aqui; as condições que levaram às revoltas em 1964 ainda estão aqui. Não se pode dizer que não haverá

223

uma explosão, uma vez que todas as condições, os ingredientes, continuam aqui. Enquanto esses ingredientes explosivos estiverem por aqui, existe potencial para uma explosão.

E, irmãos e irmãs, vou dizer a vocês uma coisa, eu passo meu tempo lá fora, nas ruas, com as pessoas, todos os tipos de pessoas, ouvindo o que têm a dizer. E elas estão insatisfeitas, estão desiludidas, estão fartas, estão chegando a um tal ponto de frustração que começam a se perguntar: "O que temos a perder?". Quando você chega a esse ponto, você é o tipo de pessoa que pode criar uma atmosfera perigosamente explosiva. Isso é o que está acontecendo em nossos bairros, com nosso povo.

Li em uma pesquisa feita pela revista *Newsweek* esta semana que os negros estão satisfeitos. Ah, sim, *Newsweek*, com certeza, vocês que supostamente são uma revista de ponta, com pesquisadores de ponta, falando sobre como os negros estão satisfeitos. Talvez eu não conheça os negros que esses pesquisadores conhecem. Só sei que eles não conheceram aqueles que eu conheci. E isso é perigoso. É aqui que o homem branco se prejudica mais. Ele inventa estatísticas para criar uma imagem, pensando que essa imagem vai manter as coisas sob controle. Vocês sabem por que eles vivem dizendo que os negros são preguiçosos? Porque querem que os negros sejam preguiçosos. Vivem dizendo que os negros não conseguem se unir porque não querem que os negros se unam. E, uma vez que enfiam isso na cabeça do negro, percebem que ele está tentando ser fiel à imagem que criaram. Se disserem que vocês não conseguem unir os negros, e vocês recorrerem a eles para uni-los, claro que não vai haver união, porque já estava estabelecido que os negros não conseguem se unir. É uma coisa de louco isso que eles fazem; do mesmo jeito que fazem com as estatísticas.

Quando sentem que um período explosivo está chegando, recorrem à imprensa deles novamente e começam a dourar a pílula com o público negro, dando a entender que todos os negros estão satisfeitos. Se você chega à conclusão de que somente você está insatisfeito, enquanto dez outros não estão, você vai com calma;

mas, se você conclui que todos os dez estão insatisfeitos, aí é outra história. O homem branco sabe disso. Ele sabe que, se esses negros descobrirem o quão insatisfeitos realmente estão, que até mesmo o Pai Tomás está insatisfeito e apenas desempenhando seu papel por enquanto... É aí que o branco fica muito assustado. Isso os assusta na França e na Inglaterra, e os assusta nos Estados Unidos.

E é por isso que é tão importante que você e eu comecemos a nos organizar, de forma inteligente, para tentar responder o seguinte: "O que vamos fazer se isso acontecer, se aquilo acontecer ou se outra coisa acontecer?". Nem pense que você vai correr para o homem branco e dizer: "Olha, chefe, eu sou este aqui". Ora, quando a coisa desandar, você não será diferente de mim aos olhos dele. Isso vai dificultar as coisas para você. Sim, quando a coisa desandar, ele não vai olhar para você de modo melhor do que olha para mim.

Ressalto essas coisas, irmãos e irmãs, para que vocês e eu saibamos da importância de estarmos, em 1965, em completa unidade, em harmonia uns com os outros, para não permitirmos que a manipulação do homem branco nos obrigue a lutar uns contra os outros. A situação em que me encontro hoje, resultado da manipulação deles, de confronto entre mim e o movimento Muçulmano Negro, é algo que realmente lamento profundamente, pois acho que nada é mais destrutivo do que dois grupos de negros lutando um contra o outro. Mas são coisas que não podem ser evitadas, porque vão além de questões superficiais, e são questões que vão surgir em um futuro muito próximo.

Antes de me sentar, quero dizer uma coisa. Se vocês se lembram, quando saí do movimento Muçulmano Negro, afirmei claramente que não queria nem saber se eles continuavam existindo ou não. Eu queria dedicar meu tempo trabalhando na comunidade não muçulmana. Mas eles temiam que, se não fizessem algo, talvez muitos dos membros da Mesquita [Muçulmana Negra] sairiam também e seguiriam um rumo diferente. Portanto, eles começaram a me criticar e a tentar me calar por causa do que sabem que eu sei sobre eles. Acho que deveriam me conhecer bem o suficiente para saber que não vão conseguir me amedrontar. Mas, quando vierem à tona... – desculpem-me por estar tossindo assim, mas aquela fumaça de ontem à noite me afetou –, quando vierem à tona alguns fatos envolvendo o movimento Muçulmano Negro, vocês vão ficar chocados.

O que vocês precisam entender sobre nós, os militantes do movimento Muçulmano Negro, é que todos nós acreditávamos cem por cento na divindade de Elijah Muhammad. Nós acreditávamos nele. Na verdade, acreditávamos que Deus – aqui mesmo em Detroit, aliás –, que Deus tinha instruído Elijah Muhammad e tudo o mais. Sempre achei que ele próprio acreditava nisso. E fiquei chocado quando descobri que ele mesmo não acreditava nisso. Quando esse choque me abalou, comecei a olhar para todo lado, tentando entender melhor os problemas que todos nós enfrentamos, para que pudéssemos nos reunir para resolvê-los de alguma forma.

Quero agradecer por terem vindo aqui esta noite. Acho maravilhoso que tantos de vocês tenham comparecido, apesar do bloqueio de informações que arquitetaram contra esta reunião. Milton Henry e os irmãos aqui de Detroit são jovens muito progressistas, e eu aconselharia todos vocês a se juntarem a eles da maneira que puderem para tentar criar algum tipo de esforço unido em direção a metas comuns, objetivos comuns. Não permitam que a estrutura de poder manipule vocês para que percam tempo numa batalha contra outros negros, quando podem se envolver em algo construtivo e fazer algum trabalho de verdade.

Repito que não sou racista, não acredito em nenhuma forma de segregação ou coisa parecida. Defendo a fraternidade entre todos, mas não acredito em exigir fraternidade de quem não deseja isso. Vamos praticar a fraternidade entre nós e, se outros quiserem praticar a fraternidade conosco, então vamos praticá-la com eles também. Só acho que não devemos ficar por aí correndo atrás, tentando amar quem não nos ama. Obrigado.

Confronto com um "especialista"

STAN BERNARD INTERVIEWS MALCOLM X [NOVA YORK, 18 FEV. 1965]

A última aparição de Malcolm X no rádio aconteceu em Nova York, na emissora WINS, na noite de 18 de fevereiro de 1965. Isso foi quatro dias após o atentado a bomba a sua casa, nove dias após a polícia de Selma, Alabama, usar aguilhadas e cassetetes para conduzir 170 estudantes para o campo em uma "marcha" brutal e cansativa, de jornada dupla, e no mesmo dia em que centenas de alunos do Brooklyn "se rebelaram" em manifestações contra a situação de segregação nas escolas.

Na estação de rádio, Malcolm participou de um programa chamado *Contact*, com participação telefônica do público e mediado por Stan Bernard. Os convidados eram Aubrey Barnette, ex-muçulmano que acabara de escrever, em coautoria, o artigo "The Black Muslims Are a Fraud" [Os muçulmanos negros são uma fraude] para o jornal *Saturday Evening Post* de 27 de fevereiro; Gordon Hall, um "especialista em organizações extremistas"; e Malcolm. Na primeira hora do programa, que tratou principalmente dos muçulmanos negros e do atentado a bomba à casa de Malcolm, o tom de Hall em relação a ele foi hostil e desdenhoso. Malcolm a princípio tentou ignorar isso, mas desistiu no terço final do programa, que transcrevemos aqui.

STAN BERNARD *Gordon, você é um observador profissional de organizações extremistas e classifica os nacionalistas negros e, claro, os Muçulmanos Negros como organizações extremistas. Como você avalia essa guerra política que está acontecendo nas organizações nacionalistas negras?*
GORDON HALL *Bem, para ser perfeitamente franco com você, e eu acredito em falar francamente, acho que no momento os Muçulmanos Negros são uma organização em extinção, eles estão acabando, não causaram nenhum*

impacto na comunidade negra no plano nacional, e menos ainda agora. Malcolm não tem para onde ir, e é por isso que está patinando tanto. Por exemplo, ele se senta à mesa com os comunistas na prefeitura.

Que comunistas, com que comunistas tenho me sentado?...

GH *Com o Partido Socialista dos Trabalhadores...*

Você está absolutamente louco, eu nunca sentei com...

GH *Você fez vários discursos que eles republicaram...*

Bom, isso não é sentar-se à mesa. Eu falo em qualquer lugar, falei em Londres, na Inglaterra e...

GH *Você gostou muito de voltar lá várias vezes, e eles estão republicando um de seus principais discursos no* **The Militant...**

Eu falei em uma igreja, falei em uma igreja metodista em Rochester algumas noites atrás. Isso faz de mim um metodista?

GH *Não estamos falando sobre igrejas... Não estamos falando sobre igrejas, estamos falando sobre o Partido Socialista dos Trabalhadores...*

Falar em um lugar não te torna alguém desse lugar. Quem fala ao público fala em qualquer palanque...

GH *Ah, eu não, Malcolm.*

Pois eu falo para o público e falo em qualquer palanque.

GH *Receio que não seja o caso, Malcolm.*

Se falar num palanque socialista me torna um socialista, então, quando eu falo em uma igreja metodista...

GH *Era um palanque comunista...*

Eu estava em Selma, no Alabama, na semana passada, falando na igreja de Martin Luther King. Isso me torna um seguidor de Martin Luther King? Não, sua linha de raciocínio, senhor, não se aplica a mim.

GH *Eu estava apenas dizendo que o Stan me fez uma pergunta e que eu acho que, no momento, o movimento nacionalista não tem para onde ir, está patinando e atirando para todos os lados. E que há uma aliança na área do Harlem em* *geral, entre os comunistas sediados em Pequim, o Movimento Trabalhista Progressista e alguns dos outros, a turma do Bill Epton. Bill Epton é um comunista confesso – você concorda com isso, não, Malcolm?*

Não sei nada sobre a filosofia política de Bill Epton. Bill Epton, em minha opinião, é um dos líderes militantes do Harlem. Agora, quais são suas convicções políticas, não sei, só acho que é um direito dele.

GH *Eu não disse que ele não tinha direito, só estou afirmando o que ele é.*

Bem...

GH *Ele me disse isso pessoalmente...*

Tudo bem, seja o que for...

GH *Eu o entrevistei, ele me disse que era um comunista confesso...*

Então, seja o que for, é um direito dele...

GH *... e ele gostaria também de ver este nosso sistema completamente destruído. Só estou dizendo que há muita hostilidade...*

Eu acho que você vai descobrir que muitas das crianças que estão lá no Brooklyn...

GH *Posso falar, Malcolm, posso falar?*

... na rebelião contra o sistema escolar segregado aqui na cidade de Nova York...

GH *Posso falar?*

... e King e alguns de seus seguidores lá no Alabama estão lutando agora contra o mesmo sistema.

GH *Você é um grande enrolador, mas não deixa as outras pessoas falarem.*

Bom, diga o que tem a dizer.

GH *Eu estou tentando... se você fizer a gentileza de me deixar falar...*

SB *Vá em frente.*

Vá em frente, senhor Hall, doutor Hall.

229

GH *Bem, de qualquer forma, eles estão patinando agora, há muita hostilidade destrutiva no Harlem, e a maioria dos movimentos são pequenos e fragmentados – são fragmentos de fragmentos. Suponho que apenas o futuro dirá qual deles vai sair vitorioso e reivindicar para si o maior número de membros. Eu faria uma previsão, acho que poderíamos voltar daqui a um ano, Stan. Acho que você vai encontrar Malcolm pregando uma doutrina completamente isolada e liderando algum outro tipo de movimento.*

Sabem de uma coisa? Um dos melhores elogios que o doutor Hall pode me fazer é dizer as coisas que ele diz. Quando começar a me dar tapinhas nas costas é que vou ficar preocupado...

GH *Eu não estou dando tapinhas nas suas costas. Eu te disse em Boston...*

Eu disse *quando* você começar a me dar tapinhas nas costas...

GH *... que bastava esperar um pouquinho e você estaria pregando uma nova doutrina... E já está.*

Eu disse *quando* você começar a me dar tapinhas nas costas, vou ficar preocupado. Quando *você* começar, gente da sua profissão, que fazem carreira lidando com grupos neste país. Quando *você* começar a me dar tapinhas nas costas, aí então eu vou ficar preocupado, senhor. Agora, eu aconselharia você a ver, se acha que o nacionalismo não tem nenhuma influência, que os nacionalistas, a Organização da Unidade Afro-Americana, vão fazer um comício no Salão Audubon, na Broadway...

GH *Acho que você já mencionou isso antes, você está aproveitando para fazer propaganda.*

Vou mencionar de novo, sim. Eu não viria a este programa para não mencionar esse evento. Porque uma das coisas mais difíceis para os nacionalistas é conseguir divulgar ao público o que estamos fazendo. Então, vamos realizar esse comício no Audubon...

GH *O público está armando uma ampla conspiração contra você... Isso fica óbvio pelo que você diz...*

Você está me fazendo citar de novo o evento umas quatro ou cinco vezes. Faremos esse comício no Salão Audubon no próximo domingo, às catorze horas, e pessoas como você, que se consideram especialistas em nacionalistas, vão receber convites para a primeira fileira. E eu aconselho você, já que é sua profissão saber o que os nacionalistas e outros supostos extremistas estão fazendo, a aceitar nosso convite. Agora, uma coisa que eu gostaria de destacar, doutor Hall, é que sempre que você reparar na situação dos negros...

GH *Você sabe perfeitamente bem que não sou doutor, Malcolm.*

Bom, você fala como especialista em um tema, então, pensei que fosse doutor... Sempre que você reparar na situação que os negros enfrentam neste país, situação que o governo deixa perdurar há tanto tempo, a situação em si é extrema, e qualquer homem negro que seja realmente afetado por essa situação que nosso povo enfrenta terá sentimentos extremos. Não se pode receitar um xarope de tosse para curar alguém que tem pneumonia. E os negros estão se tornando mais radicais a cada dia. Eu estive no Alabama algumas semanas atrás, antes de ir para a Inglaterra, lá com o doutor King e outros, que estão tentando apenas se inscrever para votar. E vou lhe dizer uma coisa francamente, com King sendo considerado o mais moderado, o mais conservador, o mais amoroso, o mais defendido, o mais apoiado...

GH *A palavra é responsável, mas vá em frente.*

Certo, responsável para a estrutura do poder branco. Para mim, quando os brancos falam em "responsável"...

GH *Ele é um americano responsável, é isso que ele é.*

Quando pessoas como você costumam se referir aos negros como responsáveis, está falando de negros responsáveis no contexto do seu tipo de pensamento. Então, voltando ao doutor King, quando se encontra alguém que concorda com o governo, no grau em que o doutor King concorda, mas ainda assim seus jovens seguidores são obrigados a correr pelas ruas perseguidos pela brutalidade policial, polícia que nada mais são do que homens da Klan, quando isso acontece e o governo federal, que poderia intervir, não faz nada, garanto a vocês que estão sendo produzidos extremistas aos milhares. Quando eu estava lá, queriam que eu falasse para a imprensa, mas não queriam que eu falasse para a igreja, nem para as crianças, nem para os estudantes. Foram os próprios estudantes que insistiram para que eu falasse, que me deram a oportunidade de falar.

SB *Malcolm, como você acha que isso vai mudar?*
Senhor, eu acho que...

SB *Como? Quer dizer, eu sei que você está falando sobre esses jovens serem transformados em extremistas. Mas como? Como a situação vai mudar? Você pensa em confronto?*

Não vai mudar simplesmente por acreditarem que a coisa não existe na intensidade que existe. E não vai mudar com a divulgação de pesquisas, como a revista *Newsweek* fez na semana passada, dando a entender que os negros estão satisfeitos com a taxa de progresso alcançado. Isso é iludir a vocês mesmos. E meu argumento é o seguinte: que os brancos prestam um desserviço a si mesmos ao divulgar esse tipo de coisa, dando a entender que os negros estão satisfeitos quando o que ocorre neste país agora é a situação racial mais explosiva que já existiu. E todos os líderes que vocês chamam de responsáveis, quando falam sobre a situação, dizem que está tudo sob controle. No entanto, a cada dia você vê jovens negros se tornando mais revoltados do que nunca.

SB *Você não está respondendo à minha pergunta, você está evitando... Eu perguntei a você como isso vai mudar. Isso vai mudar por meio de um comportamento extremo – vamos chamar de reação extrema –, em outras palavras, você vai reagir com extremismo a uma situação da qual não gosta? E quão extrema pode ser sua reação?*

Bem, senhor, quando a Rússia colocou mísseis em Cuba, a única coisa que fez a Rússia tirar seus mísseis de Cuba foi o fato de os Estados Unidos terem apontado mísseis de volta para a Rússia.

SB *Você está sugerindo uma revolução?*

Não, estou dizendo o seguinte: se a inteligência dos negros neste país fosse respeitada, considerada como igual à dos brancos, então vocês entenderiam que a reação do homem negro à opressão é a mesma que a do homem branco à opressão. O homem branco não daria a outra face se estivesse sendo oprimido. Ele não demonstraria amor nenhum por uma Klan, um Conselho dos Cidadãos ou qualquer um que o oprimisse. Mas, por outro lado, o homem branco pede ao homem negro que faça isso. Então, tudo o que estou dizendo é que eu acredito totalmente que a situação pode mudar. Mas acho que não vai mudar enquanto os brancos continuarem adotando uma postura hipócrita, fingindo que a situação não é tão ruim quanto é; nem enquanto líderes negros, os chamados líderes "responsáveis", continuarem adotando uma postura hipócrita, tentando fazer os brancos acreditarem que os negros são pacientes e resignados e que estão dispostos a ficar esperando sentados aqui por muito mais tempo até que o problema seja resolvido.

SB *Vamos a mais um telefonema. O número de telefone do programa* Contact, *da rádio* WINS, *é: Judson 2–6405. Aqui é o* Contact, *você está no ar.*

[GAROTA] *Alô, Malcolm?*

Sim?

[G] *A Ku Klux Klan vai te pegar!*

Ha-ha-ha-ha.

SB *Muito obrigado.*

Deixe-me dizer algo para esta senhora. Eu fui convidado para ir ao Mississippi na próxima semana. Eu vou ao Mississippi na próxima semana. A Ku Klux Klan terá todas as oportunidades que quiser para me pegar. Eu estive no Alabama na semana passada. Eles também tiveram uma oportunidade na ocasião. Nem sempre é preciso ir para o Sul para encontrar a Ku Klux Klan. Evidentemente, um deles deve ser seu pai, ou você não seria capaz de falar como fala.

SB *Aqui é o* Contact, *você está no ar.*

[MULHER] *Eu gostaria de fazer uma pergunta ao Sr. Barnette. No livro de Louis Lomax,* When the Word Is Given..., *ele diz que nenhum dos boatos de que os muçulmanos teriam recebido ajuda de fora, de fontes comunistas ou segregacionistas, foi provado como verdadeiro. O sr. Barnette tem alguma informação que pode confirmar ou refutar essa afirmação?*

SB *Não entendi bem, mas o sr. Barnette saiu da sala. Ele deixou o estúdio durante esta última parte do debate e não está aqui para responder.*

[MULHER] *O sr. Hall poderia responder?*

SB *O sr. Hall poderia responder?*

GH *Não entendi muito bem sua pergunta. Você poderia repetir para nós?*

[M] *Sim. Louis Lomax diz que nenhum dos boatos de que muçulmanos teriam recebido ajuda de fora, de fontes comunistas ou segregacionistas, se provou verdadeiro. Eu gostaria de saber o que vocês pensam disso.*

GH *Eu concordaria com a afirmação do Sr. Lomax sobre isso. Acho que é uma afirmação verdadeira. Não tenho certeza de que se possa dizer o mesmo de outros grupos militantes da comunidade negra, mas acho que se aplica aos Muçulmanos.*

SB *Eu não tenho certeza...*

Eles não recebem nenhuma ajuda de fontes externas?

GH *Ela está falando sobre fontes comunistas ou segregacionistas externas.*

Eles recebem alguma ajuda de fontes segregacionistas *internas*? Você não é o especialista?

GH *Eu duvido muito. Não tenho evidência disso, nem você; e, se você tem, então...*

Não estou dizendo que tenho.

GH ... *assuma, Malcolm. Você está insinuando; você é um blefador muito esperto.*

Porque você me deu a impressão, de repente, de estar defendendo o movimento Muçulmano Negro...

GH *Nem um pouco, nem um pouco.*

... quando se trata de colocá-los contra os nacionalistas negros. Porque você sabe que o movimento Muçulmano Negro já foi capturado e não tem para onde ir.

GH *Fui eu que, fui eu que... – só para mostrar como sua lógica não faz sentido –, deixe-me falar. Só para mostrar como sua lógica não faz sentido, fui eu que indiquei para o* Saturday Evening Post *a matéria que você elogiou em alto e bom som esta noite como a melhor coisa já escrita sobre os Muçulmanos Negros.*

Mas não por você ter indicado...

GH *Eu que indiquei.*

É a melhor, mas não por você ter indicado. Não é isso que a torna a melhor. É a melhor porque Aubrey...

SB *O que o sr. Hall está dizendo é que indicou o artigo porque considerou importante e valioso.*

O que ele indicou, o que ele fez, não tem valor nenhum para mim. Eu não estou comentando sobre...

GH *Você sempre acha que os fatos estragam a discussão, Malcolm.*

Senhor, não estou comentando sobre o que você fez. Isso não tem nenhum valor para mim.

GH *Mas você disse que era um texto maravilhoso.*

Estou me referindo ao texto que Aubrey fez. Foi Aubrey quem escreveu o artigo. Você pode indicar o Rockwell para escrever um artigo também.

GH *Aubrey me procurou...*

Você pode indicar o Rockwell também para escrever um artigo.

GH *... porque ele sabia que eu conseguiria divulgar essa história da melhor maneira.*

Você pode indicar o Rockwell, pode indicar até a Klan para escrever um artigo.

GH *Não, não indicaria, não indicaria.*

Então, quem você vai indicar não me impressiona.

GH *Malcolm, você sabe perfeitamente bem que eu não indicaria. É só para me difamar.*

Você poderia, senhor. Você é um mercenário.

GH *(Para Bernard.) Você está percebendo a técnica dele?*

Não, você é um profissional, você mesmo disse isso; é por isso que eu te chamo de doutor.

SB *Próximo telefonema, podemos ir para o próximo telefonema agora?*

GH *Gosto quando o Malcolm fala assim, porque ele se expõe.*

Não, estou expondo você como um mercenário, um oportunista.

SB *Lá vamos nós, é a próxima chamada, lá vamos nós. Aqui é o* Contact, *você está no ar.*

[HOMEM] *Eu gostaria de dirigir uma pergunta a Malcolm X. Eu ouvi o senhor dizer, em um cinejornal, que os inimigos de Charlie são seus inimigos, como se Charlie se referisse ao homem branco...*

Charlie é a Ku Klux Klan, o Conselho dos Cidadãos Brancos, as pessoas brancas que praticam discriminação e segregação contra pessoas negras.

[H] *Certo. Então, gostaria de lhe perguntar sobre a menção que você fez da ajuda da China Vermelha.*

Eu nunca mencionei nada sobre ajuda da China Vermelha. Pergunte ao doutor Hall aqui, ele é um especialista. Acho que ele ainda vai ter que concordar com isso.

[H] *O que foi perguntado é se você aceitaria a ajuda dos chineses vermelhos para lutar contra Charlie. Já que você disse que aceitaria ajuda de qualquer um.*

Bom, mas isso não especifica a China Vermelha. O que eu disse foi que, quando você está na toca do lobo e uma raposa vem te oferecer ajuda, você aceita qualquer tipo de ajuda contra o lobo...

SB *Sim, mas eles perguntaram a você...*

Isso não significa que você ama raposas.

SB *Eles especificaram quando perguntaram a você se...*

Eu acho que eles não disseram "China comunista"; se bem me lembro, posso estar errado, eles não especificaram a China comunista. Mas quero dizer uma coisa aqui sobre a China comunista: a China é uma nação de 700 milhões de pessoas. Fisicamente, essas pessoas existem; fisicamente, elas existem. Não concordo com a atitude americana de fingir que 700 milhões de chineses não existem. Quando estive na África durante o verão, para todos os lugares onde olhava, via chineses. Só quando voltei para a América é que não vi mais chinês nenhum. Então, acho uma imaturidade fingir que 700 milhões de pessoas não existem.

GH *Essa não é a política dos Estados Unidos, fingir que eles não existem, Malcolm. Você diz cada coisa que não tem nada a ver.*

Não, mas eu...

GH *Os Estados Unidos estão bem cientes da existência da China Vermelha.*

Certamente que estão. Os chineses acabaram de detonar algumas bombas nucleares. Além disso, as forças chinesas estão detendo os soldados dos Estados Unidos em Saigon. Então, o governo deve estar bem ciente mesmo. Metade de suas forças estão detidas. Seria loucura não saber da existência da China. Mas você, por sua conta, está tentando dar ao público, às pessoas aqui, a impressão de que os chineses não existem.

GH *Isso é conversa sua. Não tem nada a ver.*

Eles são seres humanos, assim como você e eu somos.

SB *Você, é claro, defende o reconhecimento da China Vermelha e sua admissão nas Nações Unidas?*

Muitos dos senadores de vocês em Washington defendem a mesma coisa. Acho que as pessoas mais inteligentes e progressistas, de pensamento atualizado, finalmente atingiram a maturidade intelectual e política para concordarem que, quando se tem tantos povos habitando esta Terra, é melhor reconhecê-los e lidar com eles como seres humanos. Só assim eles vão lidar com vocês como seres humanos. Se vocês acham que não devem se relacionar com eles porque são comunistas, então por que se relacionar com a Rússia? Ou, então, se acham que não devem se relacionar com eles porque eles lutaram contra as forças das Nações Unidas na Coreia, por que se relacionar com Tshombe? Tshombe também lutou contra as forças das Nações Unidas em Katanga. Se vocês não usassem dois pesos e duas medidas para com esses povos o tempo todo, acho que obteriam melhores resultados.

SB *Tudo bem, vamos passar para a nossa próxima ligação. O número de telefone do* Contact, *da rádio* WINS, *é: Judson 2–6405. Este é o* Contact, *de Stan Bernard, você está no ar.*

[HOMEM] *Alô? Malcolm, gostaria de perguntar se você acha que a recente atitude do governo gaullista, ao recusar sua entrada na França, é de certo modo incoerente com a política geral da França para com a comunidade afro-asiática e a África em particular.*

Sim, enviei hoje um telegrama a Dean Rusk, o secretário de Estado aqui, exigindo uma investigação sobre o motivo pelo qual o governo francês pode banir um cidadão americano sem nenhuma reação da embaixada americana. Mas devo lembrar que estive em Paris em novembro passado e consegui criar uma organização – mais uma para o doutor Hall aqui investigar com sua capacitação – na comunidade negra americana em Paris, e eles têm trabalhado em conjunto com a comunidade africana. Foram a comunidade africana e a comunidade afro-americana de Paris que me convidaram para fazer um grande comício, e o governo francês permitiu minha entrada no país, na ocasião. Preciso lembrar também que foi o Sindicato dos Trabalhadores Comunistas de Paris que se recusou a deixar que a comunidade africana usasse o salão para o comício, impediu sua tentativa de usar o segundo salão e acabou exercendo influência sobre o governo francês nisso. Foram os trabalhadores do Sindicato Comunista, um dos maiores sindicatos

238

daquele país. A razão de eu ter ido a Londres... Fui convidado para participar do primeiro congresso do Conselho de Organizações Africanas, que durou quatro dias. Eles me convidaram para fazer o discurso de encerramento, porque estavam interessados na luta do homem negro americano em sua busca por dignidade humana e direitos humanos.

SB *Certo. Vamos passar para a nossa próxima ligação. Aqui é o* Contact, *você está no ar.*

[MULHER] *Olá. Posso falar com Malcolm X, por favor? Eu gostaria... Não tenho uma pergunta para Malcolm X. Só gostaria de dizer a ele que estou cem por cento com ele em tudo o que ele fizer para ajudar o negro. Acho uma vergonha que alguém jogue uma bomba em uma casa onde há seres humanos, principalmente crianças. E não concordo com os muçulmanos, os chamados "muçulmanos", porque para mim eles só fazem ensinar o ódio.*

Bom, eu confesso que fui um dos líderes que divulgou o movimento Muçulmano Negro e que fez tanta gente acreditar na versão distorcida do Islã que eles ensinam lá. Mas, ao mesmo tempo, devo dizer que existem alguns indivíduos progressistas, pessoas que pensam corretamente, no movimento Muçulmano Negro. Não são todos que estão errados. Há muitos ali com boas intenções, mas que estão sendo enganados pela hierarquia, por muitos que não têm boas intenções. Mas há, sim, um pensamento progressista dentro do movimento, geralmente de pessoas que entram, ficam um ano, se desiludem e saem. Então, eu assumo a responsabilidade de ter passado ao nosso povo a impressão de que o movimento Muçulmano Negro era mais do que ele é. Podem colocar a culpa em mim. Mas, ao mesmo tempo que assumo essa responsabilidade, quero salientar que nenhum homem, grupo ou agência brancos vão me usar contra Elijah Muhammad ou contra o movimento Muçulmano Negro. Posso até abrir minha boca contra outro homem negro, mas nenhum homem branco vai colocar palavras em minha boca, nenhum homem branco vai me instigar contra outro grupo de negros. Se eu analisar o homem e o grupo negros a meu modo e concluir que atuam em detrimento dos interesses da comunidade negra, aí vou atacá-los com a mesma intensidade.

SB *Gordon, você ia dizer algo?*

GH *Bem, novamente, como você vê, é sempre o mesmo pala- vreado. Ele começou dizendo que tinha que confessar ser responsável por enganar tantas pessoas no que diz respeito aos Muçulmanos Negros. Só que nunca houve tanta gente assim com os Muçulmanos Negros. Vamos admitir o fato de que não houve muita gente enganada. A imprensa branca é que foi enganada por acreditar que havia muita gente.*

Doutor Hall...

GH *Nunca houve mais do que 15 mil muçulmanos na Amé- rica, e agora existem apenas 6 mil. E temos 22 milhões de negros nos Estados Unidos. Coloque esses fatos na cabeça.*

Doutor Hall...

SB *Você admitiu isso no início, Malcolm. Você disse que o número de 15 mil está correto.*

GH *Os fatos são esses, Malcolm.*

Vou te dizer outro fato, pra você colocar na sua cabeça: nunca houve muitos Mau-Mau. Nunca houve. Havia mais Kikuyu e mais quenianos do que Mau-Mau.

GH *E daí?*

Mas foram os Mau-Mau que levaram o Quênia à independência. E o homem que era considerado um extremista, um monstro, apenas cinco anos atrás, Jomo Kenyatta, é o presidente da Repú- blica do Quênia hoje; e é esse mesmo homem que há cinco anos...

GH *A situação na África colonial hoje não é como nos Esta- dos Unidos.*

Bom, isto aqui é colonial. Quando se tem um sistema, em 1965, que pega crianças e as obriga a marchar numa estrada... Não foram obrigadas por indivíduos criminosos, e sim...

SB *Mas, em questão de números, você teria que forçar uma grande analogia. Nos Estados Unidos, o negro ainda é uma minoria. Nos Estados Unidos. E, quando se fala sobre minorias dentro de minorias dentro de outras minorias, pondo tudo na mesma panela, não é possível realmente fazer essa analogia com uma colônia.*

Pois eu repito: os Mau-Mau também eram uma minoria, uma minoria microscópica, mas foram os Mau-Mau que não só levaram o Quênia à independência como também ...

SB *Numa ampla maioria de negros.*

Mas foram eles que acenderam aquele pavio. O barril de pólvora é sempre maior do que o pavio. O pavio é a menor parte do barril de pólvora. Você pode revolver a pólvora o dia todo e não acontece nada. É quando se toca no pavio que se aciona a pólvora.

SB *Eu não faria isso, porque acho que vai explodir.*

É quando se toca no pavio que se aciona a pólvora. Veja a situação aqui no Harlem... Você pode pegar todos esses negros moderados, nos quais o doutor Hall coloca o selo de aprovação de "responsáveis", e eles não explodem nada. É o pavio, é aquele pequeno elemento que você chama de nacionalista e outros...

GH *Você está fazendo tudo que pode para encorajá-los, Malcolm, com sua linguagem demagógica...*

Não, não, eu não encorajo ninguém...

GH *Ah, você encoraja, sim.*

Eu não encorajo. Mas não vou ficar sentado aqui fingindo que eles não existem.

SB *Você não os instiga, Malcolm? Não instiga?*

Eu acho que não. Como é possível você instigar pessoas que moram em favelas e guetos? É a estrutura da cidade que instiga essas pessoas. Uma cidade que segue permitindo que elas vivam entocadas em ninhos de ratos no Harlem, pagando aluguéis mais caros do que no centro da cidade. É isso que as instiga. Uma cidade que segue permitindo que os comerciantes cobrem mais caro ou sobrecarreguem as pessoas com preços abusivos por mantimentos, roupas e outras mercadorias no Harlem, enquanto se paga muito menos no centro da cidade... É isso que instiga as pessoas. Uma cidade que não cria empregos para as pessoas impedidas de trabalhar só porque a pele delas é negra. É isso que as instiga. Nunca acuse um homem negro que expressa seu ressentimento e sua insatisfação com a situação criminosa em que vive seu povo de ser o responsável por instigar a revolta. Acuse a sociedade que permite que essa situação perdure. E é nisso que discordo do doutor Hall.

SB *Bem, em certo sentido...*

GH *Nós divergimos em muitos pontos, Malcolm.*

Esse é apenas mais um dos muitos pontos em que divergimos, doutor Hall.

SB *Bem, mas, em certo sentido, Hitler também não falava sobre diferentes pontos de vista? Ele não falava das condições existentes e também não instigava as pessoas?*

Não sei nada sobre Hitler, não estava na Alemanha. Eu estou na América.

SB *Não, Malcolm, não, por favor...*

Repito: eu não estava na Alemanha.

SB *Você sabe sobre Hitler tão bem quanto...*

Você não pode usar Hitler e a Alemanha para esconder o que está acontecendo aqui na América! Ligue a televisão esta noite e veja o que...

SB *No Harlem...*

Não, não, não... Ligue a televisão esta noite e veja o que eles estão fazendo com o doutor King.

GH *Os métodos do doutor King não são seus métodos. Você não conseguiria fazer o que ele está fazendo no Alabama.*

Senhor... senhor...

GH *Você não conseguiria fazer...*

Senhor, é melhor você rezar para que eu não resolva fazer o que ele está fazendo. A qualquer momento, o doutor King...

GH *Ah, você fala da boca para fora, Malcolm ...*

Quando o doutor King concorda com pessoas como você – como você mesmo –, você se esforça um pouquinho para mantê-lo fora da prisão. Você se esforça um pouquinho mais para protegê-lo. Pois se esforce um pouquinho mais para proteger as pessoas que o seguem e que demonstram aquele amor e aquela paciência dele. Se você fizesse mais por essas pessoas e gastasse um pouco de seu tempo tentando ajudá-las, em vez de ficar me atacando, provavelmente este país seria um lugar muito melhor para se viver. Você gasta muito do seu tempo, doutor, tentando investigar...

GH *Eu raramente menciono você, Malcolm, raramente vale a pena mencionar você...*

Você gasta muito do seu tempo, doutor, correndo por aí tentando rastrear pessoas negras insatisfeitas, que você rotula de extremistas...

GH *Dificilmente faço isso, dificilmente...*

Se você passasse parte do seu tempo nesses lugares onde o doutor King está lutando, você faria deste país um lugar melhor para se viver.

GH *Malcolm, eu dei palestras em todo o estado do Alabama, quando você ainda nem tinha nada a ver com os muçulmanos ou qualquer outro grupo.*

Você vestia um daqueles lençóis brancos? Você vestia um lençol branco?

GH *Está vendo só o que quero dizer?*

SB *Cavalheiros, está na hora. Soou o gongo... Aqui vamos nós... O gongo. Este é o round de número 15. Encerrada a luta aqui.*

Doutor Hall, vá ao Audubon no domingo, às catorze horas, e continuaremos a conversa.

GH *Tenho coisas mais importantes a fazer.*

SB *Cavalheiros, temos que seguir em frente. O tempo acabou. Eu gostaria de agradecer a todos vocês por estarem aqui esta noite. Muito obrigado, Gordon, Malcolm e, claro, Aubrey Barnette.*

ÚLTIMAS FALAS E ENTREVISTAS

A seguir, uma seleção de depoimentos dados por Malcolm X durante os últimos três meses de sua vida, extraídos de várias entrevistas e respostas a perguntas em reuniões.

Um vigarista?

DO ARTIGO DE MARLENE NADLE, "MALCOLM X: THE COMPLEXITY OF A MAN IN THE JUNGLE" [MALCOLM X: A COMPLEXIDADE DE UM HOMEM NA SELVA], *VILLAGE VOICE*, **25 FEV. 1965**

Muitas pessoas me alertaram sobre o *Village Voice*. Supostamente é um jornal liberal, mas dizem que é muito tacanho.

Algumas pessoas da equipe acham que você é um vigarista. Se eu quisesse ser um vigarista, não seria tolo de tentar isso nessas ruas onde as pessoas estão me caçando, onde não posso andar por aí depois de escurecer. Se eu quisesse poder, teria ido a qualquer lugar do mundo. Me ofereceram empregos em todos os países africanos.

Poderoso é Muhammad, com sua casa em Phoenix, seus ternos de duzentos dólares e seu harém. Ele não acreditava no Estado negro nem em conseguir qualquer coisa para o povo. É por isso que saí.

Não tem medo de investigação

Malcolm foi questionado sobre se diria ao Comitê de Atividades Antiamericanas da Câmara as mesmas coisas que acabara de dizer em uma reunião pública em Nova York. Abaixo, temos sua resposta a pergunta feita no Fórum Trabalhista Militante, em Nova York, no dia 7 de janeiro de 1965.

Eu adoraria uma oportunidade de defender qualquer coisa que vocês me ouçam dizer – para qualquer pessoa, em qualquer lugar, a qualquer hora. Vou até lá mesmo sem ser chamado. A única coisa que exijo é: não me questione a portas fechadas. Mantenha tudo público, que eu aceito tudo o que você puder mandar contra mim. Mantenha tudo público.

Francamente, acho que não há um único comitê em Washington que possa se defender quando se trata do problema racial neste país. Eles só te levam a Washington quando estão tentando te ligar a alguma potência estrangeira. Tratam os negros neste país como estrangeiros. Se nos conectamos com nosso próprio povo, somos vistos como subversivos.

Não, irmão, nunca me preocupo com nenhum tipo de investigação. Acho que nossa causa é justa. E acho que nossa paciência tem sido tanta que justifica qualquer impaciência agora. Estamos justificados. Como eu disse antes, tanto Johnson quanto Humphrey, quando acordam todas as manhãs, deveriam agradecer a Deus, qualquer que seja o Deus em que acreditam, pelos negros mostrarem a paciência que mostramos, ou a ignorância que demonstramos. Deveriam agradecer a Deus e tentar fazer algo a respeito antes que a impaciência aumente.

Sobre o racismo

RESPOSTA A PERGUNTA SOBRE A DIFERENÇA ENTRE RACISMO BRANCO E RACISMO NEGRO NO FÓRUM DA ESCOLA DE DIREITO DE HARVARD, 16 DEZ. 1964

Em geral, o racista negro foi produzido pelo racista branco. Na maioria dos casos, o racismo negro é uma reação ao racismo branco; e, se você analisar bem, não se trata realmente de racismo negro. Acho que os povos negros sempre mostraram menos tendências racistas do que qualquer outro povo desde o início da história.

Se temos uma reação violenta ao racismo branco, isso para mim não é racismo negro. Se você vem colocar uma corda no meu pescoço e eu te enforco por isso, para mim não se trata de racismo. O ato do branco é racismo, mas minha reação não tem nada a ver com racismo. Minha reação é a de um ser humano que reage para se defender e se proteger. Isso é o que nosso povo não fez; e o que alguns dos nossos, pelo menos os de alto nível acadêmico, não querem fazer. Mas a maioria de nós não está nesse nível.

DE ENTREVISTA DE 18 JAN. 1965 AO PERIÓDICO
***YOUNG SOCIALIST*, PUBLICADA EM MAR.-ABR. 1965**

O que você acha que leva ao preconceito racial nos Estados Unidos?

Ignorância e ganância. E um programa habilmente elaborado de deseducação, que combina bem com o sistema americano de exploração e opressão.

Se toda a população americana fosse devidamente educada – por educação adequada quero dizer: se recebesse um retrato fiel da história e das contribuições do homem negro –, acho que muitos brancos teriam sentimentos menos racistas. Eles teriam mais respeito pelo homem negro como ser humano. Conhecendo as contribuições do homem negro para a ciência e a civilização no passado, o sentimento de superioridade do homem branco seria pelo menos parcialmente anulado. Além disso, o sentimento de inferioridade do homem negro seria substituído por um conhecimento equilibrado de si mesmo. Ele se sentiria mais como um ser humano. Ele funcionaria mais como um ser humano em uma sociedade de seres humanos.

Portanto, é preciso educação para eliminar o racismo. O fato de haver faculdades e universidades não significa que se tenha educação. As faculdades e universidades do sistema educacional americano são habilmente usadas para educar mal.

Casamento inter-racial e um Estado negro

TRECHO DE ENTREVISTA NO *PIERRE BERTON SHOW*, GRAVADO NO CANAL CFTO-TV, TORONTO, 19 JAN. 1965

Antes de você se afastar de Elijah Muhammad, ir para Meca e ver o mundo original do Islã, você acreditava na segregação completa entre brancos e negros. Você se opunha tanto à integração quanto ao casamento inter-racial. Você mudou de opinião lá?

Eu acredito em reconhecer cada ser humano como um ser humano – nem branco, nem preto, nem marrom, nem vermelho. Quando se trata da humanidade como uma família, não há dúvida quanto a integração ou casamento inter-racial. É apenas um ser humano se casando com outro ser humano, ou um ser humano vivendo e convivendo com outro ser humano.

Devo dizer, porém, que não se pode colocar essa carga nas costas do homem negro. O fardo de ter que defender alguma posição nunca deve ser colocado sobre o homem negro, porque é o homem branco, coletivamente, que mostrou ser hostil à integração e ao casamento inter-racial, a esses e outros passos rumo à unidade.

Então, como um homem negro, e principalmente como um americano negro, não preciso me defender de nenhuma posição que eu tenha tido anteriormente, pois ainda se trata de uma reação à sociedade, uma reação produzida pela sociedade; acho que quem deve ser atacada é a sociedade que produziu isso, e não a reação que surge entre as pessoas que são vítimas dessa sociedade negativa.

Mas você não acredita mais em um Estado negro?

Não.

Na América do Norte?

Não, eu acredito em uma sociedade na qual as pessoas possam viver como seres humanos, com base na igualdade.

O homem que você pensa que é

RESPOSTA A PERGUNTA NO FÓRUM TRABALHISTA MILITANTE, 7 JAN. 1965

Eu sou o homem que você pensa que é. E, se não é preciso legislação nenhuma para fazer de você um homem e reconhecer seus direitos, nem venha com essa conversa de "legislação" para mim. Não! Se somos ambos seres humanos, faremos a mesma coisa. E se você quiser saber o que farei, descubra o que você fará, pois eu farei a mesma coisa – só que um pouco mais.

Como organizar as pessoas

DO ARTIGO DE MARLENE NADLE, *VILLAGE VOICE*, 25 FEV. 1965

A única pessoa que consegue organizar os homens na rua é aquela que é inaceitável para a comunidade branca. Os negros não confiam em nenhum outro tipo. Eles não sabem quem controla suas ações.

Você planeja usar o ódio para organizar o povo?
Não vou permitir que você chame isso de ódio. Digamos que vou criar neles uma consciência sobre o que foi feito com eles. Essa consciência produzirá uma abundância de energia, tanto negativa quanto positiva, que poderá então ser canalizada construtivamente.

O maior erro do movimento foi tentar organizar um povo adormecido em torno de objetivos específicos. É preciso fazer as pessoas acordarem primeiro, só depois se consegue ação.

Acordar para a exploração?
Não, para sua humanidade, para seu valor, para sua herança. A maior diferença comparativa entre a opressão sofrida pelo judeu e pelo negro é que o judeu nunca perdeu o orgulho de ser

judeu. Ele nunca deixou de ser um homem. Ele sabia que havia dado uma contribuição significativa para o mundo, e a consciência de seu próprio valor deu-lhe coragem para revidar. Isso o capacitou a agir e pensar de forma independente, ao contrário de nosso povo e de nossos líderes.

Dolarismo e capitalismo

RESPOSTA A PERGUNTA NO FÓRUM TRABALHISTA MILITANTE, 7 JAN. 1965

É verdade que a maioria dos países da América do Sul são satélites dos Estados Unidos. Mas eles não precisam se sentir mal por isso. Este país transformou até Khruschov em um satélite, fez com que ele perdesse o emprego. Todo mundo vira satélite hoje em dia.

Eles conseguiram... Basta estudar as relações entre os Estados Unidos e a Rússia durante os últimos quatro ou cinco anos e você verá que este país manipulou a Rússia até ela praticamente se tornar um satélite. A Rússia precisou se livrar de Khruschov para ter um pouco de sua independência de volta.

Digo isso da forma mais objetiva possível. Não estou querendo invadir o campo de ninguém, não tenho nenhum motivo pessoal para isso. É apenas minha opinião, a partir de observações que fiz viajando ao redor do mundo e ouvindo com ouvidos bem abertos.

É fácil virar um satélite hoje, mesmo sem estar ciente disso. Este país consegue seduzir até Deus. Sim, tem este poder de sedução: o poder do dolarismo. Vocês podem xingar o colonialismo, o imperialismo e todos os outros tipos de ismos, mas é difícil xingar o tal do dolarismo. Quando eles jogam esses dólares para cima de você, sua alma vai junto.

DE ENTREVISTA AO *YOUNG SOCIALIST* PUBLICADA EM MAR.-ABR. 1965

Qual a sua opinião sobre a luta mundial que ocorre agora entre o capitalismo e o socialismo?

É impossível o capitalismo sobreviver, principalmente porque o sistema capitalista precisa de sangue para sugar. O capitalismo já foi uma águia, mas agora está mais para abutre. Já foi forte o suficiente para sugar o sangue de qualquer um, fosse alguém forte ou não. Mas agora ficou covarde, como o abutre, e só consegue sugar o sangue dos desamparados. À medida que as nações do mundo se libertam, o capitalismo dispõe de menos vítimas para sugar e se torna cada vez mais fraco. É apenas uma questão de tempo, na minha opinião, antes que desmorone completamente.

O delegado de polícia

DE ENTREVISTA CONCEDIDA A HARRY RING, DA RÁDIO WBAI-FM, NOVA YORK, 28 JAN. 1965

Mais ou menos uma semana atrás, o delegado de polícia Murphy afirmou que os recentes alertas de perigo de uma nova insurreição no Harlem poderiam, na verdade, fornecer o combustível para a insurreição. Sei que você foi um dos que recentemente fizeram esse alerta. O que você diria sobre isso?

Bom, a atitude do delegado Murphy é uma das principais responsáveis por grande parte do mal-estar entre as raças, especialmente nas comunidades negras como Harlem, Bedford-Stuyvesant, entre outras. Quando ele fala – quando ele *alerta* – contra qualquer um que mencione que há uma grande chance de ocorrer uma onda de violência no verão, está é tirando o corpo fora.

Sua atitude é igual à atitude americana em relação à existência da China. A atitude geral dos americanos é de fingir que

700 milhões de chineses não existem e que uma pequena ilha na costa da China é a *China*. Bem, o delegado Murphy adota essa mesma atitude em relação à situação da comunidade negra. É uma situação tão explosiva que será impossível continuar a existir sem que haja insurreições violentas.

Em vez de o delegado Murphy se dedicar a algum tipo de trabalho que elimine as causas dessas insurreições, ele quer *condenar* as pessoas que advertem para a permanência dessa situação e que, ao mesmo tempo, alertam para o fato de que a continuada existência das causas vai criar as insurreições.

Portanto, acho que o delegado de polícia é provavelmente o melhor exemplo de imbecil. Odeio usar esse tipo de palavra em seu programa, mas a verdade é que ele adota uma abordagem muito imbecil dos problemas na comunidade negra; e o fato de ele não parar de falar sobre isso não ajuda em nada para melhorar a situação – pelo contrário, torna a situação pior.

Nota pública para Rockwell

Em uma manifestação pública da Organização da Unidade Afro-Americana no Harlem, em 24 de janeiro de 1965, Malcolm disse que, em um noticiário de televisão, vira o pastor Martin Luther King ser derrubado por um racista, que aquela cena "me machucou" e que, se ele estivesse lá, teria ido ajudar King. Malcolm também leu em voz alta o texto de um telegrama que havia enviado a George Lincoln Rockwell, líder do Partido Nazista Americano:

Isto é para avisá-lo de que eu não estou mais impedido, pelo movimento separatista Muçulmano Negro de Elijah Muhammad, de lutar contra os supremacistas brancos e que, se sua atual provocação racista contra nosso povo no Alabama causar danos físicos ao pastor King ou a quaisquer outros negros americanos que estão apenas tentando garantir seus direitos como seres humanos livres, você e seus amigos da Ku Klux Klan vão enfrentar o máximo de retaliação física daqueles de nós que não estão algemados pela filosofia do desarmamento e da não violência; daqueles de nós que acreditam em afirmar nosso direito de autodefesa por qualquer meio necessário.

Sobre política

RESPOSTA SOBRE O RESULTADO DA ELEIÇÃO PRESIDENCIAL NOS ESTADOS UNIDOS EM REUNIÃO DA PRÉSENCE AFRICAINE, PARIS, 23 NOV. 1964

Não é um presidente que vai ajudar ou prejudicar; é o sistema. E esse sistema não está apenas nos governando na América, ele está governando o mundo. Hoje em dia, quando um homem concorre à presidência dos Estados Unidos, ele não está concorrendo apenas à presidência dos Estados Unidos; ele tem que ser aceito por outras áreas do mundo onde a influência americana domina.

Se Johnson estivesse concorrendo sozinho, não seria aceito por ninguém. A única coisa que o tornava aceitável para o mundo era que os capitalistas espertos, os imperialistas espertos, sabem que a única maneira de as pessoas correrem em direção à raposa é lhes mostrando um lobo. Então, eles criaram uma alternativa horrível. Daí que o mundo inteiro – incluindo pessoas que se autodenominam marxistas – esperava que Johnson vencesse Goldwater.[1]

---

1   Na eleição presidencial dos Estados Unidos de 1964, o candidato do Partido Democrata, Lyndon B. Johnson, derrotou o republicano e conservador Barry Goldwater, senador pelo estado do Arizona. A eleição de 1964 ocorreu pouco menos de um ano após o assassinato do presidente John F. Kennedy em Dallas, Texas. Johnson era o vice-presidente de Kennedy. [N.T.]

Preciso dizer uma coisa: gente que afirma ser inimiga do sistema estava de joelhos esperando que Johnson fosse eleito – porque supostamente ele é um homem de paz. Só que, *naquele exato momento*, ele tinha tropas invadindo o Congo e o Vietnã do Sul! Ele tem tropas até mesmo em áreas de onde outros imperialistas já se retiraram. Voluntários do Corpo da Paz para a Nigéria, mercenários para o Congo!

RESPOSTA A PERGUNTA NO FÓRUM DA ESCOLA DE DIREITO DE HARVARD, 16 DEZ. 1964

Primeiro, nosso povo precisa se tornar eleitor registrado. Mas não devemos nos envolver ativamente na política até que tenhamos um entendimento muito melhor do que temos agora sobre os ganhos que podemos obter com a política neste país. Entramos na política de uma forma meio ingênua, emocional, enquanto a política, especialmente neste país, tem sangue-frio e é cruel. Precisamos entender melhor a ciência da política, além de nos tornarmos eleitores registrados.

Por isso não devemos optar por nenhum desses partidos. Em minha opinião, devemos reservar nossa ação política para a situação que estiver ao nosso alcance, de forma alguma nos identificando com nenhum dos partidos ou nos vendendo a nenhum desses partidos, mas realizando ações políticas que sejam para o bem do ser humano e que eliminem essas injustiças. Eu, por exemplo, acho que o homem que está agora na Casa Branca não é moralmente capaz de tomar o tipo de atitude necessária para acabar com essa situação.

RESPOSTA A PERGUNTA DE UM MEMBRO DA DELEGAÇÃO DE MCCOMB, NO MISSISSIPPI, 1º JAN. 1965

A relutância dos negros em votar nem sempre é porque eles não têm o direito de votar. As máquinas políticas na maioria dos estados e cidades geralmente não selecionam [como candidatos a cargos políticos] os negros que são intelectualmente capazes de lidar com a política como ela é, mas fantoches que servem como porta-vozes para controlar a política da comunidade. Os negros no Harlem testemunharam isso ano após ano e perceberam como a política do Harlem e de outras comunidades negras tem sido controlada de fora.

Não é que eles estivessem politicamente apáticos ou mortos – eles se abstiveram de propósito. Quando você lhes dá algo com o que se envolver ou alguém em quem votar, descobre que eles são tão ativos quanto foram apáticos. O objetivo da OAAU é trabalhar com aqueles indivíduos negros politicamente apáticos. Pretendemos incitá-los, torná-los ativos aqui, para que haja um pouco de ação.

Aqueles que não se envolvem ativamente na política são os que atuam nas ações físicas. Não encontraram nada de concreto na política no passado, então não recorreram à política. Recorreram a práticas físicas, a métodos físicos, se é que você me entende. O que pretendemos é tentar aproveitar essa energia, propiciar a eles uma melhor compreensão da política.

RESPOSTA A PERGUNTA NO FÓRUM TRABALHISTA MILITANTE, 7 JAN. 1965

Em primeiro lugar, o cavalheiro me pergunta se eu acredito em ação política. E se eu concorreria a prefeito caso os grupos de esquerda se reunissem e lançassem minha candidatura. Eu acredito na ação política, sim. Qualquer tipo de ação política. Eu acredito em ação, ponto-final. Qualquer tipo de ação é necessária. Quando você me ouve dizer "por qualquer meio necessário", quero dizer exatamente isso. Eu acredito em tudo o que é necessário para corrigir condições injustas – políticas, econômicas, sociais, físicas, qualquer coisa que seja necessária. Eu acredito nisso, contanto que seja conduzido de forma inteligente e planejado para dar resultados.

Só não acredito em me envolver em qualquer tipo de ação política ou de outro tipo sem parar para analisar bem as possibilidades de sucesso ou fracasso. E acredito que nenhum grupo deve se referir a si mesmo como "de esquerda", "de direita" ou "de centro". Eles devem ser o que são, sem permitir que lhes coloquem rótulos – nunca ponha rótulos em você mesmo. Às vezes, um rótulo pode até te matar.

DO ARTIGO DE MARLENE NADLE, *VILLAGE VOICE*, 25 FEV. 1965

Marlene Nadle, observando que Malcolm queria lançar candidatos negros militantes para cargo públicos, pergunta-lhe se ele seria um candidato.

Neste momento, não sei. Acho que sou mais eficaz atacando o sistema. Não dá para fazer isso tão bem quando se está dentro do sistema.

A senhorita Nadle pergunta se ele acha que um partido exclusivamente para negros, como o Partido Liberdade Já de Michigan, é necessário.

Sim, em alguns casos é preciso criar novos mecanismos. Em outros, é melhor assumir o controle da maquinaria existente. De qualquer forma, estaremos envolvidos em todos os níveis da política de 1965 em diante.

Donos de favelas e antissemitismo

Em sua palestra "Perspectivas de Liberdade em 1965", Malcolm referiu-se aos proprietários de favelas que possuíam casas no Harlem, "mas não moram nelas; geralmente moram perto da Grand Concourse [Bronx] ou em algum outro lugar". No momento do debate, primeiro uma mulher, depois um homem fizeram objeções a essa observação. Resposta a pergunta no Fórum Trabalhista Militante, realizado dia 7 de janeiro de 1965.

A senhora ali disse que estava gostando da minha palestra, mas que parou de apreciá-la – estou parafraseando a pergunta – quando mencionei os proprietários que moram na Grand Concourse. Bom, tem também os que moram em outros lugares além de na Grand Concourse. Mas muitos deles vivem na Grand Concourse. Não fiz julgamento nenhum de ninguém que viva na Grand Concourse – apenas daqueles que são culpados, apenas daqueles que são culpados. Imagino que, se eu citasse o Central Park West ou o Central Park East, haveria alguém dali se sentindo mal também. Mas não dá para eu pensar em todos esses lugares, não é?

Sim, senhora. [*Mulher volta a falar.*] O que você quis dizer? Veja só... você está irritada. Está dizendo que minha afirmação soa como antissemita. Por que soa como antissemita? Os judeus são os únicos que vivem na Grand Concourse? Você sabe muito bem que deve haver alguns italianos lá, ou alguns irlandeses, ou qualquer outra coisa. Mas, se os judeus são os únicos que vivem lá, dê uma pesquisada e descubra por quê. Agora é que você vai dizer que eu realmente estou falando como um antissemita. Não, você é que se deixa levar. [...]

Ao afirmar que parte da burguesia negra também mora na Concourse, você está dizendo que alguns de nosso próprio povo também são donos de favelas. Não sei se você notou que, quando me referi à Concourse, eu não falei nada sobre nenhuma cor em particular. Eu só falei dos donos de favelas que moram lá. Eu incluí todo mundo. Mas alguns de vocês estão na defensiva. É isso o que quero dizer. É perigoso, sabe, se deixar afetar toda vez que alguém está falando, achar que estão falando de você. Isso não é bom.

Agora, no que diz respeito à burguesia negra, e à burguesia que mantém esse *establishment* negro específico, eis um livro chamado *The Negro Mood* [de Lerone Bennett Jr.], um livro ótimo. Se vocês não conseguirem encontrá-lo em nenhum outro lugar, podem conseguir na Nationalist Memorial Bookstore,[2] na Sétima Avenida, entre as ruas 125th e 126th – Dr. Michaux. *The Negro Mood*. Há um capítulo chamado "The Black Establishment" [O *establishment* negro] que vocês deveriam ler. Conta como a estrutura de poder branco no centro da cidade controla a comunidade negra por meio do *establishment* negro.

Então, vocês vão compreender que não é a burguesia negra que apoia os líderes negros – é a estrutura do poder branco no centro. É isso que eles estão querendo dizer quando falam em líder negro "responsável" – aquele homem que eles colocaram no poder e a quem usam para manter o *status quo*. Quando eles usam a palavra "responsável", é disso que estão falando. Um líder negro "irresponsável" é aquele que não caiu nas garras deles, que está seguindo outro rumo.

Então, não tente atribuir isso a nós. Não. Aceitamos qualquer culpa que tenhamos, ou seja, a comunidade negra aceita nossa burguesia negra, seus erros e tudo o mais, aceitamos todos eles. Não nego nada disso. Mas, quando afirmei, falei no geral. Poderia estar me referindo a italianos, irlandeses, poloneses, tudo. Mas você se precipitou. Você mesma se colocou na berlinda.

---

2   Referência à National Memorial African Bookstore (Livraria Memorial Africano Nacional), dirigida por Lewis H. Michaux. Importante ponto de encontro para pessoas interessadas em se informar sobre as questões raciais, debatê-las e combater o racismo, era frequentada por Malcolm X, Nikki Giovanni, Muhammad Ali, entre outros, e sediou noites de autógrafos de Louis Armstrong e Langston Hughes. Foi ali que se conheceram o sociólogo W. E. B. Du Bois e a escritora e dramaturga Shirley Graham, que viriam a se casar em 1951. Do lado de fora costumava ser montado um palanque que reunia multidões em comícios sobre a questão negra; Malcolm X discursou diversas vezes ali. [N.E.]

Militantes brancos e negros

RESPOSTA A PERGUNTA NO FÓRUM TRABALHISTA MILITANTE, 7 JAN. 1965

O irmão queria saber que medidas práticas poderiam ser tomadas a fim de enfrentar esta situação injusta aqui em Nova York e conseguir alguns resultados significativos. O único erro que foi cometido na luta dos oprimidos contra o opressor é que ela foi faccionada demais, em muitas facções. Tem facções do centro, facções da parte alta da cidade, facções do outro lado da cidade e algumas facções de porão. Em vez de arranjarem algum grau de coordenação rumo a um objetivo comum, geralmente estão divididas e passam muito tempo desconfiando umas das outras, ou batendo umas nas outras, ou mesmo lutando abertamente entre si.

Os militantes negros do Harlem não procuram muito os brancos do centro da cidade, não importa quão militantes sejam. Já os negros que vêm para o centro e se misturam com os militantes brancos geralmente não sabem nem falar com os negros da parte alta da cidade. Eu tenho que dizer isto aqui. Percebi só de observar.

Tem todo tipo de gente cansada do que está acontecendo. Tem brancos que estão fartos, tem pretos que estão fartos. Os brancos que estão fartos não podem frequentar a parte alta da cidade tão facilmente, porque as pessoas da parte alta estão mais fartas do que qualquer outro grupo; e estão tão fartas que fica difícil frequentar a parte alta da cidade.

Já os negros da parte alta da cidade que vêm para o centro são daquele tipo, vocês sabem, que quase perdem a identidade – perdem a alma, por assim dizer –, de modo que não conseguem servir de ponte entre os militantes brancos e os militantes negros; esse tipo não consegue fazer isso. Eu odeio ter que falar assim deles, mas é a verdade. Eles perderam a identidade, perderam o sentimento e, em geral – vamos com calma aqui, por favor –, em geral perderam o contato com o próprio Harlem.

Então, não servem para nada, quase perderam as raízes, não estão nem na parte alta da cidade nem totalmente no centro.

Então, quando chegar o dia em que os brancos que estão *realmente* fartos – não me refiro a esses brancos enroladores, que se passam por liberais e não são, mas àqueles que estão fartos do que está acontecendo –, quando *eles* realmente aprenderem a estabelecer uma comunicação apropriada com os negros da parte alta da cidade, os negros que estão fartos, e realizarem alguma ação coordenada, aí haverá alguma mudança. Vocês verão algumas mudanças. E vão ser necessários os dois lados, vai ser necessário dar tudo o que vocês têm, é isso o que vai ser necessário.

Mas quantos de vocês que estão sentados aqui agora sentem que podem realmente se identificar com uma luta que foi planejada para eliminar as causas básicas que criam as condições existentes hoje? Não muitos. Vocês ficam enrolando, mas, quando se trata de se identificar com uma luta que não é endossada pela estrutura de poder, que não é aceitável, uma luta em que as regras básicas não são estabelecidas pela sociedade em que vocês vivem e contra a qual estão lutando, aí não conseguem se identificar. Vocês recuam.

Ah, mas quando as coisas ficarem bem ruins mesmo, todo mundo vai entrar em ação. E é isso que está para acontecer em 1965.

DO ARTIGO DE MARLENE NADLE, *VILLAGE VOICE*, 25 FEV. 1965

> *[Malcolm] considera todos os militantes brancos aliados possíveis. Ele especifica essa possibilidade. E entremeados nessa especificação estão os fios das emoções que percorrem o Harlem.*

Se vamos trabalhar juntos, os negros devem assumir a liderança de sua própria luta. Na fase um, os brancos lideraram. Estamos entrando na fase dois agora.

Esta fase será de muita revolta e hostilidade. Os negros lutarão contra os brancos pelo direito de tomar decisões que afetam a luta, para viver a plenitude de sua humanidade e o respeito próprio.

A hostilidade é boa. Está refreada há muito tempo. Quando pararmos de dizer sempre "sim" ao senhor Charlie e de dirigir o ódio contra nós mesmos, começaremos a ser livres.

A senhorita Nadle pergunta como ele planeja conseguir que militantes brancos lutem ao seu lado se vive atirando cobras e lagartos contra eles.

Teremos que tentar corrigir isso. [Seria difícil juntar militantes brancos e negros.] Não é fácil para os brancos irem até a parte alta da cidade, porque as pessoas lá não andam muito amigáveis. E os negros que vão ao centro perdem sua identidade, perdem sua alma. Não conseguem servir como ponte porque perderam o contato com o Harlem. Nossos líderes negros nunca mantiveram contato, então também não conseguem fazer isso.

A única pessoa que poderia fazer isso seria alguém que tivesse a total confiança da comunidade negra. Se eu tentasse, teria que ser muito diplomático, porque há partes do Harlem onde você não ousa nem mesmo mencionar a ideia.

Conselho a um intrometido não violento

Um defensor da não violência pergunta indignado a Malcolm se ele acha que os três trabalhadores pelos direitos civis assassinados no Mississippi eram covardes. Ele interrompe a resposta várias vezes. Disse que tinha estado no Mississippi. Uma mulher grita e desafia Malcolm a ir ao Mississippi. Embora as perguntas se tornem cada vez mais acaloradas e antagônicas, Malcolm permanece calmo ao responder, no Fórum Trabalhista Militante, em 7 de janeiro de l965.

Senhor, tenho grande respeito e admiração por alguém que tem a coragem de atar as próprias mãos, depois sair e permitir que um bruto o trate com brutalidade. Sou obrigado a respeitá-lo, porque ele está fazendo algo que não entendo. O que ele está fazendo está além até mesmo do meu poder de compreensão. É como se eu colocasse algemas em mim mesmo e fosse para o ringue lutar sem violência contra Cassius Clay ou Sonny Liston. Acho que não conseguiria fazer isso; se alguém consegue, olha, boa sorte para você.

Só quero sugerir – e não digo isso como uma condenação ao Cofo[3] ou ao SNCC, já que conheço muitos deles, que são estudantes e homens corajosos, e tudo mais –, só estou dizendo que, já que sua abordagem, como você diz, é "tática", uma abordagem tática é planejada para obter certos resultados. É planejada para mantê-lo vivo. É planejada para levá-lo à vitória. Ora, simplesmente não podemos dizer que a vitória foi alcançada. Não podemos dizer que a vida está sendo preservada.

Não estou criticando ou condenando você, estou questionando sua tática. Estou questionando suas táticas. [*Homem defensor da não violência fala novamente.*] Não, não, se Schwerner pudesse voltar aqui e falar com você... ou qual é o nome do negro? Quero te contar uma coisa. Eu estava na África quando li o que fizeram com o Chaney. Eles disseram que espancaram aquele negro até a morte; eles atiraram nos outros dois, mas disseram que bateram em todos os ossos dele e que quebraram todos os ossos. E sabe o que mais? Acho que as pessoas que dizem para o nosso povo ser não violento são praticamente agentes da Ku Klux Klan. Acho que 1965 não vai ser um ano muito pacífico, não. Seu ano foi 64.

---

3 Formado em 1962, o Cofo foi uma coalizão das principais organizações do Movimento pelos Direitos Civis do Mississippi, como a NAACP, o SNCC e o Core. [N.T.]

Eu mesmo estou indo para o Mississippi, fui convidado para ir lá, ao Alabama e alguns desses lugares e, sabe... eu simplesmente não enxergo a não violência. [*Homem fala novamente.*] Você pode ir comigo. [*Homem fala novamente. Presidente do Fórum diz: "Podemos manter a sequência?".*] Eu não o culpo – ele está nervoso. Eu também ficaria nervoso. [*Homem continua.*]

Agora, olhe aqui, irmão, se você vai ser não violento no Mississippi, deveria ser não violento aqui também. Eu vou te dizer por quê. Seria mais "tático" ser não violento comigo do que ser não violento com a Klan. Por muitas razões.

Não pense que estou atacando o Cofo. Eu conheço James Forman, vi John Lewis em Nairóbi no verão passado, no Quênia, a terra dos Mau-Mau – ele estava lá na Zâmbia e em outros lugares. E eles são todos meus amigos.

Como eu disse na minha fala de abertura aqui, acredito que o Mau-Mau foi um dos primeiros e mais importantes movimentos de libertação do continente africano. E em todos os casos, no continente africano, onde essa questão surgiu foram necessários grupos comprometidos – comprometidos por todos os meios necessários – em trazer reconhecimento e respeito a seu povo. Seja no continente africano, seja no Mississippi, Alabama, Nova York, é necessário que haja grupos de pessoas, brancas ou negras, comprometidas, por todos os meios necessários, a preservar a vida e a propriedade das pessoas quando a própria lei é incapaz de se efetivar.

No Brooklyn, os judeus hassídicos formaram comitês de vigilantes. E eles estão também em outras partes do país. Ninguém acha que isso é tão errado assim. Pois eu digo que nós precisamos de alguns desses. E, por causa do tipo de opressão, tirania e oposição que enfrentamos, nossos comitês precisam ser invisíveis. Você sabe o que quero dizer com invisível: invisível. Nunca são vistos. Vocês apenas sentem que eles estão aí. Obrigado.

Sobre voltar para a África

RESPOSTA SOBRE COMO OS AFRO-AMERICANOS SERIAM RECEBIDOS PELOS AFRICANOS SE VOLTASSEM PARA A ÁFRICA, FÓRUM DA HARYOU-ACT[4] PARA OS MEMBROS INTERNOS DO CORPO DA PAZ, NOVA YORK, HARLEM, 12 DEZ. 1964

Após longas discussões com muitos africanos em todos os níveis, eu diria que alguns seriam bem-vindos e outros não. Aqueles que têm uma contribuição a fazer seriam bem-vindos, mas aqueles que não têm contribuição a dar não seriam. Acho que, analisando objetivamente, nenhum de nós vai ver algum problema nisso.

E eu acredito nisso, que se nós migrássemos de volta para a África, dos pontos de vista cultural, filosófico e psicológico, mesmo permanecendo aqui fisicamente, o vínculo espiritual que se desenvolveria entre nós e a África, por meio dessa migração (assim chamada "migração") cultural, filosófica e psicológica, serviria para fortalecer nossa posição aqui, porque nossos vínculos com a África atuariam como raízes ou bases a nos apoiar. Nunca conseguiremos fincar nossas bases na América. Vocês estão loucos se acham que *este* governo algum dia vai nos apoiar da mesma forma que apoiou outras pessoas. Eles nunca vão fazer isso. Não está neles.

Como exemplo, veja os chineses. Você me perguntou sobre a China Vermelha. Os chineses costumavam ser desrespeitados. Eles costumavam usar a seguinte expressão neste país: "Você

---

4 A Harlem Youth Opportunities Unlimited [Oportunidades Ilimitadas para a Juventude do Harlem], conhecida como Haryou, foi uma organização fundada em 1962 pelo casal de psicólogos negros estadunidenses Kenneth e Mamie Clark e que atuou para criar oportunidades de educação e emprego para jovens negros no bairro do Harlem. Como consequência de sua atuação, conseguiu reduzir os índices de delinquência juvenil na região. [N.T.]

não tem a menor chance, nem aqui nem na China". Vocês se lembram disso? Ultimamente já não se escuta mais isso. Porque um chinês tem mais chances do que os americanos agora. Por quê? Porque a China é forte. Desde que a China se tornou forte e independente, ela é respeitada, ela é reconhecida. Então, aonde quer que um chinês vá, ele é respeitado e reconhecido. Ele não é respeitado e reconhecido pelo que fez como indivíduo; ele é respeitado e reconhecido porque tem um país na retaguarda dele, um continente na retaguarda. Ele tem algum poder em sua retaguarda. Eles não o respeitam apenas, eles respeitam o que está na retaguarda dele.

Da mesma forma, uma vez que o continente africano, quando de sua independência, for capaz de criar a unidade necessária para incrementar sua força e sua posição neste mundo, para que também a África seja respeitada como outros grandes continentes são respeitados, então, para onde quer que forem as pessoas de origem africana, de herança africana ou sangue africano, elas serão respeitadas – mas somente quando tiverem, e porque terão, algo muito maior que se assemelha a elas e está na retaguarda delas. Com esse tipo de apoio é que vocês vão conseguir algum respeito. Sem isso, podemos fazer qualquer coisa na vida, nesta sociedade – aprovar qualquer tipo de lei que Washington invente –, que ainda estaremos tentando fazer com que cumpram essa lei. Seremos como aquele chinês [sobre] o qual costumavam dizer: "Não tem a menor chance, nem aqui nem na China". Agora você, como negro, não tem a menor chance. Mas, com a África conquistando a independência, você e eu teremos mais chances. Eu acredito cem por cento nisso.

E isso é o que quero dizer com migração ou com voltar para a África – voltar no sentido de estendermos a mão para eles e eles virem até nós. Nosso entendimento mútuo e nosso esforço mútuo em direção a um objetivo mútuo trarão benefícios mútuos, tanto para os africanos quanto para os afro-americanos. Mas nunca vamos conseguir isso nos apoiando apenas no Tio Sam. Vocês estão olhando na direção errada. Porque as pessoas erradas estão em Washington, da Casa Branca a todo o resto. Espero não melindrar ninguém ao dizer isso. Eu não votei nele, então posso dizer.

Sobre o nacionalismo negro

DE ENTREVISTA AO *YOUNG SOCIALIST* PUBLICADA EM MAR.-ABR. 1965

Como você define o nacionalismo negro, com o qual se identifica?

Eu costumava definir o nacionalismo negro como a ideia de que o homem negro deve controlar a economia de sua comunidade, a política de sua comunidade e assim por diante.

Mas, quando estive na África em maio, em Gana, conversei com o embaixador argelino, que é extremamente militante e um revolucionário no verdadeiro sentido da palavra – tendo se credenciado por ter conduzido uma revolução bem-sucedida contra a opressão em seu país. Quando eu disse a ele que minha filosofia política, social e econômica era o nacionalismo negro, ele me perguntou com toda a franqueza: "Bom, mas onde é que eu entro nisso?". Porque ele é branco. Ele é africano, mas argelino e, ao que tudo indica, é um homem branco. Ele perguntou, já que eu definia meu objetivo como a vitória do nacionalismo negro, onde ele entrava nessa história. Onde entram os revolucionários do Marrocos, Egito, Iraque, Mauritânia? Então ele me mostrou como eu estava deixando de fora pessoas que eram verdadeiramente revolucionárias, dedicadas a derrubar o sistema de exploração neste mundo por todos os meios necessários.

Então, eu tive que pensar muito e reavaliar minha definição de nacionalismo negro. Podemos resumir a solução para os problemas que nosso povo enfrenta como nacionalismo negro? E, se você reparar, eu não uso a expressão há vários meses. Mas ainda assim serei muito pressionado a dar uma definição específica sobre qual filosofia geral considero necessária para a libertação dos negros neste país.

DO ARTIGO DE MARLENE NADLE, *VILLAGE VOICE*, 25 FEV. 1965

Descrevendo uma reunião da OAAU no Harlem, Marlene Nadle escreve que "um homem se levantou, sacudiu-se todo e disse, muito lentamente: 'Ouvimos dizer que você mudou, Malcolm. Por que você não conta para nós como você está se dando com os caras brancos?' Sem tropeçar em nenhuma sílaba, ele [Malcolm] fez um discurso nacionalista negro sobre fraternidade".

Eu não mudei. Eu apenas vejo as coisas em uma escala mais ampla. Nós, nacionalistas, costumávamos pensar que éramos militantes. Éramos apenas dogmáticos. Isso não nos levou a lugar nenhum.

Agora eu sei que é mais inteligente dizer que você vai atirar em um homem pelo que ele está fazendo com você do que por ele ser branco. Se você o ataca porque ele é branco, você não dá nenhuma saída a ele. Ele não pode deixar de ser branco. Temos que dar uma chance ao homem. Ele provavelmente não vai aceitar, a cobra. Mas temos que dar uma chance a ele.

Temos que ser mais flexíveis. Ora, quando alguns de nossos amigos na África não sabiam como fazer as coisas, eles não vacilaram em chamar alguns técnicos alemães que tinham olhos azuis.

Eu não vou me prender à camisa de força de ninguém. Não me importo com a aparência de uma pessoa ou com o lugar de onde ela vem. Minha mente está aberta para qualquer pessoa que nos ajude a tirar o monstro de cima de nossas costas.

O embaixador americano

RESPOSTA A PERGUNTA NO FÓRUM HARYOU-ACT, NOVA YORK, 12 DEZ. 1964

Eu conversei com o embaixador americano num certo país do continente africano. A primeira coisa que ele me disse quando fui vê-lo foi: "Acho que você é racista", e isso e aquilo, e isso e aquilo. Bem, eu o respeitava porque ele dizia o que pensava, e, quando expliquei a ele minha posição, no que eu acreditava e assim por diante, ele me disse o seguinte... Ele disse: "Você sabe, quando estou no continente africano" – ele havia sido embaixador em alguns outros países africanos, e um chefe de Estado africano me disse que aquele homem era o melhor embaixador que a América tinha no continente africano; por isso que conversei com ele.

Ele disse: "Quando estou na África, trato as pessoas como seres humanos". E completou: "Por alguma razão estranha, a cor não interfere em nada". E ele continuou: "Estou mais ciente das diferenças de idioma do que se existe uma diferença de cor: trata-se de um ambiente *humano*, simplesmente". E ele continuou: "Mas, sempre que volto para os Estados Unidos e converso com uma pessoa não branca, tenho consciência disso, fico constrangido, ciente das diferenças de cor".

Então eu respondi a ele: "O que você está me dizendo, quer você perceba ou não, é que não é da sua essência ser racista, mas que a sociedade lá na América, que todos vocês criaram, torna vocês racistas". E isso é verdade, esta é a *pior* sociedade racista da Terra. Em nenhum país do mundo em que se viva, o racismo se manifesta tanto na pessoa – seja você branco ou negro – quanto neste país que se apresenta como uma democracia. Este é um país onde o ambiente social, econômico e político cria uma espécie de atmosfera psicológica que torna quase impossível, se você estiver em seu juízo perfeito, andar na rua com uma pessoa *branca* sem constrangimento, ou sem que ele ou ela se constranja. Isso é quase impossível, tanto que você de fato *sente* essa tendência racista se manifestando. Mas é da própria sociedade.

Minha sugestão é para que os jovens, como vocês, muitos dos quais ainda estão na escola e são mais flexíveis em assuntos sobre os quais ainda não chegaram a uma conclusão, para que vocês parem, pensem e analisem a situação por si mesmos. Se algum dia vocês conseguirem descobrir o que, na própria atmosfera do país, faz essas coisas se manifestarem, então talvez consigam salvar o país. Talvez vocês consigam construir uma sociedade melhor. Mas eu duvido muito que vocês consigam – acho mesmo que não vão conseguir – mudar a geração que precede a de vocês.

O embaixador chinês vermelho

RESPOSTA A PERGUNTA NO FÓRUM HARYOU-ACT, NOVA YORK, 12 DEZ. 1964

O que eu penso sobre a China Vermelha no que se refere ao afro-americano? Bem, eu acho que é bom ter centros de poder neste mundo que não sejam controlados por Paris, Londres ou Washington. Acho que, quando há algum poder no continente africano ou no continente asiático que pode agir de forma independente, na verdade eles nos ajudam em nossos objetivos. Porque somente quando está preocupado com alguma coisa fora de casa é que o homem branco nos dá uma chance de respirar. Só assim eles permitem que aqueles que estão dentro de casa tenham um pouco mais de liberdade de movimento do que o normal.

Além disso, quando estive em Gana em maio e, novamente, algumas semanas atrás quando estive na África, tive a oportunidade de jantar com o embaixador chinês lá. Quando digo o embaixador chinês, não me refiro ao embaixador de Chiang Kai-shek. Jantei com o embaixador chinês que representa cerca de 700 milhões de pessoas – e achei o homem muito inteligente, muito bem informado.

Ele agia de forma mais humana do que muitos dos americanos que conheci. E estava muito bem informado sobre nosso problema aqui. Não parecia racista, não parecia fanático, não parecia irreal; parecia, isto sim, traçar um quadro muito objetivo da situação; não parecia ser antiamericano nem antibranco. Na verdade, ele me disse que era uma tolice uma pessoa ser classificada, ou permitir ser classificada, como racista.

Então, isso foi dito por um embaixador chinês, que representa um país retratado pela imprensa americana como estritamente racista. Se ele quisesse me impressionar, já que ouviu falar que eu era racista – porque é só isso que dizem a meu respeito –, teria vindo com uma conversa racista para cima de mim. Em vez disso, me disse que não é sábio nem inteligente uma pessoa se assumir como racista porque não se pode defender isso. E é verdade. Não é possível assumir-se racista e defender essa posição. Não, nada pode dar fundamento a isso.

Natureza do confronto mundial vindouro

EM ENTREVISTA NO *PIERRE BERTON SHOW*, 19 JAN. 1965

Tem havido comentários sobre você ou sobre Elijah Muhammad, acho, terem falado de um Armagedom nos Estados Unidos em 1984. Eu me pergunto se você ainda acredita nisso, e por que essa data em particular?

Muito do que Elijah Muhammad ensinou acho que nem ele próprio acredita. Digo isso e posso tranquilamente repetir na frente dele. Mas, no que diz respeito a um confronto final entre o Oriente e o Ocidente, acho que uma análise objetiva dos eventos que estão ocorrendo na Terra hoje aponta para algum tipo de confronto final.

Você pode dizer que será um confronto político, ou mesmo um confronto entre os sistemas econômicos do mundo, que quase se resumem a aspectos raciais. Eu acredito que haverá um choque entre o Oriente e o Ocidente.

Acredito que, em última instância, haverá um confronto entre oprimidos e opressores. Acredito que haverá um choque entre aqueles que querem liberdade, justiça e igualdade para todos e aqueles que querem continuar com os sistemas de exploração. Acredito que haverá esse tipo de conflito, mas acho que não será baseado na cor da pele, como Elijah Muhammad ensinou.

No entanto, acho que vocês vão ver que, se os poderes europeus, que são as antigas potências coloniais, não forem capazes de reavaliar a ideia de superioridade em relação às pessoas de pele escura – que foram induzidas a achar que são inferiores –, então será fácil traçar as linhas desse quadro; serão todos classificados em grupos raciais e será uma guerra racial.

DO *COLUMBIA DAILY SPECTATOR*, 19 FEV. 1965

O último discurso formal de Malcolm, "A revolução negra e seu efeito sobre os negros do hemisfério ocidental", foi feito em 18 de fevereiro de 1965, para uma plateia lotada no Barnard Gymnasium, da Universidade Columbia.

Estamos vivendo em uma era de revolução, e a revolta do negro americano é parte da rebelião contra a opressão e o colonialismo que caracterizou esta era.

É incorreto classificar a revolta do negro como um simples conflito racial de negros contra brancos, ou como um problema puramente americano. Pelo contrário, estamos vendo hoje uma rebelião global dos oprimidos contra os opressores, dos explorados contra os exploradores.

A revolução negra não é uma revolta racial. Estamos interessados em praticar a fraternidade com qualquer pessoa realmente interessada em viver de acordo com ela. Mas o homem branco há muito tempo prega uma doutrina de fraternidade vazia, que implica pouco mais do que uma aceitação passiva do negro por seu destino.

[As nações industriais ocidentais têm] deliberadamente subjugado o negro por razões econômicas. Esses criminosos internacionais estupraram o continente africano para alimentar suas fábricas e são eles próprios responsáveis pelos baixos padrões de vida que prevalecem em toda a África.

Relacionando o problema

DE ENTREVISTA A HARRY RING, DA RÁDIO WBAI-FM, 28 JAN. 1965

No recente debate sobre o Congo nas Nações Unidas, vários porta-vozes das nações africanas condenaram a intervenção dos EUA no Congo e compararam o papel dos Estados Unidos ao tratamento dado aos negros no Mississippi. Pelo menos um repórter – creio que do New York Times – disse que você era, ao menos em parte, responsável pelos delegados africanos terem adotado essa posição.

Nunca tive responsabilidade nem crédito por isso, pela postura assumida pelas nações africanas. As nações africanas hoje são representadas por estadistas inteligentes. E era apenas uma questão de tempo para que eles percebessem que teriam que intervir em favor de 22 milhões de negros americanos que são irmãos e irmãs dos africanos.

E esse é um bom exemplo de por que nosso problema precisa ser internacionalizado. Agora as nações africanas estão se manifestando e associando o problema do racismo no Mississippi ao problema do racismo no Congo e também ao problema do racismo no Vietnã do Sul. É tudo racismo. É tudo parte do sistema racista vicioso que as potências ocidentais vêm usando para continuar a degradar, explorar e oprimir os povos da África, da Ásia e da América Latina durante os últimos séculos.

E quando esses povos, nessas diferentes áreas, começarem a perceber que o problema é o mesmo problema, e quando os 22 milhões de negros americanos perceberem que nosso problema é o mesmo problema das pessoas que estão sendo oprimidas no Vietnã do Sul, no Congo e na América Latina, só então – e os oprimidos deste mundo constituem uma maioria, não uma minoria –, só então abordaremos nosso problema como uma maioria que pode *exigir*, e não como uma minoria que precisa mendigar.

Moïse Tshombe e Jesse James

RESPOSTA A PERGUNTA DE MEMBRO DA DELEGAÇÃO MCCOMB, 1º JAN. 1965

Imagine os Estados Unidos dizendo que Tshombe, o assassino, é o único que pode restaurar a paz no Congo. É como dizer que Jesse James é o único que pode administrar um banco – portanto, você que deixe Jesse James dirigir o banco. Mas o único motivo pelo qual o banco está com problemas é porque Jesse James já estava no banco.

Dois minutos sobre o Vietnã

RESPOSTA A PERGUNTA NO FÓRUM TRABALHISTA MILITANTE, 7 JAN. 1965

Falar do Vietnã em dois minutos? É uma pena – isso significa um segundo. É, é uma pena. Quando você fala sobre o Vietnã, coloca o governo em cena. Eles ficam envergonhados – já notaram isso? Eles não queriam nem mesmo ter que ler jornais sobre o Vietnã do Sul; e não se pode culpá-los. É uma armadilha em que se deixaram cair. E tentam culpar John Foster Dulles, porque ele está morto.

Mas eles caíram numa armadilha, sim, e não conseguem sair. Perceba que eu disse "eles". *Eles* estão presos ali, *eles* não conseguem sair. Se eles colocarem mais homens lá, vão afundar mais ainda. Se eles retirarem os homens, será uma derrota. E eles deveriam ter visto isso antes.

A França tinha cerca de 200 mil homens lá, e o exército moderno mais altamente mecanizado do mundo. E aqueles pequenos plantadores de arroz acabaram com eles, com seus tanques e tudo o mais. Sim, acabaram com os franceses, e a França estava profundamente embrenhada ali, estava lá havia cem anos ou mais. Agora, se a França, mesmo embrenhada lá, não conseguiu ficar, ora, loucura achar que o Tio Sam ia conseguir entrar ali.

Mas não devemos dizer isso. Se dizemos isso, somos considerados antiamericanos, revoltados, subversivos, ou estamos defendendo algo que não é inteligente. Então, já se foram dois minutos, senhor. Agora eles estão dando meia volta e ficando em situação pior no Congo. Estão entrando no Congo da mesma forma que entraram no Vietnã do Sul. Eles colocaram Diem lá. Diem pegou todo o dinheiro deles, todo o equipamento de guerra e tudo o mais, e os prendeu. Então eles mataram Diem.

Sim, eles o mataram, assassinaram a sangue-frio, ele e seu irmão, o marido de Madame Nhu, porque ficaram envergonhados. Eles descobriram que haviam tornado Diem forte demais e que ele estava se voltando contra eles. Então o mataram e colocaram Big Minh no lugar dele. O gordo, vocês sabem. Mas ele também não agia direito, e então eles se livraram dele e colocaram Khanh em seu lugar. E Khanh começou a mandar Taylor sair. Sabe como é... quando as marionetes começam a retrucar ao titereiro, é porque a coisa está feia para ele.

O Congo, Cuba e a lei

RESPOSTA A PERGUNTA NO FÓRUM TRABALHISTA MILITANTE, 7 JAN. 1965

Eles [o governo americano] colocaram Tshombe no poder. E nunca acredite no que eles dizem, que Tshombe chegou ao poder por acidente. Um oficial africano de alto escalão me disse que um dos homens mais poderosos do Departamento de Estado pulou para dentro de um avião e acompanhou um líder africano durante todo o caminho de volta para casa há mais de um ano, implorando para que usasse sua influência para convencer outros chefes de Estado africanos a aceitarem Tshombe como primeiro-ministro do Congo. Isso foi coisa de Washington, o lugar para onde você e eu mandamos os impostos que pagamos.

Eles colocaram Tshombe lá, porque Tshombe era o único africano criminoso o bastante para participar do esquema que as potências ocidentais criaram de enviar tropas ocidentais logo que o suposto chefe de governo legal as solicitasse. Vejam só como eles faziam. Eles sabiam que teriam de enviar tropas ocidentais para lá, de modo a salvar o Congo para os interesses ocidentais. Mas eles precisavam de um homem que tornasse legal essa operação.

A propósito, se os Estados Unidos justificam a entrada no Congo com suas forças militares simplesmente porque o chefe de Estado pediu, então Castro, que é o chefe de Estado legal de Cuba, estava certo em seu direito de pedir à Rússia que colocasse mísseis em Cuba. É o mesmo argumento – se um é soberano, ambos são soberanos.

Mas eles não usam a lei – eles usam a lei para seus interesses. Eles não respeitam nenhuma lei, internacional, federal, local – nada! Eles só seguem aquilo que é conveniente para proteger os interesses que estão em jogo.

O papel dos jovens

DE ENTREVISTA AO *YOUNG SOCIALIST*, MAR.-ABR. 1965

Em um discurso recente, você mencionou que, na África, conheceu John Lewis, do SNCC. Você acha que os líderes mais jovens e mais militantes do Sul estão ampliando suas visões sobre a luta como um todo?

Sem dúvida. Quando eu estava no movimento Muçulmano Negro, falei em muitos *campi* brancos e negros. Eu já sabia, em 1961 e 62, que a geração mais jovem era muito diferente da mais velha e que muitos estudantes eram mais sinceros em sua análise do problema e em seu desejo de ver o problema resolvido. Em países estrangeiros, os estudantes ajudaram a promover a revolução – foram os estudantes que provocaram a revolução no Sudão, que arrancaram

Syngman Rhee do cargo na Coreia e que arrancaram Menderes do poder na Turquia. Os estudantes não pensam se as chances estão a favor deles ou não, nem podem ser comprados.

Na América, os estudantes são conhecidos por se envolverem em torneios de cuecas, de engolir peixes dourados, de ver quantos conseguem entrar em uma cabine telefônica... e não por suas ideias políticas revolucionárias ou pelo desejo de mudar condições injustas. Mas alguns estudantes estão se tornando mais parecidos com seus irmãos mundo afora. No entanto, os estudantes foram, de todo modo, enganados pelo que se conhece como luta pelos direitos civis, que nunca foi planejada para resolver o problema. Os estudantes foram induzidos a pensar que o problema já havia sido analisado, então eles não tentaram analisá-lo por si próprios.

No meu entender, se os estudantes deste país esquecerem a análise que foi apresentada a eles, se eles se reunirem para discutir e começarem a pesquisar o problema do racismo por si mesmos, independentemente dos políticos e independentemente de todas as fundações (que são uma parte da estrutura de poder), se eles próprios fizerem isso, algumas de suas descobertas serão chocantes. Mas constatariam que nunca serão capazes de trazer uma solução para o racismo neste país enquanto contarem com o governo para fazer isso.

Que contribuição os jovens, especialmente os estudantes que repudiam o racismo nesta sociedade, podem dar à luta dos negros pela liberdade?

Os brancos que são sinceros não realizam nada juntando-se a organizações negras e integrando-as. Os brancos que são sinceros devem se organizar entre si e descobrir alguma estratégia para acabar com o preconceito que existe nas comunidades brancas. É aí que eles podem funcionar de forma mais inteligente e eficaz, na própria comunidade branca, e isso nunca foi feito.

Que papel os jovens estão desempenhando na revolução mundial e que lições isso pode trazer para os jovens americanos?

279

Se você analisou os prisioneiros capturados pelos soldados americanos no Vietnã do Sul, notou que aqueles guerrilheiros são jovens. Alguns deles são apenas crianças, alguns ainda nem chegaram à adolescência. A maioria é de adolescentes. São os adolescentes no exterior, em todo o mundo, que estão realmente se envolvendo na luta para eliminar a opressão e a exploração. No Congo, os refugiados afirmam que muitos dos revolucionários congoleses são crianças. Na verdade, quando atiram em revolucionários capturados, atiram até mesmo naqueles de sete anos de idade – isso foi noticiado na imprensa.

Porque os revolucionários são crianças, jovens. Nesses países, os jovens são os que mais rapidamente se identificam com a luta e com a necessidade de acabar com as condições maléficas em que vivem. Aqui neste país, eu tenho observado que, quando se começa uma conversa sobre racismo, discriminação e segregação, os jovens são os mais indignados, daí eles sentirem maior urgência para eliminar esses problemas.

Acho que os jovens daqui podem encontrar um exemplo poderoso nos jovens Simbas do Congo e nos jovens combatentes do Vietnã do Sul.

Trabalhando com outros grupos

DE ENTREVISTA A HARRY RING, DA RÁDIO WBAI-FM, 28 JAN. 1965

Você disse que sua atitude em relação a muitas questões mudou no ano passado. E quanto à sua atitude em relação às organizações de direitos civis estabelecidas?

Eu sou a favor de qualquer coisa que traga resultados. Não defendo nenhuma organização, seja de direitos civis ou qualquer outro tipo, que se comprometa com a estrutura de poder e precise contar com certos elementos dessa estrutura para financiá-la, o que as torna de novo vulneráveis à influência e ao controle da própria estrutura de poder. Sou a favor de qualquer coisa que façam que traga resultados significativos para as massas de nosso povo – mas não para o benefício de apenas alguns negros escolhidos a dedo lá em cima, que têm prestígio e crédito, enquanto os problemas das massas continuam sem solução.

Mas você apoiaria ações concretas dessas organizações se perceber que elas estão indo na direção certa?

Sim. A Organização da Unidade Afro-Americana apoiará totalmente, e sem compromisso, qualquer ação de qualquer grupo que tenha como objetivo trazer resultados significativos imediatos.

DO ARTIGO DE MARLENE NADLE, *VILLAGE VOICE*, 25 FEV. 1965

Nadle afirma: "É sobre as táticas de violência versus não violência – ou, como Malcolm coloca, autodefesa versus masoquismo – que ele e outros líderes dos direitos civis discordam. Essa discordância é o que tem impedido a união que ele acha ser uma das chaves da luta".

Não é que não haja desejo de unidade, ou que seja impossível, ou que eles possam não concordar comigo a portas fechadas. É porque a maioria das organizações depende do dinheiro branco e têm medo de perdê-lo.

Passei quase um ano sem atacá-los, dizendo "vamos ficar juntos", "vamos fazer alguma coisa". Mas eles têm muito medo. Acho que preciso primeiro ir até o povo e deixar os líderes virem atrás.

[Isso não significa descartar a cooperação. Ele vai tentar enfatizar as áreas e atividades em que os grupos podem trabalhar juntos.][5] Se vamos para o ringue, nosso punho direito não precisa se tornar o punho esquerdo, mas devemos usar um golpe em comum se quisermos vencer.

---

5   Os colchetes indicam inserção de Marlene Nadle no artigo. [N.E.]

Ações dignas de apoio

DE ENTREVISTA A HARRY RING, DA RÁDIO WBAI-FM, 28 JAN. 1965

Eu vi que, na semana passada, um grupo de moradores do Harlem, que estava havia uma semana sem aquecimento nem água quente em casa, foi até a prefeitura e sentou-se no gabinete do prefeito. Poucos dias depois, li que o secretário de habitação decidiu que a prefeitura faria reparos nos prédios que precisassem e que cobraria isso dos proprietários. Ele esclareceu – e eu nunca tinha ouvido falar nisso antes – que existe uma lei há muitos anos que permite que a prefeitura faça isso; que isso foi feito algumas vezes durante a depressão, mas que, desde aquela época, a lei nunca mais foi usada. Então, parece-me que essa ação por parte desses inquilinos do Harlem teve esse resultado. Você acha que ganhos efetivos podem ser obtidos por meio desse tipo de ação?

Com certeza. Sempre que nosso pessoal estiver pronto para realizar qualquer tipo de ação necessária para obter resultados, vai conseguir resultados. Só não vão conseguir resultados se continuarem seguindo as regras básicas estabelecidas pela estrutura de poder da prefeitura. É preciso agir para conseguir que eles ajam, e é isso que nosso pessoal precisa entender. Eles têm que se organizar e se envolver em uma ação bem coordenada para conseguir, por todos os meios necessários, acabar com as condições em que vivem hoje – condições que são realmente criminosas. Não apenas injustas, mas criminosas!

DE ENTREVISTA AO *YOUNG SOCIALIST*, MAR.-ABR. 1965

Como você vê a atividade de estudantes brancos e negros que foram para o Sul, no verão passado, e tentaram inscrever os negros para votar?

A tentativa foi boa. Devo dizer que o objetivo de inscrever os negros no Sul foi bom, sim, porque o único poder real que um homem pobre tem neste país é o poder do voto. Mas acho que não foi sensato mandá-los com a recomendação de serem não violentos. Eu concordo com o esforço pela inscrição, mas acho que eles deveriam ter permissão para usar todos os meios à disposição para se defenderem dos ataques da Klan, do Conselho dos Cidadãos Brancos e de outros grupos.

A escola John Brown

RESPOSTA A PERGUNTA NO FÓRUM TRABALHISTA MILITANTE, 7 JAN. 1965

Há muitos brancos neste país, especialmente a geração mais jovem, que percebem que a injustiça que foi praticada e está sendo praticada contra os negros não pode continuar sem que o feitiço se volte contra o feiticeiro. E esses brancos, mesmo que não sejam moralmente motivados, são obrigados, por sua inteligência, a ver que algo deve ser feito. E muitos deles estariam dispostos a se envolver no tipo de operação de que você acabou de falar.

Por um lado, quando um homem branco vem até mim e me diz o quão liberal ele é, a primeira coisa que quero saber é se ele é um liberal não violento ou do outro tipo. Eu não gosto de liberais brancos não violentos. Se você está do meu lado, dos meus problemas – quando digo "eu", refiro-me a *nós*, nosso povo –, então você tem que estar disposto a fazer como o velho John Brown fez. E, se você não é da escola de liberais de John Brown, falaremos com você mais adiante – mais adiante.

Sua própria boca, sua própria mente

Durante o último mês de sua vida, Malcolm fez dois discursos no Sul e tinha um terceiro agendado para um comício do Partido Democrático da Liberdade do Mississippi, em Jackson. O segundo foi realizado em 4 de fevereiro de 1965, a pedido de dois estudantes membros do SNCC, aos jovens manifestantes em Selma, Alabama, onde o pastor Martin Luther King estava então preso. Um repórter do *New York Herald Tribune* escreveu que o discurso de Malcolm "claramente perturbou as pessoas que conduziam a campanha de inscrições [...]. A jovem multidão aplaudiu [Malcolm] repetidamente e, durante as horas seguintes, outros oradores tentaram dissipar a comoção que Malcolm tinha causado". Antes do comício, assistentes do pastor King, os pastores Andrew Young e James Bevel, alertaram Malcolm para não incitar incidentes, provocar violência etc.

DE ARTIGO DE ALVIN ADAMS, *JET*, 5 JAN. 1965

Lembre-se disto: ninguém põe palavras na minha boca.

DE ARTIGO DE THEODORE JONES, *NEW YORK TIMES*, 22 FEV. 1965

Três dias antes de seu assassinato, Malcolm deu uma entrevista de duas horas, que foi divulgada no dia seguinte à sua morte.

Eu me sinto como um homem que esteve, de alguma forma, adormecido e sob o controle de outra pessoa. Sinto que o que penso e digo agora é exclusivamente por mim mesmo. Antes, era sob a orientação de Elijah Muhammad e para ele. Agora, penso com minha própria mente, senhor.

ÍNDICE DE NOMES

BROWN, John (1800–59), abolicionista branco estadunidense que defendeu o fim da escravidão nos Estados Unidos e praticou ações armadas com esse objetivo. Preso em outubro de 1859, foi enforcado em dezembro do mesmo ano. Quando de sua condenação, o escritor francês Victor Hugo (1802–85), autor de *Os miseráveis*, saiu em sua defesa, comparando-o a Espártaco (c. 109–71 a.C.), líder da revolta dos escravos na Roma antiga. [P. 283]

CLAY, CASSIUS ver **MUHAMMAD ALI.**

CLEAGE JR., Albert B. (1911–2000), pastor estadunidense, líder comunitário e ativista do Movimento pelos Direitos Civis em Detroit durante as décadas de 1960 e 1970, era defensor da autodeterminação negra. Fundou o Movimento Nacionalista Cristão Negro (Black Christian Nationalist Movement) e, depois, a Igreja Cristã Ortodoxa Pan-Africana (Pan African Orthodox Christian Church). Nos anos 1970, mudou seu nome para Jaramogi Abebe Agyeman. [PP. 21, 29–30, 33]

COLES JR., Joseph (1906–91), ativista pelos direitos civis e trabalhistas dos negros nos Estados Unidos, foi presidente da seção de Chicago do Conselho Trabalhista dos Negros Americanos (American Negro Labour Council), organizador da AFL-CIO e coordenador trabalhista da SCLC, do pastor Martin Luther King Jr. [P. 146]

CURRIER, Stephen (1930–67), filantropo estadunidense que, junto com sua mulher, Audrey Currier (1934–67), criou a Taconic Foundation, a qual apoiou financeiramente o Movimento pelos Direitos Civis; partidário do pacifismo de Martin Luther King Jr. [P. 36]

DIEM, Jean-Baptiste Ngo Dinh (1901–63), o primeiro presidente do Vietnã do Sul, após a Conferência de Genebra. Tendo deposto o imperador Bao Dai, instaurou um regime presidencialista ditatorial e governou o país entre 1955 e 1963, quando foi deposto e executado. Fortemente anticomunista, foi responsável pela prisão, pela tortura e pelo assassinato de dezenas de milhares de pessoas suspeitas de serem simpatizantes do comunismo ou meramente críticas ao seu governo. [P. 277]

DIRKSEN, Everett McKinley (1896–1969), membro do Partido Republicano, senador pelo estado de Illinois e líder da minoria no Senado. Alguns meses após ser citado por Malcolm X no discurso "A revolução negra", Dirksen teve papel de destaque na aprovação das leis dos Direitos Civis, colaborando para derrubar a obstrução sulista a elas. **[PP. 72, 81]**

DU BOIS, Shirley Graham (1896–1977), escritora, dramaturga e ativista negra pelos direitos dos afro-americanos. **[P. 121]**

EASTLAND, James Oliver (1904–86), senador estadunidense democrata pelo estado do Mississippi. Adepto da supremacia branca, exerceu forte resistência à integração racial e à luta pelos direitos civis dos negros. **[PP. 49, 51, 81, 151–52]**

ELLENDER, Allen Joseph (1890–1972), senador democrata do estado da Louisiana, conservador e segregacionista, contrário à Lei dos Direitos de Voto aos negros, de 1965, e à legislação antilinchamento, de 1938. Foi presidente do Comitê de Agricultura do Senado por mais de uma década. **[PP. 83, 151]**

FARMER, James (1920–99), cofundador e diretor nacional do Core, grupo ativista do Movimento pelos Direitos Civis que se inspirava nas ideias de Mahatma Gandhi e pregava a não violência. Foi o idealizador das Viagens pela Liberdade, em que grupos inter-raciais embarcavam em ônibus interestaduais para desafiar as leis segregacionistas e chamar a atenção para a questão do racismo. **[PP. 35–36, 38, 83, 124, 176]**

FRANKLIN, Clarence LaVaughn (1915–84), ativista dos direitos civis e pastor da Igreja Batista New Bethel, em Detroit, Michigan, onde ficou conhecido como o homem da "voz de 1 milhão de dólares". Pai da cantora estadunidense Aretha Franklin. **[P. 21]**

GALAMISON, Milton Arthur (1923–88), pastor presbiteriano do distrito do Brooklyn, Nova York, combateu a segregação racial no sistema de escolas públicas da cidade de Nova York e organizou boicotes pela integração e pela reforma educacional. Em 1968, tornou-se membro do Conselho Educacional da Cidade de Nova York. **[P. 45]**

GOLDWATER, Barry Morris (1909–98), político branco conservador e anticomunista da ala de extrema-direita do Partido Republicano. Votou contra a Lei dos Direitos Civis. Exerceu o cargo de senador por cinco mandatos pelo estado do Arizona e concorreu à presidência dos Estados Unidos em 1964, mas perdeu. Goldwater desencadeou o ressurgimento do movimento político conservador estadunidense na década de 1960. **[PP. 153, 255]**

GREGORY, Richard Claxton (1932–2017), conhecido como Dick Gregory, foi um comediante, ator, empresário, escritor, crítico e ativista negro pelos direitos civis estadunidense. Utilizava-se do humor para quebrar barreiras sociais e foi pioneiro, nos anos 1960, de comédias stand-up, nas quais criticava abertamente o racismo e o preconceito nos Estados

Unidos. Começou apresentando-se em clubes segregados, apenas para negros, e depois tornou-se o comediante negro de maior sucesso na época, inclusive para o público branco, apresentando-se em programas na televisão e gravando discos de comédia. Foi preso diversas vezes por seu ativismo político e, em uma delas, fez greve de fome como forma de protesto. [PP. 127, 138-40, 145]

HAMER, Fannie Lou (1917-77), ativista negra que lutou no Movimento pelos Direitos Civis, especialmente pelo direito ao voto e por oportunidades de emprego para a população negra estadunidense. De origens humildes, trabalhou desde cedo em plantações de algodão. Em 1961, ao ser operada por um médico branco para tratar um tumor uterino, foi submetida sem seu consentimento a uma histerectomia que a deixou estéril. A esterilização forçada de mulheres negras e pobres era bastante comum no Mississippi à época, e inúmeras delas foram vítimas desse crime denunciado por Hamer. Foi vice-presidenta do MFDP e uma das organizadores do movimento Verão da Liberdade (Freedom Summer) do Mississippi, uma campanha da década de 1960 que reuniu centenas de estudantes, negros e brancos, para auxiliar os afro-americanos que residiam naquele estado marcado pelo racismo a se registrarem para votar nas eleições. Em 1964, anunciou sua candidatura à Câmara dos Representantes, mas foi impedida de votar. Cansada dos constantes obs-

táculos à sua participação na política oficial, pôs sua liderança comunitária a serviço da obtenção de recursos para pequenos agricultores afro-americanos e, por meio de doações como a do músico Harry Belafonte, conseguiu colocar em funcionamento a Cooperativa Fazenda da Liberdade (Freedom Farm Cooperative – FFC), em 1967, que criou oportunidades para mais de 1,5 mil famílias no condado de Sunflower. A iniciativa, porém, não conseguiu superar as dificuldades financeiras e terminou em 1976. Hamer faleceria logo em seguida, aos 59 anos, em decorrência de um câncer de mama. [PP. 146, 148-51, 153, 155-58, 180-81]

HANDLER, Meyer Srednick (1905-1978), jornalista, foi correspondente do *The New York Times* na Europa dos anos 1930 até o fim da década de 1960. Cobriu o Movimento pelos Direitos Civis nos Estados Unidos na década de 1960 e foi muito próximo de Malcolm X, de Martin Luther King Jr. e de outros líderes negros. [PP. 123, 125]

HENRY, Milton (1919-2006), advogado ligado à causa dos direitos civis e presidente da Afro-American Broadcasting and Recording Company [Companhia afro-americana de radiodifusão e gravação], de Detroit. Foi muito próximo de Malcolm X e, no funeral deste, foi uma das pessoas que carregaram seu caixão. [PP. 114-22, 204, 226]

HENRY, Patrick (1736–99), um dos "Pais Fundadores" dos Estados Unidos por sua atuação na luta pela independência do país. Foi o primeiro governador pós-colonial do estado da Virgínia e notável orador, autor da célebre frase "Give me liberty, or give me death!" (Liberdade ou morte!), por ocasião da guerra. **[PP. 76, 155]**

HUMPHREY JR., Hubert Horatio (1911–78), vice-presidente dos Estados Unidos de 1965 a 1969, durante o mandato do presidente Lyndon B. Johnson. Humphrey foi também candidato do Partido Democrata na eleição presidencial de 1968, perdendo para o republicano Richard Nixon. **[PP. 152, 199, 202–03, 248]**

JOHNSON, Lyndon Baines (1908–73), do Partido Democrata, foi vice de John F. Kennedy entre 1961 e 1963 e assumiu a Presidência após o assassinato deste, tendo sido posteriormente eleito também; governou de 1963 a 1969. **[PP. 48–49, 70, 81, 152, 197, 199, 202–03, 248, 255–56]**

JONES, Ray ver **RAYMOND JONES, John**.

KENYATTA, Jomo. Kamau Ngengi (1894–1978), lutador pela independência africana e líder nacionalista queniano, ficou preso de 1952 a 1961 sob a acusação de cumplicidade com os Mau-Mau. De origem quicuio, ao sair da prisão passou a articular as diversas etnias que compunham a região por meio da União Nacional Africana do Quênia (Kanu). Em dezembro de 1963, o Quênia enfim se tornou independente do Reino Unido. Jomo Kenyatta foi seu primeiro-ministro de 1963 a 1964 e, posteriormente, presidente, de 1964 a 1978. **[PP. 146-47, 157, 240]**

KHANH, Nguyen (1927–2013), general que participou do golpe contra Ngo Dinh Diem e, pouco depois, conduziu o contragolpe que derrubou a junta militar liderada por Duong Van Minh, tornando-se presidente do Vietnã do Sul em 1963. Foi deposto em 1965, exilando-se nos Estados Unidos. **[P. 277]**

KING JR., Martin Luther (1929–68), pastor batista e ativista político, foi a personalidade mais proeminente do Movimento pelos Direitos Civis nos Estados Unidos. Tendo como inspiração o cristianismo e o líder indiano Mahatma Gandhi, defendia a não violência e a desobediência civil. Em 1955, após a prisão da trabalhadora negra Rosa Parks, que se recusara a ceder seu assento no ônibus para brancos, King liderou o boicote aos ônibus em Montgomery, Alabama, que durou mais de um ano e resultou em uma decisão da Suprema Corte pelo fim da segregação racial no transporte público. Em 1957, fundou a SCLC, que permanece atuante na luta pela erradicação do racismo. Em 1963, foi um dos líderes das manifestações antirracistas massivas por trabalho e liberdade que tomaram os Estados Unidos e culminaram na Marcha sobre Washington, reunindo milhares de pessoas na capital do país, onde ele pronunciou seu famoso discurso "I Have a Dream" (Eu tenho um sonho). Em 1964, no mesmo ano em que foi aprovada a Lei dos Direitos Civis, King recebeu o Prêmio Nobel da Paz. Em 1965, insatisfeito com a persistente dificuldade de acesso de pessoas negras ao voto, organizou as marchas de Selma a Montgomery; no mesmo ano, a Lei dos Direitos de Voto foi sancionada pelo presidente Lyndon B. Johnson. King foi duramente perseguido pelo FBI ao longo da vida. Foi assassinado em 1968, aos 39 anos. [PP. 34–36, 38, 45, 165, 199, 228–29, 231, 242–43, 254, 284]

LOMAX, Louis Emanuel (1922–70), jornalista, escritor afro-americano e doutor em filosofia por Yale, foi o primeiro jornalista negro a trabalhar na televisão nos Estados Unidos. Militou em diversas organizações pelos direitos civis dos negros estadunidenses. Morreu em um acidente de carro em 1970, quando trabalhava em um documentário sobre uma possível participação do FBI na morte de Malcolm X (ver, a respeito, o livro do jornalista investigativo Karl Evanzz, *The Judas Factor: The Plot to Kill Malcolm X*. New York: Thunder's Mouth Press, 1992). [PP. 22, 39, 44–46, 52, 54–55, 59, 234]

LUMUMBA, Patrice (1925–61), líder congolês anticolonialista e anti-imperialista, alinhado ao pan--africanismo e defensor da solidariedade entre os povos da África. Foi primeiro--ministro da República Democrática do Congo e acabou assassinado em 1961. [PP. 133, 157, 195]

MADAME NHU. Tran Le Xuan (1924–2011), conhecida também como "Dragon Lady" (Senhora Dragão), era casada com Ngo Dinh Nhu (1910–63), irmão mais novo do presidente do Vietnã do Sul, Ngo Dinh Diem. Pelo fato de Diem ser solteiro, era oficialmente a primeira-dama do país. [P. 277]

MENDERES, Adnan (1899–1961), primeiro-ministro da República da Turquia entre 1950 e 1960, tendo assumido o cargo após vencer as primeiras eleições livres do país e depois sido sucessivamente reeleito. Seu governo se caracterizou por fraudes, censura à imprensa e aos intelectuais e crises econômicas, mas mesmo assim era popular entre os camponeses do país. Setores militares depuseram-no em um golpe de Estado em 1960, prendendo-o junto com centenas de líderes do Partido Democrático. Após um longo julgamento, foi condenado por corrupção e outros crimes e executado. [P. 279]

MEREDITH, James Howard (1933), o primeiro estudante afro-americano admitido na segregada Universidade do Mississippi. Em 1961, após servir por quase dez anos na Força Aérea dos Estados Unidos, decidiu voltar aos estudos e tentou se inscrever na Universidade do Mississippi. Sua matrícula, porém, foi recusada duas vezes devido à política segregacionista dos estados do Sul. Após uma longa batalha jurídica para fazer valer seus direitos constitucionais, sua entrada na universidade passou a ser impedida diretamente por supremacistas brancos, que deram início a protestos violentos. As forças federais intervieram para garantir a segurança de Meredith, e o saldo desse confronto foi de duas pessoas mortas e dezenas feridas. Meredith só conseguiu iniciar seus estudos em outubro de 1962. Atuou no Movimento pelos Direitos Civis, é escritor e conselheiro político. **[P. 222]**

MICHAUX, Lewis H. (1885–1976), livreiro negro estadunidense e ativista pelos direitos civis. Quando teve a ideia de abrir uma livraria, Michaux tentou obter um empréstimo no banco, mas não conseguiu, ouvindo do gerente que "pessoas negras não leem". O próprio Michaux tinha pouca escolaridade (reflexo do sistema educacional estadunidense, que dificultava o acesso de pessoas negras), mas acreditava na importância do estudo e da leitura. Mesmo precisando juntar sozinho o dinheiro necessário, insistiu em seu projeto e, em 1932, conseguiu montar por conta própria a National Memorial African Bookstore, a qual permaneceria aberta até 1974 no Harlem. **[P. 260]**

MINH, Duong Van (1916–2001), conhecido como Big Minh, foi um general do exército sul-vietnamita que, em 1963, depôs o governo de Ngo Dinh Diem por meio de um golpe de Estado apoiado pelos Estados Unidos. Tornou-se presidente do Vietnã do Sul por um curto período em 1975, logo antes da conquista pelo Vietnã do Norte e da reunificação do país sob o nome República Socialista do Vietnã. **[P. 277]**

MUHAMMAD, Elijah (1897–1975), cujo nome de batismo era Elijah Poole, foi um ativista afro-americano e líder religioso do grupo Nação do Islã. Apresentava-se como "Mensageiro de Alá" para seus fiéis e foi mentor intelectual e espiritual de importantes personalidades afro-americanas que se converteram ao islamismo, como Malcolm X, Louis Farrakhan e Muhammad Ali. **[PP. 21, 39, 126, 210, 226, 239, 250, 254, 273, 284]**

MUHAMMAD ALI. Cassius Marcellus Clay Jr. (1942–2016), que em 1964, ao ingressar na Nação do Islã, receberia de Elijah Muhammad o nome Muhammad Ali, com o qual se tornaria famoso como um dos maiores boxeadores do mundo. Com apenas 22 anos, derrotou o então favorito Sonny Liston (1932–70) e se tornou campeão mundial dos pesos-pesados. Muhammad Ali foi próximo de Malcolm X, que lhe ensinou os preceitos do islamismo; todavia, optou por permanecer na Nação do Islã após a saída de Malcolm. Em 2004, em sua biografia, escreveu que ter virado as costas para Malcolm X, ao encontrá-lo em Gana em maio de 1964, era um dos maiores arrependimentos de sua vida: "Eu gostaria de ter podido dizer a Malcolm que sinto muito, que ele tinha razão em muitas coisas. Mas ele foi morto antes de eu ter essa chance". [**P. 264**]

NYERERE, Julius (1922–99), que havia sido professor antes de entrar para a política, foi o primeiro presidente da Tanzânia e governou o país entre 1964 e 1985. Conduziu a união política entre Tanganica (de onde também foi presidente) e Zanzibar, que levou à formação da República Unida da Tanzânia em 1964. Ficou conhecido por sua política de justiça social e unidade nacional (chamada de "socialismo africano") e apoiou ativamente a luta de países africanos pela independência das potências europeias. Foi um dos fundadores da OAU. [**PP. 140–41**]

OGINGA ODINGA, Jaramogi Ajuma (1911–94), político nacionalista de fundamental importância na luta pela independência do Quênia. Foi vice-presidente do Quênia no governo de Jomo Kenyatta, que se iniciou em 1964, mas renunciou ao cargo por discordar da posição de Kenyatta pró-aproximação com os Estados Unidos. Odinga defendia laços mais estreitos com a República Popular da China, a União Soviética e outros países do Pacto de Varsóvia. [**PP. 146–47, 157**]

POWELL JR., Adam Clayton (1908–72), pastor batista e político estadunidense, deputado pelo Harlem, em Nova York, na Câmara dos Representantes dos Estados Unidos, ao longo de doze mandatos. Foi o primeiro afro-americano a ser eleito por Nova York para o Congresso. [**PP. 21, 36, 45**]

RANDOLPH, Asa Philip (1889–1979), sindicalista estadunidense socialista, ativista do Movimento pelos Direitos Civis. Em 1925, organizou o primeiro sindicato predominantemente afro-americano, a Irmandade dos Carregadores de Vagões-Dormitórios (Brotherhood of Sleeping Car Porters). Militou contra a segregação dos negros nas Forças Armadas e foi fortemente contrário à guerra, por não acreditar que os Estados Unidos pretendiam levar os valores democráticos ao resto do mundo, uma vez que não conseguiam manter a igualdade racial em suas próprias fronteiras. Foi um dos líderes da Marcha sobre Washington em 1963. [**PP. 35–36, 38, 187**]

RAYMOND JONES, John (1899–1991), conhecido como "The Fox" (A Raposa), foi um vereador negro do bairro nova-iorquino do Harlem. Como líder distrital nos anos 1960, seu foco foi registrar e organizar eleitores afro-americanos na área do Harlem e colocar funcionários negros no sistema judiciário. Para tanto, formou um clube político a fim de ajudar a criar espaço para os afro-americanos. Em 1961, apoiou a eleição de Robert F. Wagner Jr. para um terceiro mandato como prefeito da cidade de Nova York. [**PP. 152–53**]

REUTHER, Walter Philip (1907–70), líder sindicalista branco estadunidense, foi presidente da United Auto Workers (UAW), sindicato dos trabalhadores da indústria automobilística, de 1946 até sua morte. Era próximo de Martin Luther King e foi um grande apoiador do Movimento pelos Direitos Civis. Tendo sido socialista no início dos anos 1930, já na década de 1940 tornou-se anticomunista, defensor da Guerra Fria e da Guerra do Vietnã. **[PP. 37–38]**

RHEE, Syngman (1875–1965), primeiro presidente da Coreia do Sul, governou com poderes ditatoriais entre 1948 e 1960 por meio de sucessivas reeleições. Em 1960, após alegar ter obtido 90% dos votos na eleição, foi confrontado por uma forte reação estudantil, que obteve o apoio da ONU e dos Estados Unidos. Após renunciar, exilou-se no Havaí. **[P. 279]**

RICHARDSON DANDRIDGE, Gloria (1922–2021), formou-se em sociologia pela Howard University em 1938, época em que começou a militar por melhores condições de vida para pessoas negras. Foi líder do movimento de luta pelos direitos civis em Cambridge, Maryland, Costa Leste dos Estados Unidos, no início dos anos 1960, onde atuou em marchas e protestos pela igualdade de acesso a habitação, educação, emprego e saúde. Em 1963, durante um desses protestos, interrompido pela polícia, Richardson foi fotografada segurando e empurrando

o rifle de um soldado branco da Guarda Nacional, numa imagem que se tornou icônica. **[P. 34]**

ROBERTSON, Absalom Willis (1887–1971), senador estadunidense branco conservador, democrata, pelo estado da Virgínia. Presidiu o Comitê Monetário e Bancário entre 1959 e 1966. **[P. 83]**

RUSSELL JR., Richard Brevard (1897–1971), político branco estadunidense do Partido Democrata, foi senador por quase quatro décadas. Era contrário à proibição dos linchamentos e liderou a coalizão conservadora de oposição sulista à Lei dos Direitos Civis. **[PP. 49, 83, 151]**

TAYLOR, Maxwell (1901–87), embaixador estadunidense no Vietnã do Sul nos anos 1964–65. **[P. 277]**

TOJO, Hideki (1884–1948), general do Exército Imperial Japonês e primeiro-ministro do Japão de 1941 a 1944. Nacionalista e apoiador da Alemanha nazista, foi o responsável direto pelo ataque a Pearl Harbor. Condenado como criminoso de guerra por desrespeitar a Convenção de Genebra, foi executado em 1948. **[PP. 27, 187–88]**

TSHOMBE, Moïse Kapenda (1919–69), político congolês anticomunista e pró-Ocidente que fazia oposição à atuação política de Patrice Lumumba, primeiro-ministro da República Democrática do

Congo por um curto período em 1960. Tshombe é tido como um dos responsáveis pelo assassinato de Lumumba, em 1961. [PP. 133-34, 169, 195, 238, 276-78]

WAGNER JR., Robert Ferdinand (1910-91), político branco do Partido Democrata e prefeito da cidade de Nova York (1954-65), pouco fez pelo Movimento pelos Direitos Civis dos Negros na década de 1960. [PP. 152-53, 199]

WASHINGTON, George (1732-99), o primeiro presidente dos Estados Unidos, entre 1789 e 1797. É considerado um dos "Pais Fundadores" do país, por ter liderado as forças militares que saíram vitoriosas na Guerra de Independência contra a Inglaterra (1775-83). [PP. 76, 155]

WILKINS, Roy (1901-81), jornalista, editor e ativista negro do Movimento pelos Direitos Civis nos Estados Unidos entre as décadas de 1930 e 1970. Foi líder nacional da NAACP. Conselheiro do Departamento de Guerra dos Estados Unidos durante a Segunda Guerra Mundial, defendia a participação de afro-americanos nas Forças Armadas. [PP. 35-36, 100]

WORTHY JR., William (1921-2014), jornalista afro-americano e ativista dos direitos civis, foi correspondente internacional e desafiou o Departamento de Estado dos Estados Unidos ao viajar para países comunistas. Em 1955, entrevistou o secretário-geral do Partido Comunista, Nikita Khruschov, em Moscou. No fim do ano de 1956, foi para a China, onde passou 41 dias e realizou diversas entrevistas, inclusive com o primeiro ministro Zhou Enlai e com Samuel David Hawkins, um soldado estadunidense que havia lutado na Guerra da Coreia e desertado. Foi o primeiro repórter estadunidense, desde a Revolução Chinesa, a visitar o país e de lá transmitir. Ao retornar para os EUA, em 1957, teve seu passaporte apreendido. Ainda assim, em 1961 viajou para Cuba, onde entrevistou Fidel Castro. Ao voltar para os Estados Unidos, foi preso e condenado a três meses de detenção e nove de condicional. Houve diversas manifestações em sua defesa, inclusive do filósofo Bertrand Russell. Seu passaporte só seria renovado em 1968. Outra de suas viagens a trabalho de grande repercussão foi ao Irã, onde teve acesso a documentos secretos do FBI. [P. 21]

YOUNG, Whitney (1921-71), ativista pelos direitos civis, líder da Liga Urbana Nacional (National Urban League), tinha como objetivo o combate à pobreza e a igualdade de emprego aos afro-americanos. Elaborou uma estratégia de redução da desigualdade econômica entre brancos e negros por meio de auxílio federal; suas ideias foram parcialmente adotadas pelo presidente Lyndon B. Johnson, no contexto do conjunto de programas da Grande Sociedade (Great Society). [PP. 36, 222]

LISTA DE SIGLAS

AFL-CIO American Federation of Labor and Congress of Industrial Organizations
[Federação Americana do Trabalho e Congresso de Organizações Industriais]

ANP American Nazi Party
[Partido Nazista Americano]

CIA Central Intelligence Agency
[Agência Central de Inteligência]

Cofo Council of Federated Organizations
[Conselho de Organizações Federadas]

Core Congress of Racial Equality
[Congresso de Igualdade Racial]

CUCR Council for United Civil Rights Leadership
[Conselho de Lideranças Unidas pelos Direitos Civis]

FBI Federal Bureau of Investigation
[Departamento Federal de Investigação]

Goal Group on Advanced Leadership
[Grupo de Liderança Avançada]

KKK Ku Klux Klan

MFDP Mississippi Freedom Democratic Party
[Partido Democrático da Liberdade do Mississippi]

MMI Muslim Mosque, Inc.
[Associação da Mesquita Muçulmana]

NAACP   National Association for the Advancement of Colored People
[Associação Nacional para o Progresso de Pessoas de Cor]

NOI   Nation of Islam
[Nação do Islã]

OAAU   Organization of Afro-American Unity
[Organização da Unidade Afro-Americana]

OAU   Organization of African Unity
[Organização da Unidade Africana]

ONU   Organização das Nações Unidas

SCLC   Southern Christian Leadership Conference
[Conferência Sulista de Liderança Cristã]

SNCC   Student Nonviolent Coordinating Committee
[Comitê Não Violento de Coordenação Estudantil]

SRDP   States' Rights Democratic Party
[Partido Democrata para o Direito dos Estados]

SWP   Socialist Workers Party
[Partido Socialista dos Trabalhadores]

USIA   United States Information Agency
[Agência de Informação dos Estados Unidos]

SOBRE O AUTOR

Malcolm X nasceu Malcolm Little em 19 de maio de 1925, em Omaha, nos Estados Unidos. Filho de pais ativistas, sua família foi sistematicamente perseguida por grupos supremacistas brancos, culminando com o assassinato de seu pai. Marcado pela fome e pela pobreza, Malcolm passou a cometer pequenos furtos e acabou levado pela assistência social. Pouco depois, sua mãe foi internada em um hospital psiquiátrico. Após alguns anos em um centro de reabilitação, já adolescente, Malcolm se mudou para Boston para viver com uma irmã. Vítima de racismo, abandonou a escola e passou a trabalhar em subempregos. Em janeiro de 1946, foi preso por roubo. Permaneceu encarcerado por quase sete anos. Nesse período, seus irmãos, convertidos ao islamismo, introduziram-no à Nação do Islã. Malcolm passou a estudar os ensinamentos do líder Elijah Muhammad, além de história, filosofia e questões raciais. Ao sair da prisão, em agosto de 1952, mudou seu sobrenome para "X", rejeitando a herança escravocrata de "Little", e foi nomeado ministro da Nação do Islã. Em 1958, casou-se com a educadora Betty Sanders (depois Shabazz), com a qual teve seis filhas. Em 1964, decepcionado com a Nação do Islã, deixou o grupo para fundar a Associação da Mesquita Muçulmana. No mesmo ano, realizou uma peregrinação a Meca, quando adotou também o nome El-Hajj Malik El-Shabazz, e viajou por diversos países do continente africano, estreitando relações com líderes e movimentos revolucionários. Ao retornar ao seu país, Malcolm fundou a Organização da Unidade Afro-Americana, uma entidade sem vínculos religiosos. Em meio a atritos com membros da Nação do Islã, com grupos supremacistas brancos e na mira do FBI, da CIA e do Departamento de Polícia de Nova York, passou a receber ameaças de morte. Em 1965, sua casa em Nova York foi incendiada. Na semana seguinte, durante uma palestra no Salão Audubon, em Manhattan, Malcolm foi assassinado aos 39 anos de idade. Até hoje não há respostas conclusivas sobre a autoria do crime.

© Ubu Editora, 2021
© 1965, 1989 by Betty Shabazz and Pathfinder Press

FOTOS [capa, pp. 2–7, 10] Malcolm X fala a estudantes em Selma,
Alabama, 4 fev. 1965. [pp. 16–17] Malcolm X em comício no
Harlem, 1963. Foto de Robert L. Haggins. Photographs and Prints
Division, Schomburg Center for Research in Black Culture, The
New York Public Library / [p. 300] Everett Collection / Fotoarena

EDIÇÃO BIBIANA LEME
PREPARAÇÃO HUGO MACIEL
REVISÃO DÉBORA DONADEL
TRATAMENTO DE IMAGEM CARLOS MESQUITA
PRODUÇÃO GRÁFICA MARINA AMBRASAS

EQUIPE UBU
DIREÇÃO FLORENCIA FERRARI
DIREÇÃO DE ARTE ELAINE RAMOS; JÚLIA PACCOLA E
    NIKOLAS SUGUIYAMA (ASSISTENTES)
COORDENAÇÃO ISABELA SANCHES
COORDENAÇÃO DE PRODUÇÃO LIVIA CAMPOS
EDITORIAL GABRIELA RIPPER NAIGEBORIN E MARIA FERNANDA CHAVES
COMERCIAL LUCIANA MAZOLINI E ANNA FOURNIER
COMUNICAÇÃO / CIRCUITO UBU MARIA CHIARETTI,
    WALMIR LACERDA E SEHAM FURLAN
DESIGN DE COMUNICAÇÃO MARCO CHRISTINI
GESTÃO CIRCUITO UBU / SITE CINTHYA MOREIRA, VIC FREITAS E VIVIAN T.

UBU EDITORA
Largo do Arouche 161 sobreloja 2
01219 011 São Paulo SP
[11] 3331 2275
ubueditora.com.br
professor@ubueditora.com.br
/ubueditora

Dados Internacionais de Catalogação na Publicação (CIP)
Bibliotecário Vagner Rodolfo da Silva – CRB 8 / 9410

Malcolm X
  Malcolm X fala / Malcolm X; organizado por George
  Breitman; traduzido por Marilene Felinto;
  apresentação de Preta Ferreira. – São Paulo:
  Ubu Editora, 2021. 304 pp.
  ISBN 978 65 86497 53 3

I. Política. 2. Direitos civis. 3. Antirracismo.
4. Ativismo. 5. Movimento negro americano.
6. Luta racial. 7. Relações raciais. 8. Malcolm X.
I. Breitman, George. II. Felinto, Marilene. III. Titulo.

| 2021-2766 | CDD 305.896 | CDU 316.347 |

Índice para catálogo sistemático:
I. Relações raciais 305.896
2. Relações raciais 316.347

FONTES TIEMPOS e KNOCKOUT
PAPEL PÓLEN BOLD 70 g/m²
GRÁFICA MARGRAF